1st 바이블 ㉻ 쿠킹미팅

1st 하 바이블 쿠킹미팅 BIBLE COOKING MEETING

초판발행	2016년 1월 7일
지은이	조다윗
발행처	비전출판사
등록번호	제312-2013-000011호
주소	서울특별시 서대문구 증가로4길 9 ㅣ 남가좌동 339-9번지
전화	070-7573-7864
이메일	visionpd2@hanmail.net
홈페이지	www.wmuv.net

책 가격은 뒤표지에 있습니다. ISBN 979-11-87120-00-1 04230

1st 하 바이블 쿠킹미팅

조다윗 선교사

차례

CONTENTS

상

차례

CONTENTS

하

1권 개정증보판 머리말
INTRODUCTION

So, here is the revised supplemented edition.

For anyone who encounters it, it is the living Word through which lives are saved and weaknesses are covered, as it is the Spirit of God that lives and continues to work among us!

How touching and inspirational are his Words! He had given us such abundant analogies and allegories about the kingdom of heaven so that minute beings such as us may be able to understand his vast intentions so easily.

Although His Word prophesies within the frame of time and space, it transcends them all, forever recorded as the eternal Word of God!

I do hope that this book may become flash points for people to have intimate relationships with the Word of God within the evangelical doctrine and interpretations.

I have received enthusiastic words of encouragements from mission-

개정증보판을 낸다.

살아 역사하시는 위대한 신격이 살아있는 인격들을 조우하여 그들의 연약함을 감싸고 생명을 구한 역동적인 말씀!

광대하신 그분의 의도가 작디작은 인간에게 차마 다 이해되기 어려울까 하여 천국을 수많은 비유와 은유, 알레고리로 쉽고도 절묘하게 울리는 감동적 표현과 수사!

시공간에 제약을 받는 상황에서 예언했지만 시간과 공간을 초월해 영원한 말씀이 된 기록들!

이 책이 복음적인 교리와 해석 안에서, 말씀과 더 친밀하고자하는 열망이 곳곳에서 일어나는 작은 인화점이 되었으면 한다.

1, 2, 3권을 내며 선교 사역자들과 목회자, 선교훈련생, 신학생 등에게 말씀에 대한 열망어린 격려를 받았다. 특히 1권 대한 개정증보판이 필요하다고 느낀 까닭은 내용의 밀도에 비해 작은 글자 크기와 교재로 쓸 만큼 튼튼한 제본 형태 등등 독자들의 관심어린 개선 요청이 많았기 때문이다. 이제 1권에 새로

aries, ministers, pastors, mission trainees, and theology students while publishing the three volumes of the Bible Cooking Meeting. The reason that I felt the need to publish a revised edition of the first volume was because many were interested to see changes in the font size, and a more durable construction strong enough to be used as text books. I wish that I have made the readers feel more comfortable, now, in reading this new version of volume 1, which was made by dividing the original edition into half and adding supplements to it.

I pray that some of you who read this may gain accurate understanding and overwhelming desire for the Word that won't be wasted on the ground, but be continued on to become lives into all nations.

Dec. 28. 2015. At dawn, on the eve of dispatch service.

Missionary David Cho

운 묵상을 더 첨부해 보기 쉽게 상하권 두 권으로 분책하여 독자들에게 편리하게 볼 수 있는 책이 되었으면 한다.

독자여, 당신 누군가에게 말씀에 대한 올바른 열망과 이해와 압도함이 헛되이 땅에 떨어지지 않고 역사 되어 열방에 생명으로 이어지길 기도해본다.

2015. 12.28 파송예배를 앞둔 날 새벽녘

조다윗 선교사

1권 머리말
INTRODUCTION

I am writing this in the KTX from Dae Jeon to Seoul. We live in the age of speed battle. SNS make us to approach minimized world through access of fast and wide communications. As the words of the prophet, the God controls whole world and nations like as one small water drop. I believe the Christians are the people who has faith that the word of God overwhelm the dark age and world to be lightened.

If I did not lived as a missionary activist, I would be writing articles in the countryside. But the Lord has called my graceless life. I had pioneered mission community in the time of collective intelligence has overwhelmed the world. It became indeed small communities and we interacted to each other by collective spirituality with obey word of God. This book is the result of that, actually it is not the result, it is at the time of turning point.

Almost 10 years, I and family of community tried to study the word of God as cooking and eating meals. Those intense time became a foundation, I wrote this book easily in four months. We tried to deal with the word of God with whole heart and life. Therefore most of people who

고속철을 타고 대전에서 서울로 올라가는 길에 쓴다. 속도전의 시대다. SNS가 빠르고 광범위한 의사소통의 접속으로 가히 세계를 작게 축소하여 접근하게 한다. 하나님은 선지자의 말대로 모든 세계와 열방을 통 안의 한 방울, 물방울처럼 다루시는 분이시다. 그분의 말씀이 어두운 시대와 세계를 압도하여 밝히리라는 믿음을 가진 사람들이 곧 그리스도인이다.

선교 운동가의 삶을 살지 않았다면, 시골에서 글이나 쓰면서 살았을 볼품없는 인생을 주님은 부르셨다. 집단 지성이 곧 세계를 압도하는 시대에 선교 공동체를 개척하였고 그야말로 작은 공동체 단위를 이루어 집단 영성으로 상호 작용하며 말씀에 순종한 작은 결과물, 아니 전환점 즈음에 놓인 작은 책이다.

10년 가까이 말씀을 공동체 식구들과 같이 요리하여 먹다시피 했다. 그 치열한 시간이 바탕이 되어 쓰기는 넉 달 만에 쉽게 썼다. 말씀을 대함에 온 마음과 삶을 다했기에 이 묵상을 함께 먹고 나눈 자들이 대부분 열방을 꿈꾸었고 선교지에 갔거나 곧 가게되는 여정에 있다. 고육지책으로 열방까지 흩어진 식구들과 가족들을 위해 매주 서너 번 SNS에 새로운 묵상들을 올리고 있다.

책은 쉽게 읽혀지길 원하지만 그분의 말씀은 결코 가볍지 않다. 귀납적 설

eat and shared these meditated word dreamed the nations, went to the nations and at the journey to nations. As a desperate measure, I write three to four new meditated word every week through the SNS for the family who has spread to the nations. I hope this book is easy for everyone but His word is never light. It is very constricted but tried to write to help from the basic of meditation to preaching word when you follow the design of induction. Lack expression and insufficient constriction are purely attributed to me as an author.

Thanks for all advanced of faith who was being inspiration of nourishment and also I thank you all staff Minjeong Kang, Hyeji Park, and who helped proofreading and editing, and staff Mina Kook, and Hajung Jang who did graceful design, and missionary Abigail, staff Jihoon On, Siwon Park who did translation, and staff Yuan Hong, Dongho Lee, volunteer Daniel Kim, Shinyoung Bae, Hyunsook Hwang who did supervision, and about 200 mission staffs who works together in Vision Mission community.

My family a wife and Eunbit and Sihoo are my treasures who never reject the community lifestyle to live with the word of God. Of course the Lord will pick up the torch of His word to light dark age beside us, but that is why I am really appreciate His word is with us.

2013. 9. Missionary David Cho

계를 꼼꼼히 따라가다 보면 묵상 기초부터, 다른 이들에게 나누는 말씀까지 압축적이나 도움이 되도록 쓰려했다. 부족한 표현과 압축의 미흡함은 순전히 저자인 내 탓이다.

책이 나오기까지 많은 영감에 자양분이 되어 준 믿음의 선진들과 더불어, 교정과 편집 작업을 도와준 강민정 간사, 박혜지 간사, 고상한 북디자인을 해 준 국미나 간사, 장하정 간사, 영문 번역을 맡아준 성아비가일 선교사, 온지훈 간사, 박시원 간사, 영문 감수해 준 홍유안 간사, 이동호 간사, 김대환 형제, 배신영 자매, 황현숙 자매, 비전 선교공동체와 함께하는 200여명의 선교사역자들 모두 감사하다.

말씀과 함께 살기 위해 공동체의 삶을 마다않고 더불어 함께 하는 아내와 은빛, 시후를 비롯한 가족들은 내 보석들이다. 우리가 아니더라도 누군가를 통해 주님이 어두운 시대를 밝힐 말씀의 횃불을 드실 것이나 말씀이 우리와 함께 하심에, 그래서 감사하다.

2013. 9. 조다윗 선교사

2권 머리말
INTRODUCTION

I am reminded of a scene in the Scripture where Apostle John is told by an angel that the Word will be 'sweet as honey in your mouth, but it will turn sour in your stomach'

On one hand, I wish that all saints of the church and the next generations who are eager for the Word, including missionaries, ministers and workers of the Lord that they might receive the Word with happiness and joy. On the other, I truly hope that they live a life that is serious and meaningful, immerged in the Word, carry their crosses while living here on earth, but realizing the eternal heaven above.

I wish to continue writing until the one chapter may be meditated through 365 days, once every week for more than 7 years. I hope to put up the writings on SNS for Christians of all nations to be able to interact with each other.

I realize that messages and contents posted on SNS spread in short time at the rate of hundreds of thousands. It is a verifying moment that God's passion for the unreached people may be able to show effectively

사도 요한이 보았던 바 '그 말씀이 입에서는 꿀같이 다나 배에서는 쓰게 되었더라'라는 말씀이 생각난다.

이 말씀과 같이 한편 현장에 들어가는 선교 사역자와 국내외 사역자들, 말씀을 사모하는 모든 성도와 다음 세대 모두 기쁨과 즐거움으로 말씀을 대할 수 있기를 원한다. 그러나 또 한편 그들이 살게 될 생애는 말씀으로 압도되어 이 땅에서 십자가 지고 하늘에 천국이 영원히 새겨져 퍼져나가는 심각하고 깊이 있는 삶이 되길 간절히 소망한다.

최소 한 해 매일 365일 묵상할 수 있고 7년 이상 한 주에 한 번 말씀을 나눌 수 있는 분량이 될 때까지 책을 쓰고자 한다. 계속 열방의 크리스천들이 접할 수 있도록 SNS 상에 올려 상호 작용할 생각이다.

말씀 묵상을 비롯한 선교 콘텐츠가 SNS 상에서 짧은 시간 동안에 수십만 건씩 퍼져나간다는 것을 알게 되었다. 미전도 종족과 현장을 향한 하나님의 선교 열정이 드러나는 일에 SNS가 효과적으로 활용될 수 있음을 확인했다.

더불어 1권에 실렸던 바이블 쿠킹 미팅 묵상 내용에 대해서도 격려가 되는 피드백을 많이 받았다. 과분할 정도로 많은 여러 목회자분들, 선교사님들, 선

on SNS's.

Also, I have received encouraging feedbacks on the first volume of the Bible Cooking Meeting. I have received undeserved amounts of commendations from ministers, missionaries, mission groups and their staff member, and younger generations that they were helped in spreading the Word through this book. I thank God for it.

Despite our dependence on the spreading power of the Word on SNS's, I still wish to have them printed in hard copies so that instantaneous consumption of the Word may be prevented. It is true that through internet platforms interactions were made easier and the message more spreadable. However, the Word isn't something that should be consumed, but rather it is something that must be meditated and be set on hearts, so that it overcome lives and all the nations. I wish to see a generation that would love Jesus, who is the Word, so much so that it will give its all for Jesus with joy.

September 2014. In our Community, after a Mission Camp. Missionary David Cho.

교단체 간사님들, 성도님들, 청년 세대들로부터 책 내용을 통해 말씀을 읽거나 전하는 데 도움을 얻었다는 피드백을 들었다. 감사한 일이었다.

SNS상 누구나 읽을 수 있게 저변 확산력에 기대면서도 그럼에도 불구하고 오프라인상에 책으로 내는 일을 멈추지 않는 이유는 말씀의 인스턴트성 소비를 경계하기 때문이다. SNS가 세계 확산력이 좋고 상호 작용과 피드백에 능할 수 있는 플랫폼이 맞지만, 말씀은 읽고 소비되는 게 아니라 묵상 되고 새겨져 삶과 열방을 압도해야 하기 때문이다.

살아계신 말씀이신 예수님을 사랑하여 기쁨으로 자신의 모든 것을 예수님께 내던질 수 있는, 말씀으로 압도된 세대를 보길 원한다.

2014. 9. 선교캠프를 마치고 공동체에서 어느 날, **조다윗 선교사**

3권 머리말
INTRODUCTION

Tomorrow I will be flying to China. Although, I do not know if there might be minor disagreements in the precise timing of it, but it is a widely accepted idea in the Christian world that mission movements will upshift to its next gear starting out from the region of Asia, centered about China.

We started as a small community, sharing and obeying the Word. We have since been pioneering mission movements throughout the Korean peninsula.

As the gospels weren't written by a single person, but rather compilations of collected witnesses of many, we, as a small community did the same and shared the Word through interaction among the members of the body. We dared proclaim those Words would one day become spiritual food for all nations.

Now, missionaries are going into the 4th world where the gospel has not been reached yet. We are witnessing now the wave of missions in front of us through the rise of next generation mission movements of

중국으로 출국하기 전날이다. 시기적인 타이밍과 세밀한 부분에서는 이견이 있을지 모르겠지만 이제 선교 운동이 중국을 비롯해 아시아권에서 본격화되리라는 것은 교계의 일반적 견해가 되어 가고 있다.

우리는 작은 공동체로부터 시작해 함께 말씀을 먹고 나누며 그 말씀들에 순종하여 한반도 전역으로 선교 운동을 개척해 왔다.

그리고 복음서가 한 개인을 통해서만 쓰인 것이 아니라 여러 사람에 걸쳐 나눈 증거를 모아서 누가가 확정하여 썼으므로 온 인류를 위한 양식이 된 것처럼, 우리는 작은 공동체일지라도 여러 사람이 함께 공동체적으로 상호작용하여 나눈 묵상의 양식이 열방을 먹이기 위해 사용될 수 있다고 감히 믿어, 선포해왔다.

이제 복음이 가장 전해지지 않은 제4세계에 선교사들이 나아가고 있으며, 한반도의 다음 세대를 통한 선교 운동과 서구의 여러 운동, 중국으로부터 서쪽으로 일어날 아시아 선교의 물결들을 우리는 감히 목전에서 조우하며 함께 사역할 기회를 얻고 있다. 우리는 여전히 무명을 지향하지만, SNS를 통해 공동체 묵상을 내보낼 때 거의 실시간으로 열방 곳곳에서 반응이 오고 있다!

시대는 변하여도 말씀은 영원하다. 말씀은 양식이 되어 온 세계를 먹이고

Korea, along with numerous western mission movements, and those that are happening in China moving towards the west. We are given the opportunity to be involved in the wave of rising ministries. We still insist on our nameless identity, however, we continue to receive real-time responses from all over the world when we share our message across the SNS.

The times change, but the Word is forever. The spiritual food are abundant enough for the whole world and more. Are hope is to eat and drink of the Word forever with our members and all-nations! And with Jesus of feast who fed His disciples bread!

I dare to look upon the whole world and eternity.

May 2015. On a Pentecost Sunday

Missionary David Cho

도 남음이 있다. 우리의 작은 갈망은 위대한 말씀과 함께 영원히 더불어 먹고 마시길 원할 뿐이다. 작은 공동체와 열방과 함께! 제자들에게 떡을 먹이셨던 그 만찬의 예수님과 함께!

감히, 온 세계와 영원을 본다.

2015. 5. 성령강림주일을 보내고

조다윗 선교사

바이블
쿠킹미팅

61. 목숨을 건 모세, 하나님의 군기 1

61. MOSES GIVES HIS LIFE, GOD'S FLAG 1

EXODUS 17:6-16

6 Behold, I will stand before thee there upon the rock in Horeb; and thou shalt smite the rock, and there shall come water out of it, that the people may drink. And Moses did so in the sight of the elders of Israel. 7 And he called the name of the place Massah, and Meribah, because of the chiding of the children of Israel, and because they tempted the LORD, saying, Is the LORD among us, or not? 8Then came Amalek, and fought with Israel in Rephidim. 9 And Moses said unto Joshua, Choose us out men, and go out, fight with Amalek: to morrow I will stand on the top of the hill with the rod of God in mine hand. 10 So Joshua did as Moses had said to him, and fought with Amalek: and Moses, Aaron, and Hur went up to the top of the hill. 11And it came to pass, when Moses held up his hand, that Israel prevailed: and when he let down his

출애굽기 17:6-16

6 내가 거기서 호렙산 반석 위에 너를 대하여 서리니 너는 반석을 치라 그것에서 물이 나리니 백성이 마시리라 모세가 이스라엘 장로들의 목전에서 그대로 행하니라 7 그가 그곳 이름을 맛사라 또는 므리바라 불렀으니 이는 이스라엘 자손이 다투었음이요 또는 그들이 여호와를 시험하여 이르기를 여호와께서 우리 중에 계신가 아닌가 하였음이더라 8 때에 아말렉이 이르러 이스라엘과 르비딤에서 싸우니라 9 모세가 여호수아에게 이르되 우리를 위하여 사람들을 택하여 나가서 아말렉과 싸우라 내일 내가 하나님의 지팡이를 손에 잡고 산꼭대기에 서리라 10 여호수아가 모세의 말대로 행하여 아말렉과 싸우고 모세와 아론과 훌은 산꼭대기에 올라가서 11 모세가 손을 들면 이스라엘이 이기고 손을 내리면 아말렉이 이기더니 12 모세의 팔이 피곤하매 그들이 돌을 가져다가 모세의 아래에 놓아 그로 그 위에 앉게 하고 아론과 훌이 하나는 이편에서, 하나는 저편에서 모세의 손을 붙들어 올렸더니 그 손이 해가 지도록 내려오지 아니

hand, Amalek prevailed. 12 But Moses
hands were heavy; and they took a stone,
and put it under him, and he sat thereon;
and Aaron and Hur stayed up his hands,
the one on the one side, and the other on
the other side; and his hands were steady
until the going down of the sun. 13 And
Joshua discomfited Amalek and his peo-
ple with the edge of the sword. 14 And
the LORD said unto Moses, Write this
for a memorial in a book, and rehearse it
in the ears of Joshua: for I will utterly put
out the remembrance of Amalek from un-
der heaven. 15 And Moses built an altar,
and called the name of it Jehovahnissi:
16 For he said, Because the LORD hath
sworn that the LORD will have war with
Amalek from generation to generation.

한지라 13 여호수아가 칼날로 아말렉과 그
백성을 쳐서 파하니라 14 여호와께서 모세에
게 이르시되 이것을 책에 기록하여 기념하게
하고 여호수아의 귀에 외워 들리라 내가 아말
렉을 도말하여 천하에서 기억함이 없게 하리
라 15 모세가 단을 쌓고 그 이름을 여호와 닛
시라 하고 16 가로되 여호와께서 맹세하시기
를 여호와가 아말렉으로 더불어 대대로 싸우
리라 하셨다 하였더라

The people of Israel were fighting in a war while Moses was only raising his hands? Those with little faith may have this question. However, it is certain that Moses wasn't just leisurely raising his hands and praying to God, but risking his life in a war which Israel was in absolute disadvantage!

Generally speaking, because the flag is positioned in the command post where the overall atmosphere of the war is decided, the post becomes the top priority target of the enemy. Cutting down the flag and making the enemy retreat from the post is the sign of victory.

Moses, at the risk of his own life, became the flag himself while God lamented for the old Moses that he had no army nor a flag to go to war. While Moses' hands were up enemy forces were being defeated, however, while they were down the Israelite troops were being defeated.

Moreover, ancient battles heavily relied upon the spiritual code. Two different nations of different regions going into war against each other meant the battle between their gods as well. For this particular reason of the ancient warfare, the command posts were first to be targeted in order to dominate the spiritual code. It is clear that Amalekites saw Moses as top priority to attack to eliminate the biggest threat.

Amalekites attacked when the people of Israel were complaining to God and Moses. An internal conflict and strife

백성들은 전쟁에 몰아넣고 모세는 한편에서 손이나 들고 있다니? 믿음이 약한 사람들은 이런 질문을 할 수 있다. 단언하건대 모세는 한가하게 손이나 들고 중보기도만 하고 있었던 것이 아니라 절대 열세의 전쟁 앞에 목숨을 걸고 있었다!

일반적으로 군기는 전쟁의 흐름 전체를 유도하는 지휘소에 있기 때문에 전쟁 시에 지휘소는 적들에게 우선적인 목표물이 된다. 적의 군기를 베거나 내려뜨려 지휘소 내에 있는 적을 교란하여 도망치게 하면 적의 지휘소가 궤멸하여 전쟁에 승리했다는 표식이 된다.

노년의 모세에게 하나님께서 이스라엘에 전쟁을 치를 군대와 군기가 없는 것을 한탄하실 때 모세는 스스로 자신의 목숨을 걸고 군기가 되었다. 군기가 올라가면 적을 치고, 군기가 내려가면 적에게 역습을 당하는 상황 가운데 모세 자신이 손을 들고 내리면서 전쟁의 국면을 나타내는 군기 자체가 된 셈이다!

더군다나 고대 전쟁은 절대적으로 영적 전쟁에 의존하여 영적 코드로 수행되었다. 지역과 민족이 서로 충돌한다는 것은 바로 서로의 민족이 섬기는 신들이 전쟁하는 것이었다. 이러한 영적인 코드부터 꺾어야 했기에 고대의 전쟁에서는 제일 먼저 지휘소부터 궤멸시키려 했다.

기도로 자신이 군기 그 자체가 되어있는 모세의 모습은 아말렉 군대가 보았을 때 가장 먼저 타격하여 진멸해야 할 위협 요소로서 일차적 표적이 되었을 것이 자명하다.

이스라엘 백성이 모세와 하나님을 원망하는 그 타이밍에 아말

may provide causes for defeat in a war. The moment they try to stone Moses to death is the moment they no longer are the army of God. Instead, they become a threat that causes conflict between the soldiers and the commander.

The war begins as the Amalekites ambush the Israelites during this internal conflict. Can the army of Israel be properly prepared for battle during this time of division? Commonly, if an army faces imminent defeat, the battle flag is put down to disguise the command post as destroyed.

However, Moses did not put down the flag at the post, but became the flag itself and raised it high up not allowing it to come down. This action couldn't have been possible if Moses had not trusted the Lord. He fought the battle risking his life by becoming a priority target; a battle where Israel was the underdog.

Are you the flag that signals the victory of the Lord? Or, a cut down, retreating flag that signals a lost battle. The Lord's army can never be defeated. It's always a win. But, because He always wins, do not make the mistake of thinking you can hide behind others, such as Joshua, and let them fight your battles for you. If we do not risk our lives in the battle, the glory of God will be given to those Christians who fight the battle risking their lives.

렉이 쳐들어왔다. 군대에 내분과 분열이 있을 때는 전쟁에 실패하는 요건이 될 수 있다. 하나님과 모세를 원망하여 돌로 치려 하는 이스라엘 백성은 그 순간 하나님의 군대가 아니다. 도리어 하나님의 군대에게 내분을 일으켜 지휘관과 군사가 서로 싸우게 하는 위협 요소이다.

이스라엘의 극심한 분열의 상황 속에서 아말렉의 급작스러운 기습으로 전쟁이 시작되었다. 이런 분열의 상황 속에서 과연 이스라엘에 전열을 제대로 갖춘 군대의 위용을 끌어낼 수 있겠는가? 일반적인 전쟁에서는 이와 같이 패색이 짙은 상황에서 지휘소만은 보호하기 위해 군기를 내리고 지휘소가 궤멸한 것처럼 위장한다.

그러나 모세는 지휘소의 군기를 숨기지 않고 스스로 깃발이 되어 손을 올려 깃발이 내려오지 않게 했다. 여호와를 믿지 않았다면 불가능한 일이다. 절대적으로 열세인 전쟁 가운데 적의 우선적인 표적이 되어 목숨을 걸고 전쟁을 감당한 것이다!

당신은 여호와가 반드시 승리한다는 표식을 나타내는 주님의 군기인가? 아니면 내려뜨린 깃발, 버리고 도망친 깃발, 패배한 전쟁의 사인인가? 여호와의 전쟁은 결코 패배할 수 없다. 반드시 이기는 전쟁이다. 그러나 반드시 이기는 전쟁이라 하여 자신은 적당하고 안일한 사인인 채 뒤로 물러나 있고, 여호수아처럼 다른 이들이 목숨을 걸어 전쟁을 할 것이라는 착각은 하지 말라.

모세처럼 믿음으로 항상 승리하는 여호와의 전쟁을 확신하여 우리의 목숨을 비롯한 모든 것을 걸지 않는다면, 다른 그리스도

인이 모세와 여호수아가 되어 하나님의 전쟁을 수행할 것이요,
하나님의 영광은 목숨을 걸고 싸운 그들이 얻게 될 것이다.

62. 대세와 타협없는 믿음

62. *FAITH THAT NEVER COMPROMISES WITH GENERAL TREND*

DANIEL 1:3-18

3 And the king spake unto Ashpenaz the master of his eunuchs, that he should bring certain of the children of Israel, and of the king's seed, and of the princes; 4 Children in whom was no blemish, but well favoured, and skilful in all wisdom, and cunning in knowledge, and understanding science, and such as had ability in them to stand in the king's palace, and whom they might teach the learning and the tongue of the Chaldeans. 5 And the king appointed them a daily provision of the king's meat, and of the wine which he drank: so nourishing them three years, that at the end thereof they might stand before the king. 6 Now among these were of the children of Judah, Daniel, Hananiah, Mishael, and Azariah: 7 Unto whom the prince of the eunuchs gave names: for he gave unto Daniel the name of Belteshazzar; and to Hananiah, of Shadrach; and to Mishael,

다니엘 1:3-18

3 왕이 환관장 아스부나스에게 명하여 이스라엘 자손 중에서 왕족과 귀족의 몇 사람 4 곧 흠이 없고 아름다우며 모든 재주를 통달하며 지식이 구비하며 학문에 익숙하여 왕궁에 모실만한 소년을 데려오게 하였고 그들에게 갈대아 사람의 학문과 방언을 가르치게 하였고 5 또 왕이 지정하여 자기의 진미와 자기의 마시는 포도주에서 그들의 날마다 쓸 것을 주어 삼년을 기르게 하였으니 이는 그 후에 그들로 왕의 앞에 모셔 서게 하려함이었더라 6 그들 중에 유다 자손 곧 다니엘과 하나냐와 미사엘과 아사랴가 있었더니 7 환관장이 그들의 이름을 고쳐 다니엘은 벨드사살이라 하고 하나냐는 사드락이라 하고 미사엘은 메삭이라 하고 아사랴는 아벳느고라 하였더라 8 다니엘은 뜻을 정하여 왕의 진미와 그의 마시는 포도주로 자기를 더럽히지 아니하리라 하고 자기를 더럽히지 않게 하기를 환관장에게 구하니 9 하나님이 다니엘로 환관장에게 은혜와 긍휼을 얻게 하신지라 10 환관장이 다니엘에게 이르되 내가 내 주 왕을 두려워하노라 그

of Meshach; and to Azariah, of Abednego.
8 But Daniel purposed in his heart that
he would not defile himself with the por-
tion of the king's meat, nor with the wine
which he drank: therefore he requested of
the prince of the eunuchs that he might not
defile himself. 9 Now God had brought
Daniel into favour and tender love with the
prince of the eunuchs. 10 And the prince
of the eunuchs said unto Daniel, I fear my
lord the king, who hath appointed your
meat and your drink: for why should he
see your faces worse liking than the chil-
dren which are of your sort? then shall ye
make me endanger my head to the king.
11 Then said Daniel to Melzar, whom the
prince of the eunuchs had set over Daniel,
Hananiah, Mishael, and Azariah, 12 Prove
thy servants, I beseech thee, ten days; and
let them give us pulse to eat, and water to
drink. 13 Then let our countenances be

가 너희 먹을 것과 너희 마실 것을 지정하셨
거늘 너희의 얼굴이 초췌하여 동무 소년들만
못한 것을 그로 보시게 할 것이 무엇이냐 그
렇게 되면 너희 까닭에 내 머리가 왕 앞에서
위태하게 되리라 하니라 11 환관장이 세워 다
니엘과 하나냐와 미사엘과 아사랴를 감독하
게 한 자에게 다니엘이 말하되 12 청하오니
당신의 종들을 열흘 동안 시험하여 채식을 주
어 먹게 하고 물을 주어 마시게 한 후에 13 당
신 앞에서 우리의 얼굴과 왕의 진미를 먹는
소년들의 얼굴을 비교하여 보아서 보이는대
로 종들에게 처분하소서 하매 14 그가 그들
의 말을 좇아 열흘을 시험하더니 15 열흘 후
에 그들의 얼굴이 더욱 아름답고 살이 더욱
윤택하여 왕의 진미를 먹는 모든 소년보다 나
아 보인지라 16 이러므로 감독하는 자가 그들
에게 분정된 진미와 마실 포도주를 제하고 채
식을 주니라 17 하나님이 이 네 소년에게 지
식을 얻게 하시며 모든 학문과 재주에 명철하
게 하신 외에 다니엘은 또 모든 이상과 몽조
를 깨달아 알더라 18 왕의 명한바 그들을 불

looked upon before thee, and the counte-
nance of the children that eat of the portion
of the king's meat: and as thou seest, deal
with thy servants. 14 So he consented to
them in this matter, and proved them ten
days. 15 And at the end of ten days their
countenances appeared fairer and fatter in
flesh than all the children which did eat the
portion of the king's meat. 16 Thus Melzar
took away the portion of their meat, and
the wine that they should drink; and gave
them pulse. 17 As for these four children,
God gave them knowledge and skill in all
learning and wisdom: and Daniel had un-
derstanding in all visions and dreams. 18
Now at the end of the days that the king
had said he should bring them in, then the
prince of the eunuchs brought them in be-
fore Nebuchadnezzar.

러 들일 기한이 찼으므로 환관장이 그들을 데
리고 느부갓네살 앞으로 들어갔더니

Babylon was thorough with assimilating their slaves into the structure of the empire. Changing the name of the Hebrews into the god's name of Babylon forced conversion of their religion by threatening their creed and integrity. Cramming their head with knowledge of Babylonia naturally made them be brainwashed and brain polluted through learning. What's interesting is that God doesn't allow Daniel to accept the king's delicacies and the wine while receiving these kinds of reconditioning from the empire. Is food that goes into one's mouth able to convert human's mind and soul?

In a physical way, the answer is no but in a sociological way, it is yes. Changing the name of young adults Daniel and his friends into the name related to gods of Babylon could be a shame but it couldn't change their souls as they were able to remain faithful to their first love. To teach and cram their head with knowledge of Babylonia is the same. Education is less influential than religion. Education influences one's mind while religion reaches one's soul. Therefore, it is sure that cramming Daniel's head with knowledge couldn't change his integrity toward his only God if their attempt to convert his religious identity was miscarried.

But a soul is encroached when one's desire and acts of the sinful nature are reconstructed. The king's delicacies and the wine would come to the climax of a luxurious life that only an

바벨론의 피지배계층을 제국의 방식으로 개조하는 일은 철두철미했다. 바벨론의 신의 이름으로 개명시키는 방식은 히브리인들의 신조와 절개를 꺾어 종교적 개조를 강요하려는 일이었다. 또한, 바벨론의 학식을 주입하는 일은 교육을 통한 지적 오염과 지식적 세뇌를 자연스럽게 받아들이게 하는 일이었다. 더욱 놀라운 것은 하나님이 다니엘에게 제국의 일방적 방식의 개조는 받아들이도록 허락하시고 다만 포도주와 진미는 거절하게 하신다는 것이다. 과연 입으로 들어가는 음식으로 사람의 정신성과 영혼을 개조시킬 수 있겠는가?

물리적인 측면에서는 그렇지 않다가 답이겠지만 사회학적인 측면에서는 그렇다가 정답이다. 미성숙한 청소년기에도 첫사랑에 대한 절개를 지킬 수 있는 것처럼, 이미 유일신 하나님을 알고 있던 청년 다니엘과 친구들에게 있어 바벨론 신과 연관된 이름으로의 개명은 수치일 수는 있어도 하나님에 대한 절개를 버리는 영혼의 개조는 있을 수 없었다. 학식과 지식의 주입도 마찬가지다. 지식은 종교보다 영향력이 약하다. 지식은 정신성에 영향을 끼치지만 종교는 영혼을 잠식한다. 따라서 종교적 정체성을 바꾸려했던 바벨론의 시도가 무위로 돌아갔다면 지식의 주입도 다니엘의 한 분, 하나님을 향한 절개를 바꾸지 못했을 것이 자명하다.

그러나 인간은 육체의 소욕과 욕구가 개조 당할 때 오히려 영혼이 잠식당한다. 바벨론 왕의 진미와 포도주는 절대 권력만이 누릴 수 있는 호사스러운 삶을 맛보게 되는 절정의 경험이었을 것이다. 절대 권력만이 누릴 수 있는, 세계 각처에서 공수된 최상급의 산

absolute ruler can enjoy. Imagine that best delicacies are air-lifted around the world and the luxurious life that can be enjoyed only. What would become of his life if a poor Hebrew slave was tamed with the best life style that people can't enjoy anywhere in the world? He may be able to abandon his integrity and faithfulness to enjoy the life style that only those who have power can enjoy as he is addicted to the luxurious life like drugs. Humans are easily destroyed when their desire and acts of the sinful nature are fallen. Look at Herod. He became such an animal(a fox) without a conscience and faithfulness as he enjoyed a luxurious lifestyle by seeking pleasures and having banquets with delicacies and silky clothes. Would Daniel not only refuse to take the king's delicacies and the wine before the chief of the eunuchs but also stand before the king later without taking it? It maybe superficial propaganda for the power and grace of the empire to let young adults who were educated and nurtured be called to sit at the king's banquet.

Daniel's attitude that takes only a pulse and water before the king would be offensive and unpleasant to the king. But how could this Hebrew slave survive? The answer is simple. He had the ability to save the king and the nation through the words of God and the Holy Spirit as he was wiser than any other wise men. Internal stability of the kingdom is more important than apparent propaganda all around the world.

해진미와 호화로운 삶을 바로 옆에서 함께 누린다고 생각해 보라.

세계 어디서도 누릴 수 없는 최고급 수준의 생활 방식에 비천한 히브리 노예가 길들었다면 그의 삶은 어떻게 될까? 권력만이 줄 수 있는 호화로운 생활에 마약처럼 중독되어 그러한 삶을 누리기 위해 절개도 지조도 내팽개칠 수 있었을 것이다. 소욕과 욕구가 타락하면 사람은 쉽게 망가진다. 헤롯을 보라. 비단옷을 입고 산해진미로 잔치하며 쾌락과 호사가 넘치는 생활 방식을 구가하던 그는 양심과 지조도 없는 짐승(여우)같은 존재가 되어버렸다. 과연 다니엘은 시종관리 앞에서만 왕의 진미와 포도주를 거절하는 것이 아니라, 왕의 바로 앞에서도 그의 진미와 포도주를 먹지 않은 채 잔칫상에 설 수 있었을까?

제국의 포로인 여러 나라의 청년들을 교육하고 양육하며 왕의 잔치에 배석시킨다는 것은 제국의 위엄과 은혜를 보여주는 일종의 표면적 프로파간다(선전)였을 것이다. 이러한 잔치의 자리에서 푸성귀와 콩만 먹는 다니엘의 행태는 왕의 의도와 비위를 거슬렀을 터인데, 이 히브리 노예는 대체 어떻게 살아남을 수 있었을까?

답은 간단하다. 그것은 다니엘의 지혜가 왕의 모든 영토의 지혜자들 보다 더 뛰어났고, 말씀과 성령을 통해 왕과 왕국의 문제를 구원할 능력이 그에게 있었기 때문이다. 세상 왕국에서도 표면적 프로파간다(선전)보다 왕국의 내실을 중요하게 여길 수밖에 없다. 가장 강력한 세상 권력과 능력을 갖추고도 제국 곳곳의 문제를 해결할 수 없었던 왕의 딜레마는, 비록 자기 뜻

The king's dilemma that can't solve problems at several places in his empire even with his greatest power and ability led him make a decision that he put Daniel with God's wisdom to be with him rather than to kill him. It wasn't that Daniel was saved by switching sides or being parasitic on the world power. Rather, even those who had absolute power had to be saved by a weak, Hebrew slave with God's word of wisdom. Asking the steward Melzar, lower in authority about taking a pulse and water again though the request was already denied by the chief of the eunuchs Ashpenaz proves that Daniel didn't give up his faith. Also, it shows that Daniel's faith wasn't subordinated to the authorities of the world power.

He did many things that can take his life for his faith and creed rather than surviving by conforming to the way of the world. The powerful king of the empire relies on a weak slave while the way of jumping on the power is being destroyed. A place to die becomes a place to live. This is the power of the one who has God's word of wisdom cleanly behind the secular desires.

을 거슬렀다 할지라도 여호와의 구원하는 지혜를 가졌던 다니엘을 숙청하는 것보다 옆에 두는 편을 왕이 선택하도록 만들었다. 다니엘은 살아남기 위해 어쩔 수 없이 세상 권력들에 편승하거나 기생하지 않았다. 오히려 세상의 절대 권력자들조차 힘없는 히브리 노예 다니엘이 가진 지혜의 말씀으로 구원받아야 했다.

다니엘은 시종장 아스부나스에게 거절당했음에도 그 하위 권속이었던 시종 멜살에게 푸성귀 먹는 일을 다시 부탁함으로 믿음을 포기하지 않았다. 또한 다니엘의 믿음이 세상의 힘을 통한 권력 체계에 종속당하지 않았음이 드러난다. 그는 단지 살아남기 위해 세상의 방식에 편승하는 것을 택하지 않고, 믿음과 신조를 위해 죽을 수도 있는 일을 끊임없이 감행했다. 세상의 좀 더 힘 있는 곳에 줄을 대는 방식이 허물어지고 제국의 힘 있는 왕이 힘없는 노예에게 의지한다. 죽어야 할 곳이 도리어 살 곳이 된다. 바로 이것이 세상 욕망을 뒤로한 채 깨끗하게 지혜의 말씀을 가진 자의 능력이다.

63. 천국을 감히 측량하는 자 1

63. THOSE WHO DARE TO MEASURE THE KINGDOM OF GOD 1

REVELATION 21:15-17, 23-26

15 And he that talked with me had a golden reed to measure the city, and the gates thereof, and the wall there of. 16 And the city lieth foursquare, and the length is as large as the breadth: and he measured the city with the reed, twelve thousand furlongs. The length and the breadth and the height of it are equal. 17 And he measured the wall thereof, an hundred and forty and four cubits, according to the measure of a man, that is, of the angel.

23 And the city had no need of the sun, neither of the moon, to shine in it: for the glory of God did lighten it, and the Lamb is the light thereof. 24 And the nations of them which are saved shall walk in the light of it: and the kings of the earth do bring their glory and honour into it. 25 And the gates of it shall not be shut at all by day: for there shall be no night there.

요한계시록 21:15-17, 23-26

15 내게 말하는 자가 그 성과 그 문들과 성곽을 척량하려고 금 갈대를 가졌더라 16 그 성은 네모가 반듯하여 장광이 같은지라 그 갈대로 그 성을 척량하니 일만 이천 스다디온이요 장과 광과 고가 같더라 17 그 성곽을 척량하매 일백 사십 사 규빗이니 사람의 척량 곧 천사의 척량이라

23 그 성은 해나 달의 비췸이 쓸데 없으니 이는 하나님의 영광이 비취고 어린 양이 그 등이 되심이라 24 만국이 그 빛 가운데로 다니고 땅의 왕들이 자기 영광을 가지고 그리로 들어오리라 25 성문들을 낮에 도무지 닫지 아니하리니 거기는 밤이 없음이라 26 사람들이 만국의 영광과 존귀를 가지고 그리로 들어오겠고

26 And they shall bring the glory and hon-
our of the nations into it.

The antitype of completion of the Kingdom, the great city, the holy. Jerusalem sometimes shows us figure that is hard to understand in common sense How dare somebody measure the holy Jerusalem? The last measurement is reviewing activity after construction has finished, finding errors in width, depth and height between the building and the blueprint. There can be no failures found in the city of holy Jerusalem because it is designed by God's love and righteousness and also it is the antitype of completion of Kingdom of God. If reviewing activity is still necessary to check for failures or insufficiencies, even Jesus himself, who is the beginning and the end, would feel grateful to have measured it. But this measurement is men's and angel's measurement which are creatures that had fallen in the past.

How dare men or angels review the kingdom of God! Nevertheless, our Lord is too humble, so allowed the gold reed to measure the holy Jerusalem with creatures' measurement. The reed often symbolize man life that shake often, is it necessary to measure the kingdom of God through gold reed by men with no faithfulness? Why does completion of Kingdom need to be reviewed by creatures that had fallen in the past?

There are some Christians who still doubt about Kingdom of God which will be completed after the gospel has been preached to all the nations. Even though they pray 'your king-

하나님 나라의 완성을 예표하는 새 예루살렘 성전에는 상식적으로 언뜻 이해되지 않는 모습이 종종 눈에 띈다. 감히 예루살렘 성전을 측량하다니? 건축물을 다 완성하고 나서 혹시 그 넓이와 깊이, 높이에 설계도와 다른 오류가 있을까 봐 검토하는 행위가 마지막 측량이다.

하나님 나라의 완성을 예표하는 새 예루살렘 성전이 하나님의 사랑과 공의로 설계된 것이라면 절대로 오류는 있을 수 없다. 그런데도 굳이 오류나 미흡함을 점검하기 위한 검토 작업이 허락되어야 한다면 처음과 마지막이신 우리 예수님께서 측량하셔도 황송한 일일 것이다. 그런데 이 측량은 사람의 측량이요 천사들의 측량, 즉 타락한 전력이 있는 피조계의 측량으로 이루어진다.

감히 어떤 인생이나 천사가 하나님 나라를 검토한단 말인가! 그럼에도 우리 주님께서는 너무 겸손하시기에 피조물의 측량으로 그 나라를 측량하는 자에게 '갈대 자'를 허락하시고, 그것으로 성전을 재고 측량하게 하신다. 갈대는 종종 흔들리는 인생을 상징하는 바, 신실함이라고는 전혀 없는 인생들의 갈대 자로 하나님과 그분의 나라가 측량을 받으셔야 하는가? 이미 타락한 피조계로부터 하나님 나라의 완성에 오류가 있을 것을 의심하는 것처럼 검토 받으셔야 하겠는가!

모든 민족 가운데 복음이 증거 되어 완성될 하나님 나라를 의구하는 것처럼 살아가는 그리스도인이 있다. '하나님 나라 임하옵시며' 라고 주기도문을 외우지만 '완성된 바로 그 하나님 나라가 모든 민족이 주님과 함께 있는 새 예루살렘' 이라는 하나님의 간

dom come' as the Lord's Prayer, but they are indifferent to the God's obvious intention that completion of the kingdom is the new holy Jerusalem where God and all the nations are together forever.

If somebody measures or refuses to dedicate himself to God's Great Commission which completes the New Jerusalem with all the nations come back without crying, tears and curses, you need to reflect on yourself. Aren't you doubtful about the Kingdom of God?

단한 의도에 무관심한 그리스도인이 바로 그들이다.

선교는 모든 민족이 돌아와 더 이상 고통과 저주와 눈물이 없는 새 예루살렘이 완성되기 위한 명령이다. 이 명령에 자신의 삶을 드리는 것을 의구하는 자들은 하나님 나라를 의구하고 있는 것은 아닌지 돌아봐야 한다.

64. 냉혹한 시대의 변화

64. CHANGES OF HARD TIMES

EXODUS 1:22-2:10

22 And Pharaoh charged all his people,
saying, Every son that is born ye shall cast
into the river, and every daughter ye shall
save alive.

2:1 And there went a man of the house of
Levi, and took to wife a daughter of Levi.
2 And the woman conceived, and bare a
son: and when she saw him that he was a
goodly child, she hid him three months. 3
And when she could not longer hide him,
she took for him an ark of bulrushes, and
daubed it with slime and with pitch, and
put the child therein; and she laid it in the
flags by the river's brink. 4 And his sister
stood afar off, to wit what would be done
to him. 5 And the daughter of Pharaoh
came down to wash herself at the river;
and her maidens walked along by the riv-
er's side; and when she saw the ark among
the flags, she sent her maid to fetch it. 6

출애굽기 1:22-2:10

22 그러므로 바로가 그 모든 신민에게 명하여
가로되 남자가 나거든 너희는 그를 하수에 던
지고 여자여든 살리라 하였더라

2:1 레위 족속중 한 사람이 가서 레위 여자에
장가 들었더니 2 그 여자가 잉태하여 아들을
낳아 그 준수함을 보고 그를 석달을 숨겼더니
3 더 숨길 수 없이 되매 그를 위하여 갈 상자
를 가져다가 역청과 나무 진을 칠하고 아이를
거기 담아 하숫가 갈대 사이에 두고 4 그 누이
가 어떻게 되는 것을 알려고 멀리 섰더니 5 바
로의 딸이 목욕하러 하수로 내려오고 시녀들
은 하숫가에 거닐 때에 그가 갈대 사이의 상
자를 보고 시녀를 보내어 가져다가 6 열고 그
아이를 보니 아이가 우는지라 그가 불쌍히 여
겨 가로되 이는 히브리 사람의 아이로다 7 그
누이가 바로의 딸에게 이르되 내가 가서 히
브리 여인 중에서 유모를 불러다가 당신을 위
하여 이 아이를 젖 먹이게 하리이까 8 바로의
딸이 그에게 이르되 가라 그 소녀가 가서 아
이의 어미를 불러오니 9 바로의 딸이 그에게

And when she had opened it, she saw the
child: and, behold, the babe wept. And
she had compassion on him, and said,
This is one of the Hebrews' children. 7
Then said his sister to Pharaoh's daughter,
Shall I go and call to thee a nurse of the
Hebrew women, that she may nurse the
child for thee? 8 And Pharaoh's daughter
said to her, Go. And the maid went and
called the child's mother. 9 And Pharaoh's
daughter said unto her, Take this child
away, and nurse it for me, and I will give
thee thy wages. And the women took the
child, and nursed it. 10 And the child
grew, and she brought him unto Pharaoh's
daughter, and he became her son. And
she called his name Moses: and she said,
Because I drew him out of the water.

이르되 이 아이를 데려다가 나를 위하여 젖을
먹이라 내가 그 삯을 주리라 여인이 아이를
데려다가 젖을 먹이더니 10 그 아이가 자라매
바로의 딸에게로 데려가니 그의 아들이 되니
라 그가 그 이름을 모세라 하여 가로되 이는
내가 그를 물에서 건져 내었음이라 하였더라

Look at the Egyptian princess who has been brought up and got used to the coldness of this world! She didn't care to enjoy a bath at the Nile where every Hebrew boy was thrown into. It was terrible to see cold dead bodies of the Hebrew boy all over the river as Pharaoh ordered to do so. The princess enjoyed her bath at the Nile in an indifferent way. How cold hearted is she?

Try to think about a woman who can't give birth to a baby properly. She could do whatever she wants as a daughter of the greatest king in the world except having a baby. Therefore, she could have been jealous and envious of the Hebrew slave whose had born children and increased in number by God's grace. It could have been the only pleasure to a cold-hearted princess who was full of jealousy and envy because of her tragic sterility to enjoy a disaster that the Hebrew children were thrown into and dead in the river.

However, there was a dramatic change in her heartless state of mind. She saw a fine looking child in a basket in the river. How much of a good looking baby could he have been, as he was just a baby from a slave nation that was oppressed and abused? Most 100-day-old babies, features are barely visible, so it's hard to distinguish a baby is handsome or ugly. But, it is quite natural that the human admires the beauty and nobility of life when they see babies. The child is a wonder so he could

냉혹한 시대에 길들여진 이집트 공주를 보라! 히브리 민족의 아이들이 핏덩이인 채로 던져져 시체로 즐비했을 애굽 강가에서 그녀는 그저 한가로이 목욕을 즐기려 했다. 바로의 명령으로 강가에 던져진 아기들의 시체가 강줄기를 따라 줄지어 떠내려 오는 것은 매우 끔찍한 광경일 것이다. 그런 애굽의 강가에서 아무렇지 않게 목욕을 즐길 수 있는 공주의 비정함은 얼마나 냉혹한가!

아이를 제대로 낳지 못하는 여인의 마음을 헤아려 보라. 세계 최고의 권력자 바로의 딸로서 세상 모든 것을 마음대로 할 수 있다 해도 생명만큼은 마음대로 소유할 수 없는 법이다. 아이를 갖지 못한 공주는 하나님의 은혜로 생명이 번성하는 히브리 노예들에 대해 시기와 질투의 마음을 가졌을 수 있다. 아이를 갖지 못하는 아픔 속에 질투로 얼룩진 여인의 칼날 같은 마음을 품고 살아가던 공주에게 히브리 민족의 아기들이 죽어가는 재앙은 도리어 비정한 희열일 수도 있었을 것이다.

그런데 이러한 공주의 냉혹한 마음에 극적인 변화가 일어났다. 용모가 준수한 히브리 아기가 떠내려 오는 것이었다. 이제 갓 태어나 핏덩어리에 지나지 않는, 폄하와 비하로 얼룩진 노예민족의 아기가 생겨봐야 얼마나 잘생겼겠는가. 백일 정도 된 아기라 하면 이제 겨우 이목구비 정도가 구분될 뿐, 잘생기고 못생기고의 차이는 크지 않았을 것이다. 다만 갓 태어난 아기라면 살아있는 생명이기에 누구나 생명으로서의 존귀함과 아름다움에 끌리게 되는 것이 인지상정이다. 죽은 아기의 시체로 가득한 강을 따라 살아서 떠내려 오는 아이는 살아있는 생명의 경탄 그 자체로 아기가

touch a childless and cold-hearted woman. On top of that, think about her looking at the basket among the reeds which showed maternal love to save her baby. And, see his sister who was chasing the baby in the basket along the riverbank to the end with compassion.

We may imagine that his sister would have been eager to save her brother in front of the Pharaoh's daughter though she definitely had known that it was a treacherous behavior against King's strict law. Think about the eyes of the Hebrew girl who had to answer in front of the Pharaoh at the risk of her life. His sister must have been killed as soon as the relationship between the Hebrew girl and the boy was revealed. However, she risked her everything to save the baby's life and introduced the princess, one of the closest person to the Pharao himself, to a Hebrew woman to take care of the baby.

Do you really think that the princess didn't know the connection between the Hebrew girl who followed the baby in the basket around and the Hebrew woman who nursed the baby? The frost was melted in the princess' heart by a girl who did her best to save a baby without caring her life and a mother who was eager to save a life naturally. That was possible for the daughter of Pharaoh to break the strict law and embrace the baby and save his life. How could the princess of Pharaoh, a symbol of brightness of the time, adopt a baby that would save

없는 냉혹한 여인의 마음도 움직일 수 있었다.

아기를 살리기 위해 애썼던 한 여인의 모성애가 담긴 갈대상자와 이를 보는 공주의 마음, 히브리의 여자아이가 갈대 상자에 담긴 동생의 생명을 불쌍히 여겨 쫓아오는 안타까운 장면을 생각해보라. 게다가 아기를 백일 간이나 살려두고 숨긴 것이 밝혀진다면 바로왕의 지엄한 법으로 죽음을 면치 못할 것인데 아기를 살리고자 대답했을 히브리 여자아이의 간절한 눈빛을 상상해보라. 히브리 여자아이와 갈대상자 속에 남자아이가 혈육임이 밝혀진다면 누이인 여자아이 또한 죽음을 면치 못할 일이었다. 그럼에도 바로의 가장 가까운 지친인 공주에게 히브리 여자아이는 아기의 생명을 살리고자 모든 위험을 감수하고 히브리 유모를 소개했다.

과연 바로의 공주가 그 여자아이와 젖이 분 히브리 유모와의 사이를 전혀 눈치채지 못했을까? 죽음을 넘나드는 모든 위험부담을 감수하고 아기를 살리고자했던 누이와 어미의 생명을 향한 갈망은 냉혹하게 얼어붙었던 이집트 공주의 마음을 녹였다. 그로인해 공주도 바로 왕인 아비의 절대적인 명령을 어기고 죽음을 넘어 생명을 건지고 품을 수 있게 되었다. 냉혹한 시대가 잉태된 바로의 가정에서 시대를 구원할 아이가 품어지다니! 이 얼마나 놀라운 역전이란 말인가!

냉혹하고 무정한 시대에 스스로의 생존과 생명조차 무너지는 듯한 냉랭함으로 살고 있는가? 차라리 역전을 위해 생명의 준수함을 믿음으로 품고 얼어가는 다른 이들을 예수님의 사랑으로 살리려 해보라.

the era? It was a complete reversal.

Do you live with hard heart in this indifferent and tough time because people can't assure one's own survival? Why not reverse the situation?

Try to meditate the sanctity of life and save others with love of Jesus. The Good News of the gospel have always saved people around the world and overcome the world in history. It was also enough to turn around the big tragedy of abandoned nations and countries through the Good News. You will realize when you embrace life. That will be the moment for people to be saved and the time to be changed.

인류를 구원해 온 복음의 뜨거운 소식은 항상 이러한 작은 시도들이 모여 냉혹한 시대를 이기고 역사해왔다. 수많은 냉혹함에 버려진 나라들과 민족들의 커다란 비극도 생명의 일들로 반전시켜왔다. 당신이 생명을 품는 바로 그 순간이 곧 마음과 마음, 시대와 시대가 뜨겁게 구원받는 시간일 수 있다.

65. 나무(Wood)와 큰 재목(Beam)

65. WOOD AND A BIG BEAM

2 KINGS 6:1-8

1 And the sons of the prophets said unto
Elisha, Behold now, the place where we
dwell with thee is too strait for us. 2 Let
us go, we pray thee, unto Jordan, and take
thence every man a beam, and let us make
us a place there, where we may dwell. And
he answered, Go ye. 3 And one said, Be
content, I pray thee, and go with thy serv-
ants. And he answered, I will go. 4 So he
went with them. And when they came
to Jordan, they cut down wood. 5 But
as one was felling a beam, the axe head
fell into the water: and he cried, and said,
Alas, master! for it was borrowed. 6 And
the man of God said, Where fell it? And
he shewed him the place. And he cut
down a stick, and cast it in thither; and the
iron did swim. 7 Therefore said he, Take it
up to thee. And he put out his hand, and
took it. 8 Then the king of Syria warred
against Israel, and took counsel with his

열왕기하 6:1-8

1 선지자의 생도가 엘리사에게 이르되 보소
서 우리가 당신과 함께 거한 곳이 우리에게
는 좁으니 2 우리가 요단으로 가서 거기서 각
각 한 재목을 취하여 그곳에 우리의 거할 처
소를 세우사이다 엘리사가 가로되 가라 3 그
하나가 가로되 청컨대 당신도 종들과 함께하
소서 엘리사가 가로되 내가 가리라 하고 4 드
디어 저희와 함께 가니라 무리가 요단에 이르
러 나무를 베더니 5 한 사람이 나무를 벨 때에
도끼가 자루에서 빠져 물에 떨어진지라 이에
외쳐 가로되 아아, 내 주여 이는 빌어온 것이
니이다 6 하나님의 사람이 가로되 어디 빠졌
느냐 하매 그곳을 보이는지라 엘리사가 나무
가지를 베어 물에 던져서 도끼로 떠오르게 하
고 7 가로되 너는 취하라 그 사람이 손을 내밀
어 취하니라 8 때에 아람 왕이 이스라엘로 더
불어 싸우며 그 신복들과 의논하여 이르기를
우리가 아무데 아무데 진을 치리라 하였더니

servants, saying, In such and such a place
shall be my camp.

Why had Elisha been asked twice to finally go with his disciples to make a place for the prophets? Elisha spoke indifferently in the beginning when they first requested it. However, he went with them to Jordan when he was asked the second time, inconsistent with his first decision. Why did Elisha change his mind to join them even though their proposal was same? We can see that, later, Syria comes to invade Israel(8). Israel is at the danger of having everything be destroyed if not saved by the prophetic word of God. Is it reasonable for them to think to live more comfortably by expanding their living space, all the while without having to try to save Israel from the brink of a war, threatened of its home?

Elisha was a son from a rich family. He didn't have to come out to wander around the wilderness to prophesy all around Israel if he wanted to live a comfortable life with the others at a spacious house. The people Elisha was with were experts in proclaiming the word of God. Elisha probably had to live in a hut built with mud that could barely protect themselves from snow, rain and wind because they were not professional architects. And now, those prophets are coming to Elisha to ask for a larger space to live in. But, if you look carefully, there was a noticeable difference between the wood Elisha was

왜 엘리사는 제자들에게 대언자들을 위한 처소를 만들자는 제안을 두 번씩이나 받고서야 그들과 함께 움직이는가? 제자들이 처음 청원할 때에는 심드렁하게 '너희나 가라(you go)'라고 말했던 엘리사가 왜 두 번째 청원에서는 일관성 없이 그들과 함께 요단으로 처소를 만들러 갔을까. 왜 엘리사는 제자들의 요청의 내용이 바뀌지 않았음에도 그들과 동조하지 않으려다 결국 동조하는가? 뒤에 보면 이내 곧 시리아가 쳐들어오는 상황이 벌어진다(8). 대언을 통해 이스라엘을 구원하지 못하면 전란으로 모든 것이 부서지고 빼앗길 위기이다. 도처에서 이스라엘 백성들의 처소가 부서지는 가운데 말씀으로 이스라엘을 구원하려 하지 않은 채, 대언자들의 처소가 비좁다 해서 그것을 넓혀 좀 더 안정되게 생활하려는 것이 과연 타당한가?

엘리사는 부유한 집안의 아들이었다. 넓은 처소에서 안정되게 살 사람들과 어울리려 했다면 광야로 나와 집도 절도 없이 온 이스라엘을 떠돌며 대언할 필요가 없었다. 엘리사가 함께 했던 자들은 하나님 말씀 전하는 일을 전문으로 하는 자들이었다. 그들이 건축의 전문가는 아니었기 때문에 엘리사는 대언자들과 함께 눈, 비, 바람을 가릴 움막 정도 짓고 살았을 것이다. 그런데 지금 대언자들이 엘리사에게 나와 넓은 처소를 구하기를 청원하고 있다. 말씀을 자세히 보면 엘리사가 대언자의 제자들을 이끌고 구하는 나무(wood)와 제자들이 구하려는 큰 재목(beam)에는 현격한 차이가 있다. 제자들은 나무를 얼기설기 엮은 기존 엘리사의 집이 비좁고 불편하다고 생각했다. 그래서 커다란 나

seeking and the beam that his disciples were seeking. Disciples have been thinking that Elisha's house was too narrow and uncomfortable, made out of entangled wood pieces. So, they suggested Elisha that they go to Jordan where they can get big beams of wood and make a new place using them.

Elisha felt uncomfortable when he was first suggested with the idea to build a comfortable house by felling big beams. However, wanting to teach a lesson to his disciples, he led them into making a hut by cutting down the woods(4). However, despite Elisha's teachings, one of his disciples refused to let go his intentions. He kept insisting that he use a large beam to build a house(5). And pretty soon, while he was trying to cut down a beam, his ax was broken off falling into the water. An ax was a very rare tool to be found, especially during the times of war. Going back, someone among the prophets must have suggested to all the others to make a place house using big beams. However, even if things went according the one who suggested the idea, it would have been practically impossible for them to borrow an ax, as there was a war at the time and prices of metal were skyrocketing. And if any one of the prophets was to lose a borrowed ax, he might as well sell himself as a slave to pay back

무 기둥(beam)을 구할 수 있는 관목이 우거진 요단으로 가서 새로 처소를 마련하자고 했다.

엘리사는 처음에 제자들이 큰 나무기둥(beam)을 벌목(fell)해 안정된 선지자들의 집을 짓자고 했을 때 그들의 제안을 불편해 했지만 이내 그들을 깨우치기 위해 직접 가서 선도하여 나무(wood)를 베어(cut down) 원래 살던 대로 얼기설기 움막을 지었다(4). 엘리사의 온화한 가르침에도 한 제자는 끝까지 자신들의 고집을 관철시켰다. 엘리사의 무리 가운데서 혼자 큰 기둥(beam)으로 쓸 재목을 벌목(fell)하려 했던 것이다(5). 이내 도끼가 큰 기둥을 베다 말고 부러져서 물에 빠졌다. 전쟁과 전란의 시대에 무기의원재료와 같은 재료였던 도끼는 매우 희귀했다.

애초에 대언자 중 누군가가 모두가 큰 재목(beam) 하나씩을 마련하여 대언자들의 집을 짓자고 제안하였을 것인데, 그 제안대로라면 전쟁 중 무기로 쓸 금속 값이 폭등하는 시기에 도끼를 빌리기란 대언자들 모두 하늘의 별 따기 같았을 것이다. 게다가 한 대언자처럼 큰 재목(beam)을 찍다가 도끼를 잃기라도 했다면 하나님의 말씀을 가진 존귀한 대언자가 도끼 값을 구하기 위해 맨몸으로 자신을 노예로 팔아서야 겨우 값을 치를 수 있었을 터였다. 대언자들이 온 마음과 힘을 다해 급히 말씀을 배우고 내기에도 부족할 정도로 시대는 하나님의 경고를 무시하고 긴박하게 돌아가고 있었지만, 그들은 부수적인 보신에 마음을 기울였다.

엘리사는 무너진 대언자의 마음과 시대를 보수하기 위해 큰

for the loss. As these were the times when God's warning was being ignored and things were going urgent and the prophets should be giving their best efforts to learn the word of God, instead, they were busy for self-preservation. Elisha retrieves the ax by throwing a stick into the water, not a beam, restoring the broken hearts of the prophets and the age they were living in. We do not know if the prophets could have been able to retrieve the ax head to be fixed back on the stick for use according to the Jewish traditions. Elisha was like a dependable weapon, an iron ax of God's kingdom, saving the prophets and restoring the word of God, judging the enemies of the dark times to retrieve back from them the people of God.

God uses the wooden cross of Christ and its followers of the very sacrifice as bastions to judge this sinful world we live in today. If we as christians focus more on our own stability and our places of living, then who can we expect to prepare and throw in the word of God, the cross of Christ? Proclaiming God's words that are not based on the sacrifice of Jesus who took up the wooden cross is nothing more than an imitation. Those who separate themselves from self-preservationism to repair the times, just like what Elisha has done, will be given the words and the power from above to fix the earth. Would

재목이 아니라 나뭇가지를 물속으로 던져 도끼를 꺼낸다. 유대인들의 어떤 전승대로 그 나뭇가지 위로 쇠도끼머리가 끼워져 다시 원래대로 쓸 수 있게 되었을지도 모를 일이다.

대언자 엘리사는 어두운 시대에 대언자들을 세워서 말씀을 보수하여 시대를 심판하고, 대적들로부터 하나님의 백성들을 찾아와 그들을 일으키는 하나님 나라의 우직한 병기이자 무기(iron ax)와 같았다.

죄가 만연한 시대를 향한 하나님의 심판의 보루는 그리스도의 나무 십자가이며 그리스도의 희생의 십자가를 따르는 그리스도인과 그 종들이다. 시대가 급격히 기울고 어두워져갈 때, 그리스도인과 예수의 종들이 자기 안정의 처소와 기둥(beam)을 더 신경 쓴다면 시대를 향하여 하나님의 십자가 말씀은 누가 예비하여 던질 것인가? 나무 십자가를 지신 예수님의 희생을 전제로 하지 않은 말씀 선포는 흉내 내기에 지나지 않는다. 엘리사처럼 시대를 보수하기 위해 보신주의와 결별한 인물들은 도리어 하늘로부터 땅을 보수하는 능력과 말씀이 주어질 것이다. 고작 자신과 집단 하나를 보호할 터인가, 시대를 보수할 것인가? 능력은 위로부터 임하지만 선택은 언제나 우리의 몫이다.

you rather try to protect just yourself and your surroundings, or restore a whole generation of the times? Power comes from above, but the choice is always ours to decide.

66. 불안한 미래의 회복

66. RECOVERY OF THE UNSTABLE FUTURE

1 SAMUEL 1:1-23

1 Now there was a certain man of
Ramathaimzophim, of mount Ephraim,
and his name was Elkanah, the son of
Jeroham, the son of Elihu, the son of
Tohu, the son of Zuph, an Ephrathite: 2
And he had two wives; the name of the
one was Hannah, and the name of the
other Peninnah: and Peninnah had chil-
dren, but Hannah had no children. 3 And
this man went up out of his city yearly to
worship and to sacrifice unto the LORD
of hosts in Shiloh. And the two sons of
Eli, Hophni and Phinehas, the priests of
the LORD, were there. 4 And when the
time was that Elkanah offered, he gave
to Peninnah his wife, and to all her sons
and her daughters, portions: 5 But unto
Hannah he gave a worthy portion; for
he loved Hannah: but the LORD had
shut up her womb. 6 And her adversary
also provoked her sore, for to make her

사무엘상 1:1-23

1 에브라임 산지 라마다임소빔에 에브라임
사람 엘가나라 하는 자가 있으니 그는 여로함
의 아들이요 엘리후의 손자요 도후의 증손이
요 숩의 현손이더라 2 그에게 두 아내가 있으
니 하나의 이름은 한나요 하나의 이름은 브닌
나라 브닌나는 자식이 있고 한나는 무자하더
라 3 이 사람이 매년에 자기 성읍에서 나와서
실로에 올라가서 만군의 여호와께 경배하며
제사를 드렸는데 엘리의 두 아들 홉니와 비느
하스가 여호와의 제사장으로 거기 있었더라
4 엘가나가 제사를 드리는 날에는 제물의 분
깃을 그 아내 브닌나와 그 모든 자녀에게 주
고 5 한나에게는 갑절을 주니 이는 그를 사랑
함이라 그러나 여호와께서 그로 성태치 못하
게 하시니 6 여호와께서 그로 성태치 못하게
하시므로 그 대적 브닌나가 그를 심히 격동하
여 번민케 하더라 7 매년에 한나가 여호와의
집에 올라갈 때마다 남편이 그같이 하매 브닌
나가 그를 격동시키므로 그가 울고 먹지 아니
하니 8 그 남편 엘가나가 그에게 이르되 한나
여 어찌하여 울며 어찌하여 먹지 아니하며 어

fret, because the LORD had shut up her womb. 7 And as he did so year by year, when she went up to the house of the LORD, so she provoked her; therefore she wept, and did not eat. 8 Then said Elkanah her husband to her, Hannah, why weepest thou? and why eatest thou not? and why is thy heart grieved? am not I better to thee than ten sons? 9 So Hannah rose up after they had eaten in Shiloh, and after they had drunk. Now Eli the priest sat upon a seat by a post of the temple of the LORD. 10 And she was in bitterness of soul, and prayed unto the LORD, and wept sore. 11 And she vowed a vow, and said, O LORD of hosts, if thou wilt indeed look on the affliction of thine handmaid, and remember me, and not forget thine handmaid, but wilt give unto thine handmaid a man child, then I will give him unto the LORD all

찌하여 그대의 마음이 슬프뇨 내가 그대에게 열 아들보다 낫지 아니하뇨 9 그들이 실로에서 먹고 마신 후에 한나가 일어나니 때에 제사장 엘리는 여호와의 전 문설주 곁 그 의자에 앉았더라 10 한나가 마음이 괴로와서 여호와께 기도하고 통곡하며 11 서원하여 가로되 만군의 여호와여 만일 주의 여종의 고통을 돌아보시고 나를 생각하시고 주의 여종을 잊지 아니하사 아들을 주시면 내가 그의 평생에 그를 여호와께 드리고 삭도를 그 머리에 대지 아니하겠나이다 12 그가 여호와 앞에 오래 기도하는 동안에 엘리가 그의 입을 주목한즉 13 한나가 속으로 말하매 입술만 동하고 음성은 들리지 아니하므로 엘리는 그가 취한줄로 생각한지라 14 엘리가 그에게 이르되 네가 언제까지 취하여 있겠느냐 포도주를 끊으라 15 한나가 대답하여 가로되 나의 주여 그렇지 아니하니이다 나는 마음이 슬픈 여자라 포도주나 독주를 마신 것이 아니요 여호와 앞에 나의 심정을 통한것 뿐이오니 16 당신의 여종을 악한 여자로 여기지 마옵소서 내가 지금까지

the days of his life, and there shall no ra-
zor come upon his head. 12 And it came
to pass, as she continued praying before
the LORD, that Eli marked her mouth.
13 Now Hannah, she spake in her heart;
only her lips moved, but her voice was
not heard: therefore Eli thought she had
been drunken. 14 And Eli said unto her,
How long wilt thou be drunken? put
away thy wine from thee. 15 And Hannah
answered and said, No, my lord, I am a
woman of a sorrowful spirit: I have drunk
neither wine nor strong drink, but have
poured out my soul before the LORD. 16
Count not thine handmaid for a daughter
of Belial: for out of the abundance of my
complaint and grief have I spoken hith-
erto. 17 Then Eli answered and said, Go
in peace: and the God of Israel grant thee
thy petition that thou hast asked of him.
18 And she said, Let thine handmaid find

말한 것은 나의 원통함과 격동됨이 많음을 인
함이니이다 17 엘리가 대답하여 가로되 평안
히 가라 이스라엘의 하나님이 너의 기도하여
구한 것을 허락하시기를 원하노라 18 가로되
당신의 여종이 당신께 은혜 입기를 원하나이
다 하고 가서 먹고 얼굴에 다시는 수색이 없
으니라 19 그들이 아침에 일찌기 일어나 여호
와 앞에 경배하고 돌아가서 라마의 자기 집
에 이르니라 엘가나가 그 아내 한나와 동침하
매 여호와께서 그를 생각하신지라 20 한나가
잉태하고 때가 이르매 아들을 낳아 사무엘이
라 이름하였으니 이는 내가 여호와께 그를 구
하였다 함이더라 21 그 사람 엘가나와 그 온
집이 여호와께 매년제와 그 서원제를 드리러
올라갈 때에 22 오직 한나는 올라가지 아니하
고 그 남편에게 이르되 아이를 젖 떼거든 내
가 그를 데리고 가서 여호와 앞에 뵈게 하고
거기 영영히 있게 하리이다 23 그 남편 엘가
나가 그에게 이르되 그대의 소견에 선한대로
하여 그를 젖 떼기까지 기다리라 오직 여호
와께서 그 말씀대로 이루시기를 원하노라 이

grace in thy sight. So the woman went her
way, and did eat, and her countenance
was no more sad. 19 And they rose up in
the morning early, and worshipped before
the LORD, and returned, and came to
their house to Ramah: and Elkanah knew
Hannah his wife; and the LORD remem-
bered her. 20 Wherefore it came to pass,
when the time was come about after Han-
nah had conceived, that she bare a son,
and called his name Samuel, saying, Be-
cause I have asked him of the LORD. 21
And the man Elkanah, and all his house,
went up to offer unto the LORD the
yearly sacrifice, and his vow. 22 But Han-
nah went not up; for she said unto her
husband, I will not go up until the child
be weaned, and then I will bring him, that
he may appear before the LORD, and
there abide for ever. 23 And Elkanah her
husband said unto her, Do what seemeth

에 그 여자가 그 아들을 양육하며 그 젖 떼기 까지 기다리다가

thee good; tarry until thou have weaned
him; only the LORD establish his word.
So the woman abode, and gave her son
suck until she weaned him.

How could Elkanah have agreed to give his son Samuel, whom Hannah hardly had given birth, to God so easily? According to the scriptures, the conflicts of this family originate from the fact that his loving wife Hannah had no children whom she can rely on. Having no children for a married woman in Israel meant that there was no future because she would have to live a miserable life in her later years like a livestock living off of leftovers from the other sons. Peninnah persistently threw Elkanah's household into confusion by taking advantage of Hannah's weakness of the unstable future.

Hannah was able to give her son even in the midst of these threats because she has made a vow to God even before she conceived the baby, but the situation for her husband Elkanah was different. If Hannah, his loving wife, was to have a son that could take care of her life in the future and the baby was to be given to the house of God, solving conflicts in Elkanah's household would become extremely difficult. How could he agree to his wife's vow of giving her son Samuel at once, the only way to solve the trouble of his family caused by Peninnah's jealousy?

Elkanah was a holy person as he went up yearly with his family to Shiloh for worship and sacrifice, but he had a fatal problem in the way of his life. As a Levite he had a 'portion' of the inheritance. Levites did not receive any portion of the inherit-

어떻게 엘가나는 한나가 그토록 어렵게 출산한 아들 사무엘을 쉽사리 하나님께 드리는데 동의할 수 있었을까? 본문에서 엘가나 집안의 갈등은 사랑하는 아내 한나에게 의지할 자녀가 없다는 데에 기인한다. 이스라엘에서 결혼한 여인이 자녀가 없다는 것은 곧 미래가 없다는 것을 의미한다. 왜냐하면 자녀가 없는 여인이 늙어 혼자 남게 되면 다른 친인척의 아들들의 집에서 부스러기나 얻어먹으며 가축처럼 비참하게 생애를 마감해야하기 때문이다. 브닌나는 한나의 불안한 미래에 대한 약점을 파고들어 지속적으로 엘가나의 집안에 분란을 일으킨다.

한나야 아이를 가질 때부터 서원했기 때문에 이러한 위협 속에서도 아들을 드릴 수 있었지만 남편 엘가나는 다르다. 사랑하는 아내 한나의 미래를 보장해줄 단 하나의 아들이 생겼는데 이 사무엘을 성전에 드린다면 집안의 갈등과 문제는 앞으로도 봉합되기 어려워질 것이다. 브닌나의 시기와 질투로 인한 가정의 분란과 이를 해결할 유일한 실마리는 아들 사무엘이었다. 그 유일한 해결책이 된 아들을 드리려는 아내의 서원에 엘가나는 어떻게 즉시 동의할 수 있었는가?

엘가나는 가족들과 매년 실로로 제사를 드리러 갈 정도로 경건한 인물이었지만, 삶의 경로에 치명적인 문제점이 있었다. '레위인'이었던 그에게 '분깃'이 있었다는 것이다. 레위인은 영원한 하나님 나라가 분깃이기에 이 땅에서 누릴 분깃이 없다. 그런 엘가나가 가족들에게 나누어줄 분깃을 가지고 있었다는 점은 그가 레위인의 삶 즉, 영원한 하나님 나라의 분깃을 추구하는 삶을 포기

ance as the kingdom of God is the only portion of inheritance they receive. But the fact that he had portions to give to his family meant that he had given up the life of a Levite, one who only seeks the portion of the everlasting kingdom of God.

The portions he owned could not provide him with peace on this earth, instead, caused major trouble to his family involving Peninnah and Hannah. The inheritance of this earth which should have been the source of stability became a snare to God's people, who should seek the everlasting portion of the God's kingdom. Elkanah had been enduring for years the instability of his family because he had deviated from the Levite way of life. That is why he was able to accept easily the life that his son Samuel would seek, the life of everlasting inheritance of the kingdom of God through by becoming a Levite priest.

We are living in the time where everything changes at an increasing speed, and instabilities are intensified each day. Even the saints living the present times think it natural to seek social comfort and make it their ultimate objective in their lives. However, if anyone does not have a portion of inheritance in the kingdom of God, no matter how much you try to achieve stability on this earth, you will experience failure in the everlasting kingdom of God. It is only normal for christians to experience emptiness in their hearts, like Elkanah, unless they

했음을 의미한다. 그가 추구했던 이 땅의 분깃은 그에게 안정을 준 것이 아니라 도리어 브닌나와 한나를 둘러싼 그의 가정의 분란의 요인으로 작용했다. 이 땅을 의지하여 살아갈 때 안정감을 제공하는 분깃이 오히려 영원한 하나님 나라의 분깃을 추구해야 할 하나님의 백성들에게 올무로 작용하고 있는 것이다. 이러한 치명적인 레위인의 삶의 궤적에서의 일탈로 인해 엘가나는 자신과 가정이 불안정해지는 것을 수년간 견뎌왔다. 그래서 아들 사무엘이 레위인 중 제사장으로서 흔들림 없는 영원한 분깃을 추구하는 삶을 사는 것을 쉽게 인정할 수 있었던 것이다.

시대의 유동성과 불안정성이 심화되고 있다. 성도들조차 물리적인 사회적 안정을 삶의 총체적 과제로 여기는 풍조가 만연하다. 그러나 오히려 영원한 하나님 나라에 분깃이 없다면 세상 속에서 아무리 안정을 쟁취해도 영원한 하나님 나라에서는 단연코 실패할 것이다. 엘가나처럼 하나님의 백성에게 하나님 나라의 분깃 없이는 무엇으로도 채워지지 않는 마음이 있는 것이 정상적인 그리스도인의 궤도이자, 살아가야 할 궤적이며 이 땅에 남겨야 할 유일한 흔적이다. 불안한 미래로 괴로워하고 있는가? 흔들림 없는 영원한 하나님 나라를 전적으로 추구하라. 당신의 미래가 아니, 당신의 영원이 흔들리지 아니할 것이다.

are filled with the inheritance of God's kingdom as His people. And, that is the way that every Christian should live and the only evidence they should leave on this earth. Are you suffering from the unstable future? Then seek the unshaking and everlasting Kingdom of God with your whole heart. Your future, no, your eternity will not be shaken.

67. 에돔사람 갈렙, 이스라엘의 기업에 참예함

67. CALEB THE EDOMITE, SHARE INHERITANCE OF ISRARAELITES

JOSHUA 14:6-15

6 Then the children of Judah came unto Joshua in Gilgal: and Caleb the son of Jephunneh the Kenezite said unto him, Thou knowest the thing that the LORD said unto Moses the man of God concerning me and thee in Kadeshbarnea.
7 Forty years old was I when Moses the servant of the LORD sent me from Kadeshbarnea to espy out the land; and I brought him word again as it was in mine heart. 8 Nevertheless my brethren that went up with me made the heart of the people melt: but I wholly followed the LORD my God. 9 And Moses sware on that day, saying, Surely the land whereon thy feet have trodden shall be thine inheritance, and thy children's for ever, because thou hast wholly followed the LORD my God. 10 And now, behold, the LORD hath kept me alive, as he said, these forty and five years, even since the

여호수아 14:6-15

6 때에 유다 자손이 길갈에 있는 여호수아에게 나아오고 그니스 사람 여분네의 아들 갈렙이 여호수아에게 말하되 여호와께서 가데스 바네아에서 나와 당신에게 대하여 하나님의 사람 모세에게 이르신 일을 당신이 아시는
바라 7 내 나이 사십세에 여호와의 종 모세가 가데스 바네아에서 나를 보내어 이 땅을 정탐케 하므로 내 마음에 성실한대로 그에게 보고
하였고 8 나와 함께 올라갔던 내 형제들은 백성의 간담을 녹게 하였으나 나는 나의 하나님
여호와를 온전히 좇았으므로 9 그 날에 모세가 맹세하여 가로되 네가 나의 하나님 여호와를 온전히 좇았은즉 네 발로 밟는 땅은 영영히 너와 네 자손의 기업이 되리라 하였나이다
10 이제 보소서 여호와께서 이 말씀을 모세에게 이르신 때로부터 이스라엘이 광야에 행한 이 사십 오년 동안을 여호와께서 말씀하신대로 나를 생존케 하셨나이다 오늘날 내가 팔
십 오세로되 11 모세가 나를 보내던 날과 같이 오늘날 오히려 강건하니 나의 힘이 그때나 이제나 일반이라 싸움에나 출입에 감당할

LORD spake this word unto Moses,
while the children of Israel wandered in
the wilderness: and now, lo, I am this day
fourscore and five years old. 11 As yet I
am as strong this day as I was in the day
that Moses sent me: as my strength was
then, even so is my strength now, for war,
both to go out, and to come in. 12Now
therefore give me this mountain, whereof
the LORD spake in that day; for thou
heardest in that day how the Anakims
were there, and that the cities were great
and fenced: if so be the LORD will be
with me, then I shall be able to drive them
out, as the LORD said. 13 And Joshua
blessed him, and gave unto Caleb the son
of Jephunneh Hebron for an inheritance.
14 Hebron therefore became the inherit-
ance of Caleb the son of Jephunneh the
Kenezite unto this day, because that he
wholly followed the LORD God of Israel.

수 있사온즉 12 그날에 여호와께서 말씀하신
이 산지를 내게 주소서 당신도 그날에 들으셨
거니와 그곳에는 아낙 사람이 있고 그 성읍
들은 크고 견고할찌라도 여호와께서 혹시 나
와 함께 하시면 내가 필경 여호와의 말씀하신
대로 그들을 쫓아내리이다 13 여호수아가 여
분네의 아들 갈렙을 위하여 축복하고 헤브론
을 그에게 주어 기업을 삼게 하매 14 헤브론
이 그니스 사람 여분네의 아들 갈렙의 기업이
되어 오늘날까지 이르렀으니 이는 그가 이스
라엘의 하나님 여호와를 온전히 좇았음이며
15 헤브론의 옛 이름은 기럇 아르바라 아르바
는 아낙 사람 가운데 가장 큰 사람이었더라
그 땅에 전쟁이 그쳤더라

15 And the name of Hebron before was
Kirjatharba; which Arba was a great man
among the Anakims. And the land had
rest from war.

Each tribe of the Israelites had to cast a lot to get their shares of the land. But there was an exception. Caleb the Kenizzite got his share by claiming the promise God had given him long time ago. Caleb was a Kenizzite, a descendant of Esau. He was one of the Edomites who were one of the Israelites' enemies. For the Israelites, sharing their own inheritance with a gentile must have been very uncomfortable. They were sure to be jealous of this Edomite.

The name Caleb means 'a dog'. No one curses himself as a dog. The Israelite's hatred toward outsiders must have grown greater as they were under the oppression of Egypt for more than 400 years. We do not know when the family of Caleb had become the tribe of Judah, but from the text we see that the Israelites call him a son of the Kenizzites, which means a dog. From the first time Caleb joined their tribe to this day of having the share of their land, the Israelites hated him like a dog. No one from the Israel tribes, including Joshua, however, stood up to object Caleb's acquiring of the land because no one had better leadership than Caleb in securing the core land for the tribe of Judah. Mistreatment and disdain did not get in the way of obtaining the promised land for God and Israel. He fought like a dog until the age of 85.

Today, we are spiritual Israelites. If we don't obey God's command to take the kingdom of God, God will find anoth-

모든 이스라엘 사람들이 기업을 분배받는데 사용된 원칙은 지파별 제비뽑기였다. 돌발적으로 그나스 사람 갈렙만이 하나님이 보여주신 소망대로 주장하여 제비뽑기가 아닌 방법으로 헤브론 땅을 분배받는다. 갈렙의 집안은 그나스 족속으로 에서의 후예이다. 그가 이스라엘의 원수였던 에돔 사람이라는 점에서 이스라엘의 기업을 분배하는 자리에 참여하는 것이 충분히 위화감을 줄 수 있었다. 게다가 아브라함과 사라가 묻힌 헤브론 땅을 당당히 요구하는 이 이스라엘의 외인, 에돔 사람을 향한 이스라엘 백성의 시기와 질투는 과연 어떠했을까.

사백 년 동안이나 계속된 애굽 사람들의 학대를 겪으면서 이스라엘 사람들의 이방인에 대한 배타성은 거의 혐오 수준이었다. 갈렙의 이름은 '개'라는 뜻이다. 스스로를 '개 같은 내 인생'이라고 저주할 사람은 아무도 없다. 갈렙의 집안이 언제 유다지파에 흘러들어왔는지 모르겠지만, 이스라엘 사람들은 그가 모두의 보는 앞에서 헤브론을 기업으로 얻는 본문에 그를 끝까지 '그나스 사람'이라 표현하고 있으며 처음 그가 이스라엘에서 두각을 나타냈을 때부터 현재까지 그를 '개'같이 여기고 혐오했다.

그러나 여호수아를 비롯한 이스라엘의 그 누구도 갈렙이 이스라엘 기업의 핵심을 얻는데 이론을 제기하지 못한다. 유다 지파가 얻어야 할 기업 가운데 헤브론이라는 핵심 지역에 대해 갈렙만큼 지도력을 발휘해 취할 사람이 없었다. 그는 외인을 향한 멸시와 천대라는 치명적인 핸디캡을 안고도 85세의 나이까지 하나님과 이스라엘을 위해 목숨을 다해 '개'처럼 싸웠다.

er gentile like Caleb who is loyal to him and who obeys His command as 'a dog'. We could be alone in this world when we fight for the kingdom of God, but I would rather choose aloneless and fight like a dog to build an everlasting kingdom.

영적 이스라엘인 우리가 오늘날 순종하여 하나님 나라를 취하지 못한다면 하나님은 '개'같이 충성하여 순종할 또 다른 외인 갈렙을 일으키시리라. 이 땅에서는 하나님의 의외로운 외인부대이나, 하나님 나라에서는 영원할 기업을 위해 개 같은 처우를 마다않고 싸우는 종으로 드려지고 싶다. 영원한 하나님 나라의 완성을 위해!

68. 말과 침상 그리고 등경

68. A BOWL, A BED AND A STAND

MARK 4:21

21 And he said unto them, Is a candle brought to be put under a bushel, or under a bed? and not to be set on a candlestick?

마가복음 4:21

21 또 저희에게 이르시되 사람이 등불을 가져 오는 것은 말 아래나 평상 아래나 두려 함이냐 등경 위에 두려 함이 아니냐

Nobody puts a lamp under a bowl. A bowl is a tool used as a container for grain and its measurement, and in the ancient agricultural times it was the basic tool to measure economy. Jesus worries that christians might be caged in by the requirements of the economic power, the needs and the comforts of this world because of their abnormal behaviors, when they should be the light and the lamp of the gospel. In the time of Jesus, the pragmatism of the Roman empire tried to ensure its hegemony for future by seizing and sacrificing the economic power of its neighboring countries. There are two pillars that support the Roman empire. One is the economic power and the other is the military power. Rome is the pragmatic empire that accomplishes only the two requirements to build the empire. Other tribes had to fight it off while being seized of their economic future, or had to live as slaves under the system of pragmatism without any hope but to serve the purpose of Roman hegemony.

In the midst of all this, Judah was a land of trouble for the Roman empire where religious fanatics were living. This was because the land was regarded useless as there were those lawful and religious robots who had nothing to do with the economic and military power that was sought by pragmatism of the Empire. Only some parts of Jewish soldiers and tax collectors adapted to the roman pragmatic stream while other Jews lived in obscurity. These Jews were practically being thrown out of the Roman system.

Today, the Roman pragmatism has revived back as globalization began to pick up speed, all the while the economic power is getting harder to grasp. It has become something natural, also, for a human being to be thrown out when considered useless for further pragmatic purposes. Many people live in dejection out of fear they would not be able to receive economic necessities for survival, used up by this system. Those who hide the lamp under a bed are the ones who live under the darkness, as they don't need to turn on the light because they are always lying down weary in disappointments. Jesus specifically warns that the light of gospel should be on its stand, not under a bowl(economic comforts or needs) or on a bed of disappointment in the darkness. We are christians, the lampstand of Christ. You who are in your prime, is your will to spread the gospel trapped in the life of pursuing economic stability?

You young adults without a vision, do you kneel down with disappointments and pain in your heart because you are afraid of being thrown out by the power of pragmatism? Raise Christ Jesus above your heart by lightening the torch of the gospel. Lampstands of the gospel! Christians who will win over the time!

등불을 등경 위에 두지 않고 말 아래에 두는 자들은 없다. 말은 곡식을 담고 측량하는 도구로써 고대에 쓰인 농경 경제 측량의 기본 도구다. 예수님께서는 당신의 복음의 등불이, 등경이 되어야 할 그리스도인들의 비정상적인 행태로 인해 경제적인 권한과 안정의 요구 안에 갇힐 것을 우려하신다.

예수님께서 사셨던 당시 로마 제국은 실용 대세에 따라 이웃 민족들의 경제력을 압류하고 희생시켜 로마 제국의 미래 패권을 보장하려고 했다. 제국을 떠받치는 두 개의 기둥이 있다. 하나는 경제력이고 다른 하나는 군사력이다. 로마는 제국 성립의 두 가지 필수 조건만 충족시키고자 했던 실용 제국이었다. 여타 다른 민족들은 로마 제국에 경제적 미래가 완전히 압류당한 채 이에 대해 저항하거나, 아니면 아무런 소망 없이 로마 패권을 위한 실용 대세 시스템에 종살이하듯 기생해야 했다.

이런 시대적 상황 속에서 당시 로마에 유대는 종교 기계들이 사는 골치 아픈 땅이었다. 왜냐하면, 유대는 로마의 실용 대세가 집요하게 추구하는 경제력 · 군사력과는 무관하고, 그저 율법과 종교에 몰두한 종교 기계들이 사는 곳이라 이용가치가 없다고 여겨졌기 때문이다. 일부 유대인 군병들과 세리들만이 로마 실용 대세 시스템에 적응하고 나머지 유대인들은 그런 시스템에 적응하지 못한 채 실의에 빠져있었다. 이와 같은 유대인들은 로마 실용 대세 시스템에 전혀 쓸모가 없었기에 버려져 있다시피 했다.

오늘날 과거 로마의 실용 대세가 부활하고 점차 세계화되면서, 경제적 권한을 안정적으로 보장받는 것이 점점 어려워지고 있다.

또한, 실용 대세는 쓸모가 있고 없고에 따라 인격이라도 버릴 수 있게 만든다.

현재 많은 이들이 이런 시스템에 길들어 생존에 대한 어떠한 경제적인 필요도 보장받지 못할까 봐 두려워하거나 실의에 젖어 쓰러져서 산다. 등불을 침상 아래 숨겨놓는 사람들은 침상 위에 항상 쓰러져 있거나 곤비하고 실의에 젖어있어, 깨어나서 불을 켤 필요 없는 어둠 속에 묻혀 살아가는 자들이다. 예수님께서는 정확히 '복음의 등불'이 '등경' 위에 놓이지 못하고 '말(경제적 안정과 필요)'이나 '어둠 속 실의의 침상(bed)' 가운데 갇히는 것을 경고하셨다.

우리는 그리스도의 등경인 그리스도인이다. 장년들이여, 시대의 어둠 가운데 복음의 증거가 경제적 안정을 추구하는 것에 갇혀있는가? 꿈을 잃은 청년이여, 세상의 실용 대세로부터 버려질까 두려워서 실의와 아픔으로 쓰러져 있는가? 이제는 마음 위에 놓인 복음의 횃불, 예수 그리스도를 켜고 들어 올릴 일이다. 복음의 등경들이여! 시대를 이길 그리스도인들이여!

69. 비전의 타협

69. COMPROMISE OF THE VISION

GENESIS 12:16-13:12

16 And he entreated Abram well for her sake: and he had sheep, and oxen, and he asses, and menservants, and maidservants, and she asses, and camels. 17 And the LORD plagued Pharaoh and his house with great plagues because of Sarai Abram's wife. 18And Pharaoh called Abram and said, What is this that thou hast done unto me? why didst thou not tell me that she was thy wife? 19 Why saidst thou, She is my sister? so I might have taken her to me to wife: now therefore behold thy wife, take her, and go thy way. 20 And Pharaoh commanded his men concerning him: and they sent him away, and his wife, and all that he had.

13:1 And Abram went up out of Egypt, he, and his wife, and all that he had, and Lot with him, into the south. 2 And Abram was very rich in cattle, in silver,

창세기 12:16-13:12

16 이에 바로가 그를 인하여 아브람을 후대하므로 아브람이 양과 소와 노비와 암 수 나귀와 약대를 얻었더라 17 여호와께서 아브람의 아내 사래의 연고로 바로와 그 집에 큰 재앙을 내리신지라 18 바로가 아브람을 불러서 이르되 네가 어찌하여 나를 이렇게 대접하였느냐 네가 어찌하여 그를 네 아내라고 내게 고하지 아니하였느냐 19 네가 어찌 그를 누이라 하여 나로 그를 취하여 아내를 삼게 하였느냐 네 아내가 여기 있으니 이제 데려가라 하고 20 바로가 사람들에게 그의 일을 명하매 그들이 그 아내와 그 모든 소유를 보내었더라

13:1 아브람이 애굽에서 나올새 그와 그 아내와 모든 소유며 롯도 함께하여 남방으로 올라가니 2 아브람에게 육축과 은금이 풍부하였더라 3 그가 남방에서부터 발행하여 벧엘에 이르며 벧엘과 아이 사이 전에 장막 쳤던 곳에 이르니 4 그가 처음으로 단을 쌓은 곳이라 그가 거기서 여호와의 이름을 불렀더라 5 아브람의 일행 롯도 양과 소와 장막이 있으므

and in gold. 3 And he went on his jour-
neys from the south even to Bethel, unto
the place where his tent had been at the
beginning, between Bethel and Hai; 4
Unto the place of the altar, which he had
make there at the first: and there Abram
called on the name of the LORD. 5
And Lot also, which went with Abram,
had flocks, and herds, and tents. 6 And
the land was not able to bear them, that
they might dwell together: for their sub-
stance was great, so that they could not
dwell together. 7 And there was a strife
between the herdmen of Abram's cattle
and the herdmen of Lot's cattle: and the
Canaanite and the Perizzite dwelled then
in the land. 8 And Abram said unto Lot,
Let there be no strife, I pray thee, between
me and thee, and between my herdmen
and thy herdmen; for we be brethren. 9
Is not the whole land before thee? sepa-

로 6 그 땅이 그들의 동거함을 용납지 못하였
으니 곧 그들의 소유가 많아서 동거할 수 없
었음이라 7 그러므로 아브람의 가축의 목자
와 롯의 가축의 목자가 서로 다투고 또 가나
안 사람과 브리스 사람도 그 땅에 거하였는지
라 8 아브람이 롯에게 이르되 우리는 한 골육
이라 나나 너나 내 목자나 네 목자나 서로 다
투게 말자 9 네 앞에 온 땅이 있지 아니하냐
나를 떠나라 네가 좌하면 나는 우하고 네가
우하면 나는 좌하리라 10 이에 롯이 눈을 들
어 요단 들을 바라본즉 소알까지 온 땅에 물
이 넉넉하니 여호와께서 소돔과 고모라를 멸
하시기 전이었는고로 여호와의 동산 같고 애
굽 땅과 같았더라 11 그러므로 롯이 요단 온
들을 택하고 동으로 옮기니 그들이 서로 떠난
지라 12 아브람은 가나안 땅에 거하였고 롯은
평지 성읍들에 머무르며 그 장막을 옮겨 소돔
까지 이르렀더라

rate thyself, I pray thee, from me: if thou
wilt take the left hand, then I will go to
the right; or if thou depart to the right
hand, then I will go to the left. 10 And
Lot lifted up his eyes, and beheld all the
plain of Jordan, that it was well watered
every where, before the LORD destroyed
Sodom and Gomorrah, even as the gar-
den of the LORD, like the land of Egypt,
as thou comest unto Zoar. 11 Then Lot
chose him all the plain of Jordan; and Lot
journeyed east: and they separated them-
selves the one from the other. 12 Abram
dwelled in the land of Canaan, and Lot
dwelled in the cities of the plain, and
pitched his tent toward Sodom.

In the beginning Abram and Lot left their home in Ur of the Chaldeans, without regrets, Ur was where the wide plains of the affluent Babylonian civilization were. Why, then, were they at strife over a small piece of land to feed livestock? Lot and Abram split up because of the strife between their herdsmen although they once had the same vision. Even though the two kinsmen left the affluent 'Ur of the Chaldeans' which belonged to the giant civilization of Babylon, together, it is not easy to understand how they came to be separated in Canaan; away from home, simply because of the strife between their herdsmen for the small land.

When Lot departed the land of Canaan where God had given him a vision, he thought Sodom and Gomorrah were like the garden of the Lord, like the land of Egypt(10). Yes, just before this Abram went down to Egypt because he didn't fully trust the promise of God. And he got enormous livestock and riches as a dowry from Pharaoh by giving his wife to the ruler.

The dowry must have been tremendous because Pharaoh was, then, the most powerful man in the world and it was for the family and the woman who would soon be his wife. Abram left the land of God's vision and gained a dowry by nearly giving his wife to another. It was an absolutely shameful incident but the cowardly Abram blissfully went back to the land of Canaan with it. How could the wilderness of Canaan afford the

애초에 아브람과 롯은 고향이었던 '갈대아 우르' 라는 풍족한 대 문명의 평야 지대를 미련 없이 떠났다. 그런데 왜 그들은 한 줌도 안 되는 무리와 가축을 이끌면서 서로의 육축을 먹일 작은 초원을 놓고 다투는가? 그들 권속의 다툼은 너무 심각해졌고 그러한 다툼 끝에 결국, 같은 비전을 가졌던 롯과 아브람 두 사람은 갈라서게 되었다. 바벨론의 거대 문명에 속하는 풍족한 '갈대아 우르'도 버렸던 두 친족이, 의지할 데 하나 없는 타향인 가나안 땅에서 작은 목초지를 놓고 일어난 종들의 다툼으로 그 사이가 아예 틀어져 버린다는 것은 아무래도 이해하기 어렵다.

롯은 하나님이 주신 비전의 땅 가나안을 일탈하고, 그가 나아 간 소돔과 고모라를 마치 주의 동산과 그리고 이집트 땅과 같이 여겼다(10). 그렇다. 좀 전에 아브람은 하나님의 약속을 온전히 신뢰하지 못하고 기근을 피하고자 이집트로 내려갔고, 아내를 바로에게 내어주면서 받은 지참금으로 어마어마한 육축과 재산을 얻어왔다.

당시 세계 최고의 권력자 바로가 왕비로 맞이할 여인과 그 집안을 위해 내어 준 지참금이니 그 규모는 어마어마했을 것이다. 하나님의 비전이 있는 땅을 버리고 자신의 아내를 다른 남자에게 내어줄 뻔한 수치스러운 사건으로 얻어온 지참금이었지만, 비겁한 아브람은 속 좋게도 그걸 받아서 다시 가나안 땅으로 돌아왔다. 그런 어마어마한 바로의 육축을 가나안이라는 광야의 땅이 어떻게 다 먹일 수 있었겠는가. 분쟁의 진짜 원인은 여기에 있었다.

huge livestock of Pharaoh? It was the real cause of their strife.

Meanwhile, Lot seemed to be hurt by the livestock that Abram gained as a reward for his compromise. Lot couldn't be comfortable with a situation that needed to sacrifice his livestock and herdsmen to feed the livestock of Abram (which was the reward of selling his aunt). Also Abram came back with enormous herds of livestock even after he went down to Egypt and made his big mistake. Wouldn't it also be problematic if Lot returned to Canaan after gaining prosperities in Sodom and Gomorrah similar to Egypt? And he had no plan to sell his family members. Was there any reason for him to stay in Canaan with its' insufficient land areas? Even his uncle left the land and compromised.

Eventually Lot went to Sodom and Gomorrah bending his faith and compromised like Abram. Just as Abram sold his wife unexpectedly, Lot sold his daughters to men of Sodom who were exceedingly wicked and sinful. And he couldn't come back to Canaan the land of vision and promise of God until the tragic end of his life.

An individual or a community could be ruined but must not lose or compromise their vision. Especially the authorities of a community, they must not permit even a little leaven in the vision God gives. If they compromise, they would be unknowingly setting an example of selling the community for a wrong

한편 롯은 아브람이 타협의 대가로 얻어온 육축과 재산에 마음이 상해있었던 듯하다. 고모를 판 대가로 얻은 거대한 육축을 먹이기 위해 자신의 목자들과 육축이 희생해야 하는 상황은 롯에게 썩 유쾌하지 못했을 터이다. 또한 롯이 생각하기에, 아브람이 이집트로 내려가 집안에 큰 잘못을 하고도 거대한 육축과 재산을 얻어왔는데, 자신도 이집트 같은 소돔과 고모라에서 좀 더 번성한 후에 가나안에 돌아와도 무슨 지장이 있겠는가 말이다. 자신은 가족이나 아내를 팔 계획이 있는 것도 아닌데 말이다.

가나안을 이렇게 폄절하면서까지 지킬 이유가 무엇이겠는가? 삼촌 아브람도 하나님이 보여주신 비전의 땅 가나안을 떠나 타협해버린 경험이 있는데 말이다. 롯은 아브람의 타협과 그리고 자신의 믿음을 구부러뜨려 결국 소돔과 고모라로 향한다. 아브람도 생각지도 못하게 아내를 팔았던 것처럼 롯도 소돔과 고모라의 호색한들에게 딸들을 판다. 그리고 다시는 가나안이라는 하나님의 약속과 비전이 있는 곳으로 돌아오지 못하고 비극적인 생을 마감한다.

어떤 개체나 공동체가 다 폐하여지는 한이 있더라도 결코 비전만은 상실하거나 타협해서는 안 된다. 특히 공동체의 권위자일수록 주님이 주신 비전에 작은 누룩이라도 허용해서는 안 된다. 만약 비전을 타협한다면 그는 자기도 모른 채 공동체를 원래의 목적이 아닌 엉뚱한 목적에 팔아넘기는 행위를 한 본이 될 수도 있다. 그리고 만약 비전을 상실한다면 주님의 몸을 하늘의 비전이 아니라 땅의 소욕과 육체와 사단에게 내어주게 할 수도 있다. 혹 어떤

purpose. If they lose the vision, they would transfer the body of Christ to desires of earth, flesh, and Satan not to the vision of heaven.

If any individual of a community doesn't have confidence in the vision of God, he should start at that point again. Also he must not be under the illusion that lusts of the flesh are not the vision of God. Losing one's direction means wandering. In as far as the vision of heaven is linked to the eternal kingdom of God, loss and compromise of the vision of Christians could lead to eternal wandering and loss.

개체가 아직 주님의 비전에 대한 확신이 없다면 그 개체는 그 자리부터 다시 시작해야 한다.

또한, 땅의 소욕을 비전으로 착각해서도 안 된다. 방향을 잃는다는 것은 헤매고 있다는 것을 의미한다. 하늘의 비전은 영원한 나라에 결합하여 있는바, 그리스도인의 비전 상실과 타협은 영원한 헤맴과 상실을 낳을 수 있다.

70. 강한 용사의 자질

70. THE QUALITY OF A MIGHTY

JUDGES 6:14

14 And the LORD looked upon him, and said, Go in this thy might, and thou shalt save Israel from the hand of the Midianites: have not I sent thee?

사사기 6:14

14 여호와께서 그를 돌아보아 가라사대 너는 이 네 힘을 의지하고 가서 이스라엘을 미디안의 손에서 구원하라 내가 너를 보낸 것이 아니냐

Gideon was not so afraid when the angel of the Lord appeared with spiritual halos. Because this was not the first time God sent his angel to meet Gideon when he was threshing wheat hiding from the Midianites. God has repeatedly told Gideon that "Have not I sent you to defeat the Midianites?" Gideon was indifferent to the angel's message and the word of God went in one ear and came out the other.

The words of an angel persuading a coward like Gideon are incredible. Gideon, mighty man of valor? Go in the strength you have and you shall save Israel form the hand of the Midianites? Gideon neither trusted nor relied on God wholeheartedly. He was cowardly threshing wheat for his own survival hiding himself from the Midianites when Israel was almost annihilated by the Medianites.

What kind of strength do you expect Gideon to have who have always questioned God's word that He raised Gideon to save his generation? Go in the strength you have? It is not right for him to say, "Go in this might of yours". Because he seems to be a weak man hiding himself and threshing with weak faith. It is hard to understand that God is commanding Gideon to go in the strength you have when he, being such a coward, doesn't fully trust God.

However, ironically he had hidden power. The Midianites took everything from Israel including the produce of the earth and livestock like ox and donkey. Gideon, however, managed to keep wheat and the produce for his family, and was able to make unleavened bread(19) and had a young goat. Also, God even knew that there was the second bull of seven years old(25), not the first one in his house. This means that there were many other bulls in his house because God particularly asked him to bring the second bull. How was he able to keep the produce and livestock from the Midianites? He had faith and power to keep things out of reach from the Midianites for his own family. God simply redirected his faith, power and ability to be used for the kingdom of God.

Do you remember spiritually outstanding heroes who made the history of God in their time? It may seem at first that the history was made with their own strength. But we should not forget that they were also sinners who experienced God's grace. They were just the average people who were not able to take care of themselves spiritually and physically. But when they were given God's mighty power on top of their talents and when they decided to fight for the Kingdom of God, they were able to save their generation and become history. You are a coward if you put a hand to the plow and look back and live just for your safety though you know the size of God's

기드온은 영적 후광을 나타내는 천사를 만나고도 별로 놀라지 않았다. 왜냐하면, 주님이 미디안 몰래 밀을 타작하던 기드온에게 천사를 보내어 말씀하신 것이 이번이 처음은 아니었기 때문이다! 주님은 미디안을 치기 위해 '내가 너를 보내지 않았느냐(Have not I sent you?)'라고 예전부터 계속 기드온에게 말씀해 오셨음을 항변하셨다.

기드온은 영적 후광을 가진 천사의 전언도 심드렁하게 대할 만큼 하나님의 말씀을 관성으로 듣고 있었다. 그런 비겁한 기드온을 설득하는 천사의 전언은 더욱 가관이다. '강한 용사' 기드온이여? 그리고 비겁한 기드온에게 이 '너의 힘'을 의지하여 미디안을 치라니? 기드온은 하나님을 온전히 믿고 의지하지 못했다. 비겁하게 미디안의 눈을 피해, 이스라엘이 다 죽어 가는데도 혼자서만 살겠다고 숨어서 타작이나 하고 있었다.

하나님의 말씀처럼 자신을 시대를 구원할 용사라고 믿지 못하는 기드온에게 도대체 무슨 힘이 있더란 말인가? 너의 힘을 의지하라니? 하나님의 능력을 의지할 믿음도 온전치 않으며, 숨어서 타작할 만큼 힘이 없어 보이는 기드온에게 너의 힘을 의지하라는 것은 말이 안 된다.

그러나 역설적이게도 기드온에게는 숨겨진 힘이 있었다. 미디안은 이스라엘 모든 양식과 소출, 소나 나귀의 가축을 남기지 않고 가지고 갔다. 그런데 기드온은 가족을 위한 밀과 양식이 있었다. 무교병(19)을 만들 양식이 있었고 집안에 염소가 있어 이를 취할 수 있었다. 심지어 주님은 그의 집에 첫째가 아니라

kingdom. But you are already a mighty man of valor if you are standing firm to save the world for the kingdom of God.

둘째 수소가 있음을 아셨다(25). 소를 굳이 다른 개체와 순위 비교를 하는 듯, '둘째 수소'라고 표현함은 그의 집안에 셋째 수소, 넷째 암소 등 다수 가축이 있었음을 방증한다. 기드온은 어떻게 미디안이 모든 소출과 가축을 빼앗아 갔던 시기에 자신의 집안에 곡식과 가축을 남겨놓을 수 있었겠는가? 그는 자신과 자신 집안을 위해서라면 미디안으로부터 빼앗길 것들을 지킬 믿음과 능력과 힘이 있었다! 하나님은 기드온이 자신을 향해 가졌던 믿음과 능력과 힘을 시프트(shift) 시켜 하나님 나라를 위해서, 하나님의 권능을 더하여 들어 쓰셨을 뿐이다!

시대 속에서 하나님을 향한 걸출한 영적 영웅들이 나와서 역사를 이루어 가는가? 물론 나중 모양은 그래 보였을 수 있다. 그러나 그들도 애초에는 은혜받은 죄인에 불과했다. 물리적으로나 영적으로나 자기 자신 하나 책임지기 어려운 평범한 사람들이 대부분이었다. 그러나 그들이 하나님 나라를 위해 싸우기로 결단했을 때, 그들이 가지고 있던 작은 믿음과 달란트에 하나님의 능력이 임함으로써 그들은 동시대를 경영하고 구원할 능력을 얻게 된 것이다. 당신이 당신 스스로만 위해 겨우 안정이나 구하려고 산다면 당신은 시대를 구원하실 하나님 나라의 크기를 알고도 쟁기 잡아 뒤돌아보는 비겁한 인사가 될 것이다. 그러나 하나님 나라를 위해 시대를 구원하고자 일어선다면 당신은 이미 강한 용사다.

71. 다니엘과 리더십

71. DANIEL AND LEADERSHIP

DANIEL 2:49 – 3:20

49 Then Daniel requested of the king, and he set Shadrach, Meshach, and Abednego, over the affairs of the province of Babylon: but Daniel sat in the gate of the king.

3:1 Nebuchadnezzar the king made an image of gold, whose height was threescore cubits, and the breadth thereof six cubits: he set it up in the plain of Dura, in
the province of Babylon. 2 Then Nebu-
chadnezzar the king sent to gather together the princes, the governors, and the captains, the judges, the treasurers, the counsellors, the sheriffs, and all the rulers of the provinces, to come to the dedication of the image which Nebuchadnezzar
the king had set up. 3 Then the princes,
the governors, and captains, the judges, the treasurers, the counsellors, the sheriffs, and all the rulers of the provinces, were gathered together unto the dedication of

다니엘 2:49 – 3:20

49 왕이 또 다니엘의 청구대로 사드락과 메삭과 아벳느고를 세워 바벨론 도의 일을 다스리게 하였고 다니엘은 왕궁에 있었더라

3:1 느부갓네살왕이 금으로 신상을 만들었으니 고는 육십 규빗이요 광은 여섯 규빗이라 그것을 바벨론 도의 두라 평지에 세웠더라 2
느부갓네살왕이 보내어 방백과 수령과 도백과 재판관과 재무관과 모사와 법률사와 각 도 모든 관원을 자기 느부갓네살왕의 세운 신상
의 낙성 예식에 참집하게 하매 3 이에 방백과
수령과 도백과 재판관과 재무관과 모사와 법률사와 각 도 모든 관원이 느부갓네살왕의 세운 신상의 낙성 예식에 참집하여 느부갓네살
왕의 세운 신상 앞에 서니라 4 반포하는 자가
크게 외쳐 가로되 백성들과 나라들과 각 방언하는 자들아 왕이 너희 무리에게 명하시나
니 5 너희는 나팔과 피리와 수금과 삼현금과 양금과 생황과 및 모든 악기 소리를 들을 때에 엎드리어 느부갓네살왕의 세운 금신상에게 절하라
6 누구든지 엎드리어 절하지 아니

the image that Nebuchadnezzar the king
had set up; and they stood before the im-
age that Nebuchadnezzar had set up. 4
Then an herald cried aloud, To you it is
commanded, O people, nations, and lan-
guages, 5 That at what time ye hear the
sound of the cornet, flute, harp, sackbut,
psaltery, dulcimer, and all kinds of musick,
ye fall down and worship the golden im-
age that Nebuchadnezzar the king hath
set up: 6 And whoso falleth not down
and worshippeth shall the same hour be
cast into the midst of a burning fiery fur-
nace. 7 Therefore at that time, when all
the people heard the sound of the cornet,
flute, harp, sackbut, psaltery, and all kinds
of musick, all the people, the nations, and
the languages, fell down and worshipped
the golden image that Nebuchadnezzar
the king had set up. 8 Wherefore at that
time certain Chaldeans came near, and ac-

하는 자는 즉시 극렬히 타는 풀무에 던져 넣
으리라 하매 7 모든 백성과 나라들과 각 방
언하는 자들이 나팔과 피리와 수금과 삼현금
과 양금과 및 모든 악기 소리를 듣자 곧 느부
갓네살왕의 세운 금 신상에게 엎드리어 절하
니라 8 그 때에 어떤 갈대아 사람들이 나아와
유다 사람들을 참소하니라 9 그들이 느부갓
네살왕에게 고하여 가로되 왕이여 만세수를
하옵소서 10 왕이여 왕이 명령을 내리사 무릇
사람마다 나팔과 피리와 수금과 삼현금과 양
금과 생황과 및 모든 악기 소리를 듣거든 엎
드리어 금 신상에게 절할 것이라 11 누구든
지 엎드리어 절하지 아니하는 자는 극렬히 타
는 풀무 가운데 던져 넣음을 당하리라 하지
아니하셨나이까 12 이제 몇 유다 사람 사드
락과 메삭과 아벳느고는 왕이 세워 바벨론 도
를 다스리게 하신 자이어늘 왕이여 이 사람들
이 왕을 높이지 아니하며 왕의 신들을 섬기
지 아니하며 왕이 세우신 금 신상에게 절하지
아니하나이다 13 느부갓네살왕이 노하고 분
하여 사드락과 메삭과 아벳느고를 끌어 오라

cused the Jews. 9 They spake and said to
the king Nebuchadnezzar, O king, live for
ever. 10 Thou, O king, hast made a decree,
that every man that shall hear the sound
of the cornet, flute, harp, sackbut, psaltery,
and dulcimer, and all kinds of musick,
shall fall down and worship the golden
image: 11 And whoso falleth not down
and worshippeth, that he should be cast
into the midst of a burning fiery furnace.
12 There are certain Jews whom thou hast
set over the affairs of the province of Baby-
lon, Shadrach, Meshach, and Abednego;
these men, O king, have not regarded
thee: they serve not thy gods, nor worship
the golden image which thou hast set up.
13 Then Nebuchadnezzar in his rage and
fury commanded to bring Shadrach, Me-
shach, and Abednego. Then they brought
these men before the king. 14 Nebuchad-
nezzar spake and said unto them, Is it true,

명하매 드디어 그 사람들을 왕의 앞으로 끌어
온지라 14 느부갓네살이 그들에게 물어 가로
되 사드락, 메삭, 아벳느고야 너희가 내 신을
섬기지 아니하며 내가 세운 금 신상에게 절하
지 아니하니 짐짓 그리하였느냐 15 이제라
도 너희가 예비하였다가 언제든지 나팔과 피
리와 수금과 삼현금과 양금과 생황과 및 모든
악기 소리를 듣거든 내가 만든 신상 앞에 엎
드리어 절하면 좋거니와 너희가 만일 절하지
아니하면 즉시 너희를 극렬히 타는 풀무 가
운데 던져 넣을 것이니 능히 너희를 내 손에
서 건져 낼 신이 어떤 신이겠느냐 16 사드락
과 메삭과 아벳느고가 왕에게 대답하여 가로
되 느부갓네살이여 우리가 이 일에 대하여 왕
에게 대답할 필요가 없나이다 17 만일 그럴
것이면 왕이여 우리가 섬기는 우리 하나님이
우리를 극렬히 타는 풀무 가운데서 능히 건져
내시겠고 왕의 손에서도 건져내시리이다 18
그리 아니하실찌라도 왕이여 우리가 왕의 신
들을 섬기지도 아니하고 왕의 세우신 금 신상
에게 절하지도 아니할 줄을 아옵소서 19 느부

O Shadrach, Meshach, and Abednego,
do not ye serve my gods, nor worship the
golden image which I have set up? 15
Now if ye be ready that at what time ye
hear the sound of the cornet, flute, harp,
sackbut, psaltery, and dulcimer, and all
kinds of musick, ye fall down and worship
the image which I have made; well: but if
ye worship not, ye shall be cast the same
hour into the midst of a burning fiery
furnace; and who is that God that shall
deliver you out of my hands? 16 Shad-
rach, Meshach, and Abednego, answered
and said to the king, O Nebuchadnezzar,
we are not careful to answer thee in this
matter. 17 If it be so, our God whom we
serve is able to deliver us from the burn-
ing fiery furnace, and he will deliver us out
of thine hand, O king. 18 But if not, be it
known unto thee, O king, that we will not
serve thy gods, nor worship the golden

갓네살이 분이 가득하여 사드락과 메삭과 아
벳느고를 향하여 낯빛을 변하고 명하여 이르
되 그 풀무를 뜨겁게 하기를 평일보다 칠배
나 뜨겁게 하라하고 20 군대 중 용사 몇 사람
을 명하여 사드락과 메삭과 아벳느고를 결박
하여 극렬히 타는 풀무 가운데 던지라 하니

image which thou hast set up. 19 Then
was Nebuchadnezzar full of fury, and the
form of his visage was changed against
Shadrach, Meshach, and Abednego:
therefore he spake, and commanded that
they should heat the furnace one seven
times more than it was wont to be heated.
20 And he commanded the most mighty
men that were in his army to bind Shad-
rach, Meshach, and Abednego, and to cast
them into the burning fiery furnace.

Why wasn't Daniel thrown into the furnace for not worshiping the statue of Nebuchadnezzar along with his three friends? Was Daniel(49), who had recommended his three friends as officials of the province, trying to save himself through his position of the governor in the midst of slander and conspiracy against the Jews? Wouldn't Daniel be a coward if his three friends were all thrown into the furnace but not himself?

The answer is no. Deliberate persecution of the three was actually aimed at Daniel. All the officials of the country were to attend the dedication ceremony for the statue. It is sure that Daniel did not worship the idol. Suppose a vassal of the king does not attend the celebration ceremony for a religious reason. Given such an event demonstrates best the power and authority of the emperor, his absence will be more conspicuous. All those officials who wished to flatter and show their loyalty to the king accused unspecified Jews(8).

Out of all Jews, who would you think will stand out the most? Wouldn't it be Daniel who assumed the position of the governor? For the flattering and envious officials, would it be beneficial to eliminate regional officials, such as the three friends of Daniel, or to attack the governor who had a background of being a Jewish slave, in order for them to advance their way up the power ladder? Obviously, eliminating Daniel the governor would be much more effective. However, they may have felt uncomfortable about the fact that the king much favored Daniel.

Even king Nebuchadnezzar admitted slave-turned-governor Daniel's spiritual authority, and needed his wisdom to resolve the kingdom's problems. In making Israelites obedient, it would have been less risky for regional officials to entrap his three friends at a closer range than to attack the one who was favored by the king with absolute power. It is very apparent that they were targeting Daniel. The reason is that ignoring numerous Jewish residents who wouldn't have worshiped the idol, they were trying to slander those three officials who were personally recommended by Daniel.

Meanwhile Nebuchadnezzar, blinded by all the flattery, may have wanted to test Daniel's loyalty. Despite all this, however, the king remembered Daniel saw through the king's dream of a collapsing empire and also interpreted it and needed his wisdom to manage his kingdom. King Nebuchadnezzar would have felt uncomfortable about challenging the authority of God of Daniel. However, punishing Daniel's three friends seemed like a perfect idea to test Daniel's loyalty and at the same time not to abandon him totally.

Daniel became a sacrifice at the peak of all this conflict, conspiracy and betrayal surrounding the golden statue. Daniel wasn't hiding from anything. He wasn't a coward. He was actually in the center of betrayal, purge, power battle, and religious

다니엘의 세 친구가 느부갓네살 신상에 절하지 않아 풀무에 던져질 때, 정작 다니엘은 왜 불구덩이에 함께 들어가지 않았을까? 세 친구를 지방 관리로 천거한 당사자(49)였던 다니엘은 왕궁의 총리 지위를 통해 모든 유대인을 향한 참소와 음모의 와중에 자신만 보신하려 한 것일까? 세 친구만 풀무에 들어가고 다니엘은 그 형벌을 홀로 면하다니 비겁한 처사가 아닌가?

아니다. 세 친구를 향한 의도적 핍박은 실상 다니엘을 염두에 둔 것이었다. 느부갓네살 신상 낙성식에는 모든 관리(2)가 총동원되었다. 다니엘이 그 자리에서 우상 숭배를 했을 리가 없다. 황제 권력의 최고를 보여주는 낙성 하례식에서 만약 신하가 종교적인 이유로 결석했더라면 공석으로 더 눈 밖에 날 일이다. 충성심을 드러내고자 아첨에 눈이 멀어있던 신하들은 불특정 다수의 유다 사람들(8)을 고소했다.

절하지 않은 유대인 중 누가 가장 눈에 띄었겠는가. 총독의 지위에 있던 다니엘이 아니겠는가. 아첨과 질투에 눈먼 방백들에 일개 지방 관리들에 불과했던 다니엘의 세 친구를 제거하는 것이 권력 암투에 유리하겠는가, 아니면 유대 노예 출신의 총리대신을 낙마시키는 것이 유리하겠는가. 당연히 절하지 않은 중앙의 총리 다니엘을 제거하는 것이 권력투쟁의 속성상 효과적이다. 다만 신하들로서는 다니엘을 향한 느부갓네살 왕의 총애가 부담스러웠다.

느부갓네살 왕조차 노예출신 총리 다니엘에게 영적 권위를 느끼고 있었으며 제국의 여러 문제를 해결하기 위해 그의 지혜가 꼭 필요했다. 다니엘을 시기하는 방백들은 유대 민족을 길들이기 위

persecution! When God prepares a leader who is obedient towards the Word and the Holy Spirit, he doesn't want him to direct and stand by the sideline. A true leader is sacrificed in the middle of a conflict. Responsibility from up above tracks him down. He values more the Kingdom of God than the well being of acquaintances.

God grants true leadership to a person by first burdening the person with the sins of Adam and making him serve others as Jesus did for us. Any other leadership that doesn't originate from God is either mere fabricated authority or power that beats down on others. God of love and the weary lives wait eagerly for the appearance of leaders such as slave Daniel, slave Joseph and a falsely accused fugitive David.

해 절대 권력을 가진 왕에게 총애를 받는 다니엘보다 그의 가까이에 있는 세 친구를 모함하는 쪽이 위험부담이 없었다. 제국 내에 수많은 유대인이 신상을 숭배하지 않았을 텐데 굳이 다니엘이 천거한 세 관리만 참소하여 죽이려 하는 것은 실상 다니엘을 표적으로 삼았다고밖에 볼 수 없다.

한편 느부갓네살 역시 신하들이 아첨하는 상황에서 일시적으로 눈이 멀어 다니엘의 충성을 시험해보고자 했을 것이다. 그럼에도 불구하고 제국이 무너지는 꿈을 다니엘에게 간파당하고 해석 받은 왕(2장)으로서는 제국의 유지와 통치를 위해 그의 지혜가 필요했다. 또한, 다니엘과 함께하는 신적 권위에 도전하는 것이 부담스러웠을 왕으로서도, 그가 추천한 유대인 세 친구를 벌하는 것이야말로 자신의 신상에 절하지 않는 다니엘의 충성도 길들이고 그를 버리지도 않는 묘안인 셈이었다. 신상을 둘러싼 수많은 음모와 배신, 갈등의 정점에 희생당하는 다니엘이 있었다. 그는 비겁하게 숨어 형벌을 면하고 있지 않았다. 배신과 시기, 숙청, 권력암투, 종교적 핍박의 중심에는 사실상 다니엘이 있었다!

하나님은 말씀과 성령에게 순복된 리더를 예비하시면서 그에게 그저 지시와 관망의 자세를 요구하지 않으신다. 진정한 리더는 갈등의 중심에서 희생된다. 위로부터 온 책임이 그를 추격한다. 그는 사적인 지인들의 보신보다 공적인 하나님 나라를 우선시한다. 하나님은 리더가 예수님처럼 먼저 아담들의 죄악의 짐을 대신 지고, 섬기게 하심으로 진짜 리더십을 부여하신다.

하나님에게서 오지 않은 다른 리더십은 날조된 권위주의거나 그저 찍어 누르기만 하는 권력일 뿐이다. 사랑의 하나님과 고단한 인생들은 지금 노예 다니엘, 노예 요셉, 누명 쓴 도망자 다윗 같은 리더십의 출현을 학수고대한다.

72. 모든 민족을 먹이고도 남을 천국 만찬

72. *BANQUET IN HEAVEN, WHERE ALL NATIONS WILL FILLED*

LUKE 14:15-24

15 And when one of them that sat at meat
with him heard these things, he said unto
him, Blessed is he that shall eat bread in the
kingdom of God. 16 Then said he unto him,
A certain man made a great supper, and bade
many: 17 And sent his servant at supper
time to say to them that were bidden, Come;
for all things are now ready. 18 And they all
with one consent began to make excuse. The
first said unto him, I have bought a piece of
ground, and I must needs go and see it: I pray
thee have me excused. 19 And another said,
I have bought five yoke of oxen, and I go to
prove them: I pray thee have me excused. 20
And another said, I have married a wife, and
therefore I cannot come. 21 So that servant
came, and shewed his lord these things. Then
the master of the house being angry said to
his servant, Go out quickly into the streets
and lanes of the city, and bring in hither the
poor, and the maimed, and the halt, and the

누가복음 14:15-24

15 함께 먹는 사람 중에 하나가 이 말을 듣고
이르되 무릇 하나님의 나라에서 떡을 먹는 자
는 복되도다 하니 16 이르시되 어떤 사람이
큰 잔치를 배설하고 많은 사람을 청하였더니
17 잔치할 시간에 그 청하였던 자들에게 종
을 보내어 가로되 오소서 모든 것이 준비되었
나이다 하매 18 다 일치하게 사양하여 하나
는 가로되 나는 밭을 샀으매 불가불 나가 보
아야 하겠으니 청컨대 나를 용서하도록 하라
하고 19 또 하나는 가로되 나는 소 다섯 겨리
를 샀으매 시험하러 가니 청컨대 나를 용서하
도록 하라 하고 20 또 하나는 가로되 나는 장
가 들었으니 그러므로 가지 못하겠노라 하는
지라 21 종이 돌아와 주인에게 그대로 고하니
이에 집주인이 노하여 그 종에게 이르되 빨리
시내의 거리와 골목으로 나가서 가난한 자들
과 병신들과 소경들과 저는 자들을 데려오라
하니라 22 종이 가로되 주인이여 명하신대로
하였으되 오히려 자리가 있나이다 23 주인이
종에게 이르되 길과 산울 가로 나가서 사람
을 강권하여 데려다가 내 집을 채우라 24 내

blind. 22 And the servant said, Lord, it is
done as thou hast commanded, and yet there
is room. 23 And the lord said unto the serv-
ant, Go out into the highways and hedges,
and compel them to come in, that my house
may be filled. 24 For I say unto you, That
none of those men which were bidden shall
taste of my supper.

가 너희에게 말하노니 전에 청하였던 그 사람은 하나도 내 잔치를 맛보지 못하리라 하였다 하시니라

The banquet given by a certain person was a supper (Luke 14:16, KJV). The ones that were initially invited couldn't make it to the party, giving various excuses not to come. The reason why the host was so angry was neither because the invited people couldn't make it to the supper nor because they were making excuses not to come. He was angry because the people were determined to lie to him from the beginning.

No one would try to host a huge banquet during daytime when most people are still busy working. In the ancient Middle East, big feasts were usually held in the evening. In other words, there was a high probability that the banquet was for a supper. And obviously, a supper takes place after it becomes dark. How would anyone go out to take a look at a newly bought land after the sunset! Especially, there is no farmer who would try out five yoke of oxen during the night time! Is it possible to see how good or bad the land is at night? Think about a typical village of the ancient times. You would only end up falling into a ditch if you go out at night! Also, testing out five yoke of oxen(equivalent to 10 oxen) would only make them bump into each other and end up wounding them. So, these are not just simple excuses not to come but rather made-up stories that they're busy!

Lastly, if a person cannot make it to the feast because he is married, no one would be able to make it to the feast that takes place for several days unless the person is single. Guests in a feast would have to be away from his wife for a while. According to the excuse of the man in the Scripture, most men would have to remain single to attend a traditional Judaic feast. Getting married is a natural occurrence of the life, and if this is the excuse not to attend a feast, no banquet will be successfully hosted in all of Judea. Therefore, it is a lie.

So, the master disregards all the people who made false excuses and fills the seats with people from the streets, lanes, and unfrequented hedges. The poor, maimed, lame, and the blind are brought in instead of the initially invited people. Who is this person to host such a gigantic feast for days, inviting the poor and the disabled?

For the people living in the ancient agricultural/nomadic life, the land and animals were the only methods to maintain economic power and stability; it was survival itself. The modern day people in the world of utilitarianism too have to battle every day to reach for economic stability that lasts only for a short time.

However, our struggle to survive is cowardly excuses in front of God who takes care of everything, even in the afterlife. An affluent and comfortable life is merely a mirage in front of the truth even if it may look fancy in this world. We received eter-

어떤 사람이 열었다고 하는 성대한 만찬은 바로 저녁 식사(supper)였다(16, KJV). 처음 초대받은 자들은 이런저런 핑계와 변명을 늘어놓다가 결국 오지 못했다. 이들을 만찬에 초대했던 주인이 분노하는 이유는 초대받은 자들이 불가피한 사정이 있어서 오지 못하기 때문도 아니고, 오지 않기 위해 한낱 핑계와 변명을 하고 있기 때문도 아니라, 그들이 아예 작정하고 거짓말을 하고 있기 때문이었다!

성대한 만찬을 열고 손님을 초대하고자 할 때 누구도 일을 하기에 한창 바쁠 낮에 하지 않는다. 게다가 고대 중동에서는 보통 큰 잔치를 저녁에 많이 열었다. 즉, 성대한 만찬은 저녁 식사(supper)였을 가능성이 높다. 저녁 식사(supper)시간은 당연히 해가 저물어 어두워진 때이다.

해가 저물어 어두울 때, 새로 산 밭을 보러 나가는 유대인은 없다! 밤에 소를 다섯 겨리나 몰면서 밭을 가는 것을 시험해 보는 유대 농부는 더더군다나 없다! 캄캄해진 저녁에 밭을 보기 위해 나가면 그 밭이 좋은지 나쁜지를 알아볼 수 있을까? 불빛이 없는 고대의 시골 마을을 생각해보라. 캄캄한 밤에 밭에 나갔다가는 도랑에 빠질 뿐이다! 그리고 소 다섯 겨리를 시험 삼아 밤에 몬다는 것은 열 마리나 되는 소가 앞을 보지 못해 서로 충돌하여 서로의 몸을 상하게 할 뿐이다! 핑계와 변명을 넘어 한밤중에 있을 수 없는 바쁜 일을 거짓말로 꾸며대고 있는 셈이다! 마지막으로 장가들어 잔치에 올 수 없다고 한다면 여러 날에 걸쳐 잔치를 여는 유대 관습상 독신이 아니고서는 누구도 잔치에

nal salvation through Jesus Christ. If we have to struggle to survive here and now, how useless is the Word of truth that God will take responsibility for all the things? It could be said that people living in the times of Noah, also busy getting married, eating and drinking without awareness of the imminent judgment, were also living for survival according to common sense. However, struggles to survive a short while in this life were all erased by the judgment of God as they violated His truth.

The scripture says 'Seek first the kingdom of God and His righteousness and all these things shall be added to you.' Do not give a clumsy excuse and bring shame to the life of Christians who already received eternal salvation through Jesus Christ. Even from the world's standards, living life merely to survive each day is valueless. However, if you are a saved Christian and try to use the eternal kingdom of God and its glory for your own stability and survival, you should know this! You are belittling and covering up the kingdom of God with the logics of this world! You should also know that His kingdom is big enough to give full and everlasting lives to all the people of all nations through you if you only obey Him!

참석할 수 없을 것이다. 왜냐하면, 잔치에 참석하기 위해서는 아내와 며칠씩이나 떨어져 있어야 하기 때문이다. 장가들었기 때문에 오지 못한다는 인생의 말대로라면 유대 문화에서 말하는 잔치는 유대인 대부분이 독신으로 살기를 작정해야만 참여할 수 있을 것이다. 사람들이 시집가고 장가드는 것은 당연한 일인데 이 핑계로 못 오는 것이라면 유대에서 열리는 어떤 잔치도 제대로 치러질 수 없다. 그러므로 장가들었기에 잔치에 올 수 없다는 말은 유대 사람이면 누구나 알만한 거짓 핑계에 지나지 않는다.

결국, 주인은 그 나라의 만찬을 우습게 여겨 거짓된 변명으로 일관하는 자들을 배제하고 도시의 큰길과 골목의 작은 길에서, 심지어 사람이 거의 다니지 않는 산울타리에서 사람을 불러다 만찬을 채운다. 가난한 자와 장애인, 눈먼 자와 다리 저는 자들을 초청자들을 대신하여 데려온다. 도대체 이 만찬의 주인은 누구이기에 이렇게 광대한 규모로 가난하고 불쌍한 자들을 모아 몇 날 며칠의 잔치를 감당하는가!

농경 유목문화의 고대인들에게 밭과 짐승은 경제력과 경제 권한을 유지되게 하는 유일한 수단이자 생존 그 자체이다. 현대인들 역시 숨 가쁘게 돌아가는 실용 대세 속에서 안정된 가정을 위해 당분간의 경제권한일 뿐이라도 일시적으로 안정화된 경제력을 얻으려 몸부림치고 있다. 그러나 모든 것을 책임지시고 내세까지 책임지시는 하나님의 사랑 앞에 우리의 생존 투쟁은 비겁한 변명일 뿐이다. 아무리 세상에서는 그럴듯하다고 하더라도 진리의 말씀 앞에서는 한낱 거짓 신기루에 지나지 않는다. 왜냐하면, 우리는 예수 그리스도로 말미암아 영원한 구원을 받았기 때문이다. 영원한 생명을 얻고 이 땅에서 생존을 구걸해야 한다면 그것은 모든 것을 책임지시리라는 진리의 말씀을 얼마나 축소하는 행위인가?

노아의 때에 시집가고 장가가고, 먹고 마시느라 하나님의 나라가 임하는 것을 알지 못한 채 갑자기 심판을 받아야 했던 세대들도 지극히 상식적으로 생존을 위해 살았던 것이라 말할 수 있을 것이다. 그러나 그렇게 당분간의 짧은 생존을 연명하려던 삶은 결국, 하나님의 진리에는 어긋나 엄중한 심판으로 포맷팅 되었다!

'그의 나라와 의를 구하면 모든 것을 더하시리라'는 말씀은 진리이다. 생존 투쟁이라는 구차한 변명으로 이미 예수 그리스도의 이름으로 영생을 얻은 그리스도인의 생애를 더 이상 부끄럽게 하지 말라. 고작 하루하루 겨우 생존을 이어가기 위한 삶은 세상의 기준으로도 구차한 인생이다. 하물며 구원받은 그리스도인이 자기 안정과 생존을 위해 영원한 하나님 나라와 그 영광을 교묘히 이용한다면, 분명히 알라! 당신은 지금 하나님 나라를 세상의 상식 논리로 축소하며 은폐하고 있다는 것을! 당신이 순종하기만 한다면 하나님 나라는 당신을 통해 모든 민족에게 영원한 생명을 넘치게 줄 정도로 크다는 것을!

73. 끝까지 싸워야할 싸움

73. THE FIGHT NEVER FINISH TILL THE END

GENESIS 47:20-22

20 And Joseph bought all the land of
Egypt for Pharaoh; for the Egyptians sold
every man his field, because the famine
prevailed over them: so the land became
Pharaoh's. 21 And as for the people, he
removed them to cities from one end of
the borders of Egypt even to the other
end thereof. 22 Only the land of the
priests bought he not; for the priests had
a portion assigned them of Pharaoh, and
did eat their portion which Pharaoh gave
them: wherefore they sold not their lands.

창세기 47:20-22

20 그러므로 요셉이 애굽 전지를 다 사서 바
로에게 드리니 애굽 사람이 기근에 몰려서 각
기 전지를 팖이라 땅이 바로의 소유가 되니
라 21 요셉이 애굽 이 끝에서 저 끝까지의 백
성을 성읍들에 옮겼으나 22 제사장의 전지
는 사지 아니하였으니 제사장은 바로에게서
녹을 받음이라 바로의 주는 녹을 먹으므로 그
전지를 팔지 않음이었더라

Joseph bought all the land of Egypt and got the right to manage it. But the land of the priests were excepted. They had rations Pharaoh gave them, means they are the priests of the sun god. Of course, it was very difficult to buy their land according to the sovereignty of the ancient Egypt, because there was a back-scratching alliance between political power and religious power.

Nevertheless, Joseph should have bought the land of the priests to disconnect the relationship between Pharaoh and the priests. Because the god they served was a sun god who couldn't prevent or afford the famine in the country even though he was the god of materialism.

Rather, it was a good moment for Pharaoh to feel the divine authority of the Lord God because Joseph interpreted Pharaoh's dream through the interpretation given by God and the whole country was saved from hunger. What if Joseph testified to Pharaoh more aggressively about the power of God who saved Egypt? What if Pharaoh broke away from the priests and confiscated their lands because he realized spuriousness of the sun god that his priests served?

At least later in the time of Moses, the forces serving the sun god would have not mobilized the Israelites to build a city of the sun god with pain and suffering. Ramses in Goshen the land for saving Israel had become the land of slavery for the

요셉은 이집트의 모든 땅을 사들이고 경영할 수 있는 권한을 얻었다. 다만 바로의 녹을 받는 태양신의 사제들이었던 이집트의 제사장들의 땅만은 예외였다. 그들의 토지를 사들이는 것은 종교권력과 정치권력의 긴밀한 유착이 있었던 고대 이집트 국가권력의 생리상 매우 어려운 일이었을 것이다.

그럼에도 불구하고 요셉은 사제들의 토지를 사들여 그들과 바로의 권력유착관계를 끊었어야만 했다. 왜냐하면, 그들이 섬기는 신이 '태양신'으로, 물질의 신임에도 불구하고 나라의 기근을 예방하거나 해결하는 데에 아무런 도움이 되지 못했기 때문이다. 오히려 노예이자 죄수였던 요셉이 바로의 꿈을 하나님의 지혜로 해석하면서 나라 전체는 물론 세계적으로 기근을 해결할 수 있었다.

이때만큼 이집트의 바로가 여호와 하나님의 신적인 권위를 느낄 수 있는 순간도 드물 것이다. 요셉이 이집트와 세계를 기근으로부터 구원한 여호와 하나님의 능력을 힘입어 하나님을 더 적극적으로 증거 했었다면 어떻게 되었을까? 어쩌면 바로가 그의 사제들이 섬기는 태양신의 허울을 알고 그들과 결별하여 사제들의 토지를 몰수했을지도 모를 일이다.

적어도 이후 모세의 때에 태양신의 도시를 건설하기 위해 이스라엘 백성들을 동원하여 학대하고 고통 주는 일은 막을 수 있었을 것이다. 고센의 라암셋 땅이 처음에는 이스라엘을 보호하기 위해 허락된 것이었지만 후에는 이방신의 종노릇시키며 학대하는 땅으로 바뀌게 된 것은 미처 다 싸우지 않은 싸움이 남은 것을 간과했기 때문이다.

foreign god and being abused because even great Joseph ignored the fight that has not finished yet till the end.

In a sense, the spiritual journey is tough fight against the prince of the power of the air who is trying to control the world by power of illegality. If you neglect the sins through your flesh and blood or go along with the sins indifferently in your daily life, there is no need to fight the spiritual battle because you are spiritually as good as dead. There is an opponent in a battle. Do not fight one another on the same side.

If you conflict with the world even though it's not your sin, it would be quite possibly a spiritual battle. Be patient and fight the good fight of faith until the end to the will of God be done. First, fight against your habitual sins till the end. Also not only your own sins, but fight against the sins of the world without compromise. Hate the sins of the world but do not offend a person with hatred and be patient and suffer long to be repented. Fight through love.

어떤 의미에서 우리의 영적인 여정은 죄악으로 가득한 세상을 불법으로 주관하려는 공중 권세 잡은 자와의 치열한 싸움이라고 볼 수 있다. 당신이 혈과 육으로 죄악을 버려두거나 무관심하게 동조하며 살아간다면, 이미 죄로 죽은 세상과 마찬가지로 영적으로 죽은 자이기에 영적 싸움을 싸울 필요가 없다. 싸움은 적(敵)을 상대로 하는 것이기 때문에 같은 편과는 싸우지 않는다.

만일 당신의 죄가 아닌 다른 이유로 세상과 갈등한다면 그것은 영적 싸움일 가능성이 농후하다. 하나님 뜻이 이루어질 때까지 인내하며 끝까지 믿음의 선한 싸움을 싸우라. 먼저 당신의 습관적 죄와 끝까지 싸우라. 당신의 죄가 아닌 세상의 죄와도 타협하지 말고 끝까지 싸우라. 세상의 죄를 미워하되 죄인은 미워하지 말고 그가 회개하도록 인내하고 오래 참으라. 사랑으로 싸우라!

74. 강둑 위에 선 사람과 강물 위에 선 사람

74. *ONE ON THE BANK OF THE RIVER AND ONE ABOVE THE WATERS OF THE RIVER*

DANIEL 12:5-7

5 Then I Daniel looked, and, behold, there
stood other two, the one on this side of
the bank of the river, and the other on that
side of the bank of the river. 6 And one
said to the man clothed in linen, which
was upon the waters of the river, How
long shall it be to the end of these won-
ders? 7 And I heard the man clothed in
linen, which was upon the waters of the
river, when he held up his right hand and
his left hand unto heaven, and sware by
him that liveth for ever that it shall be for a
time, times, and an half; and when he shall
have accomplished to scatter the power of
the holy people, all these things shall be
finished.

다니엘 12:5-7

5 나 다니엘이 본즉 다른 두 사람이 있어 하
나는 강 이편 언덕에 섰고 하나는 강 저편 언
덕에 섰더니 6 그중에 하나가 세마포 옷을 입
은 자 곧 강물 위에 있는 자에게 이르되 이 기
사의 끝이 어느 때까지냐 하기로 7 내가 들은
즉 그 세마포 옷을 입고 강물 위에 있는 자가
그 좌우 손을 들어 하늘을 향하여 영생하시
는 자를 가리켜 맹세하여 가로되 반드시 한
때 두때 반때를 지나서 성도의 권세가 다 깨
어지기까지니 그렇게 되면 이 모든 일이 다
끝나리라 하더라

Daniel is looking at the other two who stand on the bank of the river. However, if we look carefully we can see that Daniel is describing the position of one of them to be at another position in a later verse. We do not know if this revelation was made due to a more careful observation by Daniel, however, according to the new observation one of them was above the waters of the river, not on the bank. Why does one stand above the waters of the river, not the bank? Standing on a river is out of the ordinary.

It is more natural for a person to stand and rely on the bank. Why did the one on the bank have to stand above the waters of the river? And, why does the Lord only describe the person above the river as a worthy person among the two, clothing him with linen, but not the other one on the bank? Looking at the fact that only one person who was wearing the linen clothes were standing to answer the question about the last times, we may assume the Lord is distinguishing the two whose outwardly shapes were the same, by giving to one the authority of the Word.

It can be seen that a river bank is the source of an empire's power. The empire continually have tried to seize control of the power by building up a dam from the water of life. Building a dam was a way to get away from the judgment of God in case the water may flood over, and also, a method to use God's holy life-giving water as a way to build up the empire. A minister who stands on the dam (river bank) may mean that he/she is trying to attempt to use the water of the spirit as means to control it in favor of his/her personal gains in the ministry.

Those who stand on the dam may be joining their efforts to control the Holy Spirit, or choosing to ignore it altogether. However, those who stand on the river are those who obey in the direction of the flow of the Holy water. We should obey to the Holy Spirit. It is risky for us to control Him. The Holy Spirit is God and He is not someone who can be used to our advantage.

다니엘은 강 언덕, 즉 제방 위에 선 두 존재를 본다. 본문을 자세히 관찰하면 다니엘은 이내 한 존재의 위치를 스위치(switch)하여 묘사한다. 강둑에 서 있던 두 존재 중 하나를 정밀히 살피는 과정에서 드러난 것인지 모르겠지만 강 언덕 위에 있었던 두 존재 중에 한 존재는 '강둑'이 아니라 '강물' 위에 서 있었던 것이다. 왜 강둑이 아니라 강물 위에 섰을까?

강물 위에 선다는 것은 상식적으로 있을 수 없다. 오히려 사람이 강둑에 의지하여 서 있는 것이 자연스러워 보인다. 왜 강둑 위에 서 있던 존재가 강물 위에 서야만 했을까? 그리고 왜 주님은 이 두 존재 중 끝내 강둑 위에 서 있는 사람이 아닌 강물 위에 서 있는 한 사람에게만 존귀한 자의 상징, 아마포 옷을 입히셔서 그가 존귀한 자임을 묘사하는 것일까? 두 사람 중 아마포 옷을 입고 있던 강물 위에 선 한 사람만을 마지막 때에 대한 답변과 예언의 말씀을 가진 존재로 서게 하시는 것을 볼 때, 주님은 두 존재의 외형이 비슷할지라도 말씀의 권위에 있어 차이를 부여하시는 것으로 보인다.

강둑은 제방으로써 제국의 힘의 원천이라고 볼 수 있다. 제국은 끊임없이 생명수의 강에 인위적으로 제방을 쌓음으로써 제국의 힘을 통제하고 조정하고자 했다. 제방을 쌓는 것은 강물이 범람하여 심판 받는 것을 면하게 하고, 자신의 제국을 위해 하나님이 만드신 생명의 강물을 적당히 이용하는 힘이었다. 하나님의 말씀을 전달하는 사역자가 제방 위에 서 있다는 것은 성령의 강물을 자기 사역의 유익을 위해 통제, 조종하거나 이용가치로 대하려는 시도이다.

강물을 통제하는 안전한 제방 위에 섰지만 그는 성령을 제어하려는 흐름에 동참하거나 묵인하고 있는 것일지 모른다. 그러나 성령의 강물 위에 선 자는 성령의 강물이 흐르는 곳으로 순종하는 사람이다. 우리는 성령께 순복해야 할 뿐 성령이 우리에게 컨트롤되는 것은 매우 위태하다. 성령은 신격이며 이용가치로 훼방할 수 있는 분이 아니다.

75. 광야에 외치는 자의 소리

75. *THE VOICE OF ONE CRYING IN THE WILDERNESS*

JOHN 1:23

23 He said, I am the voice of one crying in the wilderness, Make straight the way of the Lord, as said the prophet Esaias.

요한복음 1:23

23 가로되 나는 선지자 이사야의 말과 같이 주의 길을 곧게 하라고 광야에서 외치는 자의 소리로라 하니라

John the Baptist lived in wilderness and was clothed in camel's hair. Originally he deserved a life of a priest who wore the ephod and put on breastplate adorned with gem stones over his heart. But he was clothed in camel's hair and lived as a beast in the wilderness. To turn generation of Israel to the Lord their God, he lived in banks of the Jordan for Baptism and was not provided with food but ate locusts and wild honey as a beast in tough wilderness. Even he was certified as a prophet and Elijah in the Old Testament and words of Jesus, never claimed himself as a prophet or Elijah.

The wilderness is a deserted place as created where traces of mankind is never found. John in the deserted place, never does something for himself but be the voice of one crying for coming Messiah, Jesus Christ. The voices once it had declared disappear but messages remain.

In deserted place, he was only "the voice of one crying in the wilderness" which is shouting Jesus and decreasing himself only for Jesus Christ. Jesus said this general comment for the life of John Baptist; "Among those born of woman there has not raised one greater than John the Baptist."

He was willing his whole life to be the voice that disappears wilderness, but his life was one of the most valuable and precious life in Kingdom of God because he only declared noble Jesus Christ for his whole life which is not comparable to the

세례 요한은 광야에서 약대 털옷을 입고 살았다. 원래 그는 제사장 집안 출신이므로 에봇 옷을 입으며 보석이 아로새겨진 흉패를 두르고 제사장으로 살아갈 자격이 있는 사람이었다.

그러나 그는 약대 털옷을 입고 광야의 짐승과 같이 살았다. 시대를 돌이키기 위해 정결 예식인 세례를 줄 요단 강가를 처소로 삼았고, 공궤하는 일과 무관하게 거친 광야에서 짐승이 먹는 메뚜기나 석청을 먹었다. 심지어 그는 구약과 예수님의 말씀으로 인증된 선지자와 엘리야였음에도 스스로의 엘리야와 선지자임을 주장하지 않았다.

광야는 사람의 것을 찾을 수 없는, 창조 그대로의 빈 들이다. 요한은 빈 들에서 자신의 것은 그 어떤 것도 채우지 않은 채 오직 예수님의 오심만을 선포했던 소리였다. 소리는 선포되면 메세지만 들릴 뿐 그 모습은 볼 수 없다.

그는 빈 들에서 예수님만 외치고 주님만을 위해 스스로는 쇠락하는 '광야에 외치는 자의 소리'로만 살았다. 예수님께서 세례 요한의 삶을 이렇게 총평하셨다. "여인에게서 난 자 중에 이보다 큰 이가 없다." 그는 타락한 아담의 삶에 비견할 수 없는 고귀한 예수님만을 선포했기에 자신은 스스로 빈 들에서 사라지는 소리에 불과하길 원했지만, 도리어 예수님께는 가장 소중하고 존귀한 인생이 되었다. 이 시대에 세례 요한처럼 주의 길만을 예비할 자가 누구인가?

life of the fallen Adam. Today, who is preparing the way of the Lord like John the Baptist?

76. 세례 요한의 의문과 예수님의 극찬

76. QUESTION OF JOHN THE BAPTIST AND HIGH PRAISE OF JESUS

MATTHEW 11:2-15

2 Now when John had heard in the prison
the works of Christ, he sent two of his
disciples, 3 And said unto him, Art thou
he that should come, or do we look for
another? 4 Jesus answered and said unto
them, Go and shew John again those
things which ye do hear and see: 5 The
blind receive their sight, and the lame
walk, the lepers are cleansed, and the deaf
hear, the dead are raised up, and the poor
have the gospel preached to them. 6 And
blessed is he, whosoever shall not be of-
fended in me. 7 And as they departed, Je-
sus began to say unto the multitudes con-
cerning John, What went ye out into the
wilderness to see? A reed shaken with the
wind? 8 But what went ye out for to see?
A man clothed in soft raiment? behold,
they that wear soft clothing are in kings'
houses. 9 But what went ye out for to see?
A prophet? yea, I say unto you, and more

마태복음 11:2-15

2 요한이 옥에서 그리스도의 하신 일을 듣고
제자들을 보내어 3 예수께 여짜오되 오실 그
이가 당신이오니이까 우리가 다른이를 기다
리오리이까 4 예수께서 대답하여 가라사대
너희가 가서 듣고 보는 것을 요한에게 고하
되 5 소경이 보며 앉은뱅이가 걸으며 문둥이
가 깨끗함을 받으며 귀머거리가 들으며 죽은
자가 살아나며 가난한 자에게 복음이 전파된
다 하라 6 누구든지 나를 인하여 실족하지 아
니하는 자는 복이 있도다 하시니라 7 저희가
떠나매 예수께서 무리에게 요한에 대하여 말
씀하시되 너희가 무엇을 보려고 광야에 나갔
더냐 바람에 흔들리는 갈대냐 8 그러면 너희
가 무엇을 보려고 나갔더냐 부드러운 옷 입
은 사람이냐 부드러운 옷을 입은 자들은 왕
궁에 있느니라 9 그러면 너희가 어찌하여 나
갔더냐 선지자를 보려더냐 옳다 내가 너희에
게 이르노니 선지자보다도 나은 자니라 10 기
록된바 보라 내가 내 사자를 네 앞에 보내노
니 저가 네 길을 네 앞에 예비하리라 하신 것
이 이 사람에 대한 말씀이니라 11 내가 진실

than a prophet. 10 For this is he, of whom
it is written, Behold, I send my messenger
before thy face, which shall prepare thy
way before thee. 11 Verily I say unto you,
Among them that are born of women
there hath not risen a greater than John
the Baptist: notwithstanding he that is
least in the kingdom of heaven is greater
than he. 12 And from the days of John the
Baptist until now the kingdom of heaven
suffereth violence, and the violent take it
by force. 13 For all the prophets and the
law prophesied until John. 14 And if ye
will receive it, this is Elias, which was for
to come. 15 He that hath ears to hear, let
him hear.

로 너희에게 말하노니 여자가 낳은 자 중에
세례 요한보다 큰이가 일어남이 없도다 그러
나 천국에서는 극히 작은 자라도 저보다 크니
라 12 세례 요한의 때부터 지금까지 천국은
침노를 당하나니 침노하는 자는 빼앗느니라
13 모든 선지자와 및 율법의 예언한 것이 요
한까지니 14 만일 너희가 즐겨 받을찐대 오리
라 한 엘리야가 곧 이 사람이니라 15 귀 있는
자는 들을찌어다

John the Baptist had testified himself that Christ Jesus is the Lamb of God who takes away the sin of the world. But his behavior before the death, seems very contradictory and even dangerous when he sends his disciples to ask Christ Jesus, 'Are you the one who is to come?' By asking this question, they seem to deny their vision themselves.

John the Baptist and his disciples dedicated their whole lives to prepare the way for the coming of the Messiah; how silly is it to ask Jesus such a question just before death in prison Herod's after all of his ministry has finished?

John the Baptist might have expected a different Messiah, the Judge of the World. However, Christ Jesus was preaching the gospel of forgiveness. This may have made him a little confused. It is possible that his confidence in God could have been shaken because of the cruel torture and ill-treatment of Herod's prison.

But if John the Baptist did doubt Jesus and distrusted God's vision about the forthcoming Messiah, then Jesus would not have approved John the Baptist's life later on.

Now John the Baptist knew by intuition that the end of his life and ministry has come, so he wanted to give what was left of him to Jesus. Perhaps some of his disciples were not able to understand how God was leading John the Baptist who, because of Herod's trick, was waiting for death in prison after dedicating all to God. This was why John the Baptist sent his disciples to so that their faith would not be swayed and that their lives are kept in faith after he was gone. Also he could hear an assessment of his life and vision from Christ Jesus who knew best about the vision of his life.

John the Baptist gave all things to Jesus and dreamed of his vision of preparing the way for the coming of Jesus Christ all his life. Imprisonment or death were not enough to stop his love and vision for the Lord. Now we can see the greatest among those born of women who lived an exemplary life worthy of commendation. John the Baptist was the one who the Bible often referred to as Elijah who prepares the coming of the Lord, the Lord that all the Law and the prophets pointed. "Assuredly, I say to you, among those born of women there has not risen one greater than John the Baptist; but he who is least in the kingdom of heaven is greater than he(11, NKJ)."

According to the word of Jesus, you can be greater than John the Baptist in the kingdom of heaven. Would you prepare the way of the Lord who comes again and be greater than John the Baptist?

세례 요한은 예수님이 세상 죄를 지고 가는 어린양이라고 스스로 증명한바가 있다. 그런데 죽음을 앞두고 '오실 그분이 당신이냐?'고 제자들을 보내 묻는 행태는 모순일뿐더러 매우 위험천만해 보이기까지 한다. 왜냐하면 이는 요한 자신과 제자들의 모든 비전을 스스로 부인하는 질문이기 때문이다. 세례 요한의 무리는 모두 오실 메시아의 길을 예비하는 데에 평생을 바쳤다.

그런데 그런 그가 헤롯의 감옥에 갇혀 모든 사역이 정지되고 죽기 직전에야 예수님에게 다시 오실 메시아가 맞느냐고 묻는 것은 무슨 어리석은 의구란 말인가? 물론 세례 요한이 기대했던 세상을 심판하실 주의 모습과 실제로 이 땅에 용서의 복음을 선포하러 오신 예수님의 모습이 너무 상이했을 수도 있다. 혹은 헤롯의 감옥에서 모진 고문과 학대를 받아 예수님에 대한 확신이 흔들렸을 수 있다.

그러나 그가 예수님을 의구하고 하나님의 비전과 오실 메시아의 소망을 불신한다면 예수님께서 뒤이어 바로 그의 생애를 극찬하실 이유가 없다. 어떠한 이유에서건 예수님에 대한 소망과 비전이 흔들리는 자를 예수님이 이렇게 극찬한다는 것은 아무래도 이해가 안되는 일이다. 세례 요한은 이제 자신의 생애와 사역이 끝나가는 것을 직감하면서 예수님께 자신의 남은 모든 것들을 돌리려 했다. 모든 것을 하나님을 위해 드렸으나 헤롯의 농간으로 죽음을 기다리는 세례 요한과 그의 생애 가운데 나타난 하나님의 인도를 요한의 몇몇 제자들은 이해하지 못했을지 모른다. 그래서 세례 요한은 메시아이신 예수님에게 자신의 제자들을 보내어 예수님의 말씀을 통해 제자들의 믿음과 삶이 요한이 죽은 뒤에도 예수님께 붙들리게 했다.

또한 메시아의 길을 예비한 자신의 삶의 비전이 성취되었는지 예수님께서 가장 잘 아시기에 그에게 자신의 생애와 비전에 대한 평가를 듣게 되었다. 죽기 직전까지 예수님에게 모든 것을 드리고 그분의 오실 길을 예비하는 비전만을 꿈꿨던 세례 요한. 투옥도 죽음도 주님에 대한 그의 사랑과 비전을 막을 수 없었다.

여인에게서 난자 중에 가장 큰 이, 모든 율법과 선지자가 가리켰던 사람, 오실 주님을 예비할 엘리야 세례 요한의 극찬받는 생애가 우리 앞에 본보기로 있다. "내가 진실로 너희에게 말하노니 여자가 낳은 자 중에 세례 요한보다 큰 이가 일어남이 없도다. 그러나 천국에서는 극히 작은 자라도 그보다 크니라(11)" 예수님의 이 말씀대로라면 당신은 세례 요한보다 천국에서 더 큰 자가 될 수도 있다. 세례 요한보다 위대한 이, 당신이여, 세례 요한보다 더 위대하게 주님의 다시 오실 길을 예비하겠는가?

77. 마지막 시대

77. *THE END TIME*

DANIEL 12

1 And at that time shall Michael stand up,
the great prince which standeth for the
children of thy people: and there shall be
a time of trouble, such as never was since
there was a nation even to that same time:
and at that time thy people shall be deliv-
ered, every one that shall be found writ-
ten in the book. 2 And many of them that
sleep in the dust of the earth shall awake,
some to everlasting life, and some to
shame and everlasting contempt. 3 And
they that be wise shall shine as the bright-
ness of the firmament; and they that turn
many to righteousness as the stars for ever
and ever. 4 But thou, O Daniel, shut up
the words, and seal the book, even to the
time of the end: many shall run to and fro,
and knowledge shall be increased. 5 Then
I Daniel looked, and, behold, there stood
other two, the one on this side of the bank
of the river, and the other on that side of

다니엘 12

1 그 때에 네 민족을 호위하는 대군 미가엘이
일어날 것이요 또 환난이 있으리니 이는 개
국 이래로 그 때까지 없던 환난일 것이며 그
때에 네 백성 중 무릇 책에 기록된 모든 자가
구원을 얻을 것이라 2 땅의 티끌 가운데서 자
는 자 중에 많이 깨어 영생을 얻는 자도 있겠
고 수욕을 받아서 무궁히 부끄러움을 입을 자
도 있을 것이며 3 지혜 있는 자는 궁창의 빛과
같이 빛날 것이요 많은 사람을 옳은데로 돌
아오게 한 자는 별과 같이 영원토록 비취리라
4 다니엘아 마지막 때까지 이 말을 간수하고
이 글을 봉함하라 많은 사람이 빨리 왕래하며
지식이 더하리라 5 나 다니엘이 본즉 다른 두
사람이 있어 하나는 강 이편 언덕에 섰고 하
나는 강 저편 언덕에 섰더니 6 그중에 하나가
세마포 옷을 입은 자 곧 강물 위에 있는 자에
게 이르되 이 기사의 끝이 어느 때까지냐 하
기로 7 내가 들은즉 그 세마포 옷을 입고 강
물 위에 있는 자가 그 좌우 손을 들어 하늘을
향하여 영생하시는 자를 가리켜 맹세하여 가
로되 반드시 한때 두때 반때를 지나서 성도

the bank of the river. 6 And one said to the
man clothed in linen, which was upon the
waters of the river, How long shall it be to
the end of these wonders? 7 And I heard
the man clothed in linen, which was upon
the waters of the river, when he held up his
right hand and his left hand unto heaven,
and sware by him that liveth for ever that
it shall be for a time, times, and an half;
and when he shall have accomplished
to scatter the power of the holy people,
all these things shall be finished. 8 And I
heard, but I understood not: then said I,
O my Lord, what shall be the end of these
things? 9 And he said, Go thy way, Dan-
iel: for the words are closed up and sealed
till the time of the end. 10 Many shall be
purified, and made white, and tried; but
the wicked shall do wickedly: and none of
the wicked shall understand; but the wise
shall understand. 11And from the time

의 권세가 다 깨어지기까지니 그렇게 되면 이
모든 일이 다 끝나리라 하더라 8 내가 듣고도
깨닫지 못한지라 내가 가로되 내 주여 이 모
든 일의 결국이 어떠하겠삽나이까 9 그가 가
로되 다니엘아 갈찌어다 대저 이 말은 마지막
때까지 간수하고 봉함할 것임이니라 10 많은
사람이 연단을 받아 스스로 정결케 하며 희
게 할 것이나 악한 사람은 악을 행하리니 악
한 자는 아무도 깨닫지 못하되 오직 지혜 있
는 자는 깨달으리라 11 매일 드리는 제사를
폐하며 멸망케 할 미운 물건을 세울 때부터
일천 이백 구십일을 지낼 것이요 12 기다려
서 일천 삼백 삼십 오일까지 이르는 그 사람
은 복이 있으리라 13 너는 가서 마지막을 기
다리라 이는 네가 평안히 쉬다가 끝날에는 네
업을 누릴 것임이니라

that the daily sacrifice shall be taken away,
and the abomination that maketh deso-
late set up, there shall be a thousand two
hundred and ninety days. 12 Blessed is he
that waiteth, and cometh to the thousand
three hundred and five and thirty days.
13 But go thou thy way till the end be: for
thou shalt rest, and stand in thy lot at the
end of the days.

Daniel was commanded by God to roll up the words of the future and the end time of the empires and all the kings, and to seal the book until the time of the end. But, the prophecy that Daniel received wasn't closed up until the last time and the seal was opened. Why did Daniel disseminate it the to the Jews though he wrote himself that he was commanded to shut up and seal it? If he really wanted to obey God's command, would not it be right for him to take strong actions to not let it be opened until the end time, even after his death? However, he allowed the book to be opened and his prophecy was revealed to the Jews and us early. Why did he do that?

Daniel asked God repeatedly, "My Lord, what will the outcome of all this be?"(8), even though he already heard from Him the prophecy about the end time and the kingdom of God. Daniel wasn't asking for more information about the end time. He couldn't swallow the fact that 'all these things will be completed as the power of the holy people has been finally broken.'(7) So, he was trying to ask the question to the Lord in an indirect way by saying, "Is it right to finish all these things as the power of the holy people has been finally broken?"

Look at the times of Daniel where the Jews were continually being held captive of other nations. We can see in the book of Daniel how the people would have had to live through such

다니엘은 하나님으로부터 제국들과 열왕들의 미래, 마지막을 향한 예언을 담은 말씀을 받고 마지막 때까지 봉인할 것을 명령받았다. 그러나 다니엘이 받았던 예언은 마지막 때까지 간수되지 못하고 인봉(seal)이 열렸다. 하나님이 예언을 간수하여 봉함하라고 하셨다고 다니엘 스스로 기록해놓고 유대인에게 전승하고 유포하여 현재에 이르게 한 이유가 무엇일까? 주님의 말씀에 순종한다면 다니엘의 사후에도 마지막 때까지 열릴 수 없도록 조치를 취하는 것이 마땅하지 않았을까? 그러나 그는 봉인이 열리도록 관리했고 그의 예언은 일찌감치 드러나 당시의 유대인들과 현재의 우리에게 읽히고 있다. 왜 그랬을까?

다니엘은 마지막 때, 종국의 하나님 나라에 대한 예언의 말씀을 이미 듣고도 자꾸 '다시' 하나님께 물었다. "내 주여 이 모든 일의 결국이 어떠하겠나이까(8)." 다니엘은 종말에 대한 또 다른 정보를 물은 것이 아니었다. 성도들의 권세가 다 깨어진 채 모든 일이 끝난다(7)는 것이 마음에 걸렸던 것이다. 그래서 주님께 완곡하게 "모든 일의 끝에, 성도들의 권세가 다 깨어져 버려서야 되겠습니까!"라는 심각한 의문을 제기했을 뿐이었다.

다니엘이 살았던 유대 포로기 시대를 보라. 바벨론, 페르시아 제국의 전성기와 쇠퇴기, 도입기의 흥망성쇠를 살아오면서 다니엘 자신을 비롯하여 구약의 성도였던 유대인을 향한 위협이 얼마나 심했는지는 다니엘서 전체에 잘 나타나 있다. 율법대로 살아가는 삶이 위협받으며 사자 굴에 던져지기도 하고, 불구덩이 속에 처넣어지기도 하는 것이 제국의 노예로 살아가는 유대

severe threats, living through the times of Babylon and Persian empire, through their rises and falls. In trying to live by God's law, being thrown into the lion's den and into the burning furnace were the burden the Jews had to live through as slaves of foreign empires.

Look at the gloomy future of the Jews that Daniel prophesied. Throughout chapter 11 of the book of Daniel, the power of the empires such as the great Persia and the emergence of the Greek empire, the expedition of Alexander the Great are shown that dominate over the future of the Jews. And even in the prophesied future, the slave Jews would have to live like a dust among these great empires, hiding themselves quietly among the superpowers. So, Daniel, having to prophesy theses things, must have felt much pain in his heart for the people.

Daniel must have felt desperate thinking about the fact that the last times would come only after the shattering of the power of the holy people. Daniel looked at himself as a Jewish slave who has survived the pressures of the emperors of the great empires.

However, through the prophecy of a mere Jewish slave, the destiny of the Babylon empire had to fall into the hands of Persia overnight. What is more, is that Daniel survived even at the fall of great empires, holding onto the promise of our Lord of the eternity.

인들의 삶의 멍에였다.

다니엘이 예언했던 유대인들의 어두운 미래를 보라. 11장 전체에 걸쳐 페르시아의 강력한 기세와 헬라 제국의 등장, 알렉산더 대제의 원정 등 제국들의 권세가 주도하는 앞날이 펼쳐져 있지만, 유대인 성도들은 미래에 대한 예언에서도 포로로 남아 거대권력들 사이에서 먼지처럼 눈에 띄지 않도록 숨죽이며 살아가야 한다. 이러한 성도들의 미래를 예언해야 했던 다니엘의 심중은 고통스러웠을 것이다.

그런데 마지막까지 성도들의 권세가 깨어지고 끝이 온다니 다니엘에게는 '그렇게 끝이 나서는 안 된다'라는 절박함이 있었던 듯하다. 그리고 다니엘이 스스로를 살펴보았을 때 자신은 여러 제국과 열왕들의 엄청난 압력 속에서도 살아남은 히브리 노예였다. 단지 노예일 뿐인 히브리인의 예언을 통해 바벨론은 제국의 숨통을 하루아침에 페르시아에게 넘겨야하기도 했다. 심지어 그는 당대 제국의 절대 권력자들이 하나씩 사라져 갈 때에도 여전히 살아남았고 주님께 영원을 약속받고 있다.

다니엘이 살아남은 것은 대세의 권력을 이용하거나 야합해서도 아니요, 아첨해서는 더더욱 아니었다. 다만 그에게는 하나님의 예언과 약속, 지혜의 말씀이 있었을 뿐이었다. 다니엘에게 말씀으로 약속한 하나님의 나라가 폐하지 아니할 권세로 영원하기에 그 폐하지 아니할 하나님의 나라를 향한 말씀과 약속을 간직하는 자들, 즉 말씀을 보관하고 인봉한 사람은 절대로 멸해질 수 없다는 것을 다니엘은 온 몸으로 경험했다.

Daniel was able to survive through the difficult times not by using any sort of authorities, by conforming with the trend, or through flattery. He only had the promise and prophecy of God, and the Word of wisdom. The kingdom of God promised to Daniel is forever with the everlasting authority. Daniel experienced with every fiber of his body that no one who keeps and seals the Word, ie. the word of the kingdom of God and its promises, can be perished.

Therefore, as Daniel predicted the gloomy future of the holy people, he allowed the words to be opened to the public, hoping it may be a warning of the last days to come, and also to let anyone who keeps the Word of eternal promise of the Lord may not be perished. So even during the times of darkness, the righteous will be multiplied like the everlasting stars shining with the Word.

그래서 다니엘은 성도의 앞날에 펼쳐질 어두운 시대를 예감하며 말씀의 봉인이 열리게 했다. 이 마지막 때를 향한 영원한 경고이자 하나님 나라의 영원한 약속이 담겨진 말씀을 환란 중에도 성도 가운데 누군가가 취하고 새겨 멸망치 않도록 말이다. 그래서 어둠이 삼킬 것 같은 시대에도 말씀과 함께 시대를 밝혀 영원히 빛날 뭇별과도 같은 의인들이 허다하도록 말이다.

78. 천국을 감히 측량하는 자 2

78. *THOSE WHO DARE TO MEASURE THE KINGDOM OF GOD 2*

REVELATION 21:15-17

15 And he that talked with me had a gold-
en reed to measure the city, and the gates
thereof, and the wall thereof. 16 And the
city lieth foursquare, and the length is as
large as the breadth: and he measured the
city with the reed, twelve thousand fur-
longs. The length and the breadth and the
height of it are equal. 17 And he measured
the wall thereof, an hundred and forty and
four cubits, according to the measure of a
man, that is, of the angel.

요한계시록 21:15-17

15 내게 말하는 자가 그 성과 그 문들과 성곽
을 척량하려고 금 갈대를 가졌더라 16 그 성
은 네모가 반듯하여 장광이 같은지라 그 갈대
로 그 성을 척량하니 일만 이천 스다디온이요
장과 광과 고가 같더라 17 그 성곽을 척량하
매 일백 사십 사 규빗이니 사람의 척량 곧 천
사의 척량이라

The criteria for the measurement of the kingdom of God is first measurement of a person, and second is the measurement of the angels. Measuring the Kingdom of God by men's way is love and care of Lord for unfaithful men to convince kingdom of God. But how do we understand measuring the kingdom of God through the measurement of angels?

The rebellious angels will be destroyed in an everlasting lake of fire. Even the faithful angels who didn't leave the place where he must be are not enough to deserve measuring the kingdom of God as a servant to serve the Lord. The servant never judges the Lord, only do as they are told. In other words the angel is a servant of Christ Jesus, which also means the ministers.

Ironically, unfaithful men are weak as shaken reed; therefore the angels are needed to convince the completion of the kingdom. As a minister of God, measures the completion of kingdom to believe its integrity! The angel who talked with apostle John showed measurement of the holy Jerusalem to prove its integrity. Apostle John was in Patmos in exile but his duty was to convince the kingdom of God to Christians being persecuted in Rome not to give up their faith. Even when he was arrested, he wrote testimonies of the Book of Revelation at risk to himself. He wanted to convince winning of the kingdom of God to early church Christians not to fall in despair.

If there are Christians who live in despair in this pointless world because they have lost the map to the kingdom, the ministers and servants of Christ Jesus have the duty to help and give conviction to those christians by telling them about the one and only perfect hope, which is the completion of God's kingdom.

천국을 측량하는 기준은 첫 번째가 사람의 측량이요, 두 번째가 천사들의 측량이다. 사람들의 측량으로 재는 것이 연약한 인생들에게 하나님 나라를 확신시키기 위한 주님의 배려와 사랑이라고 한다면 천사들의 측량으로 천국을 측량하는 행위는 어떻게 받아들여야 하겠는가? 먼저, 반역한 천사들은 영원한 불 못 가운데 멸하여질 것이며, 자리를 떠나지 않은 신실한 천사라 할지라도 천사는 섬기기 위한 종일뿐이다. 그에게 감히 하나님 나라의 완성이 온전한지 측량할 자격은 충분해 보이지 않는다. 종은 주인을 판단하는 것이 아니요, 시키는 대로 할 뿐이다.

달리 보면 천사는 곧 그리스도의 종, 사역자를 의미하기도 한다. 아이러니하게도 연약한 인생들은 갈대처럼 흔들려 신실함이 없기에, 천사 즉 하나님의 사역자가 그 측량으로 천국의 완성을 재어서 그 나라의 완전함을 확신시킬 필요가 있는 것이다! 천사들의 측량으로 재는 자는 사도 요한에게 새 예루살렘을 재도록 하여 천국의 온전함을 증거했다. 그에게는 밧모섬에서 유배당하는 동안에도 온 로마에서 핍박당하는 그리스도인들에게 마지막까지 하나님 나라를 포기하지 않고 확신시킬 책무가 있었다. 사도 요한은 핍박받는 초대교회 그리스도인을 절망에 내어주지 않기 위해 승리하는 하나님 나라를 확신시키고자, 신변의 구속 상황 아래에서도 목숨을 걸고 계시록의 증언들을 남겼다.

이처럼 하나님 나라의 좌표를 잃어버린 채 무의미한 세상과 절망에 삶을 걸고 있는 그리스도인이 있다면, 이러한 자들에게 유일하고 완전한 소망, 하나님 나라의 완성을 말해 그 나라에 대해

불확실한 자들을 도와 확신케 할 책무가 그리스도의 종들과 사역자에게 있다!

79. 세상보다 큰 하나님 나라의 현재와 미래 1

79. THE PRESENT AND FUTUER OF KINGDOM OF GOD 1

GENESIS 2:10-14

10 And a river went out of Eden to water
the garden; and from thence it was parted,
and became into four heads. 11 The name
of the first is Pison: that is it which com-
passeth the whole land of Havilah, where
there is gold; 12 And the gold of that land
is good: there is bdellium and the onyx
stone. 13 And the name of the second riv-
er is Gihon: the same is it that compasseth
the whole land of Ethiopia. 14And the
name of the third river is Hiddekel: that is
it which goeth toward the east of Assyria.
And the fourth river is Euphrates.

창세기 2:10-14

10 강이 에덴에서 발원하여 동산을 적시고 거
기서부터 갈라져 네 근원이 되었으니 11 첫째
의 이름은 비손이라 금이 있는 하윌라 온 땅
에 둘렸으며 12 그 땅의 금은 정금이요 그곳
에는 베델리엄과 호마노도 있으며 13 둘째 강
의 이름은 기혼이라 구스 온 땅에 둘렸고 14
세째 강의 이름은 힛데겔이라 앗수르 동편으
로 흐르며 네째 강은 유브라데더라

The geopolitical area names around the four rivers was surrounding Eden, make us evoke curiosity where Garden of Eden actually was. Therefore some people are trying to find the geographical location of Garden of Eden through old historical research. Perhaps the effort is futile because all natures that belonged to Adam had lost its original appearances and positions after Adam's rebellion. It's been decayed totally. Even God can't endure decadence of the whole world anymore; he will create new heavens and new earth at the end. So who is able to find the geopolitical location of original Eden? It's been already decayed totally.

Now the point is not the location of original Eden broken by the fall of Adam. For now, we've been fully recovered through Jesus Christ. The true essence of our faith is how much we enjoy and seek to our future through the kingdom of God. As the kingdom of God is something that expands every day, true faith is not just some memories of the past; but a real power that exists presently, and it is kept healthy when it is hoped for the future.

Genesis is one of the books of Pentateuch. Why does the author Moses describe in details of area names around decayed Eden and locations of rivers? We can predict an approximate location of the origin of the four rivers as somewhere between Mt. Sinai and Canaan, where the people of Israel were march-

에덴을 둘러싼 네 강물 주변의 지정학적 지명들은 우리로 하여금 '에덴동산이 실제로 어디 있었는가'하는 호기심을 불러일으킨다. 이러한 호기심에서 옛 에덴의 물리적 위치를 고증하여 찾아내려고 하는 사람들도 있다. 매우 허망한 일일 수 있다. 왜냐하면 아담의 반역 이후 아담에게 속했던 모든 자연이 후패하여 제모습과 제자리를 잃고 뒤틀려 버렸기 때문이다. 심지어 마지막에는 만물의 후패함을 견디다 못한 주님께서 새 하늘과 새 땅으로 아예 판을 바꾸신다. 그러니 뒤틀려 버린 옛 에덴의 모습을 오늘날의 지정학적 위치에서 찾으려 한들 찾을 수 있겠는가?

이제 우리에게 '아담의 타락으로 망가져버린 옛 에덴이 지역적으로 어디에 있었는가'는 중요한 것이 아니다. 예수 그리스도로 완전히 회복된 '현재'의 하나님 나라가 우리에게 얼마나 누려지고 있는지, 그리고 미래에는 어떻게 추구될지가 신앙의 진정한 관건이다. 하나님 나라는 날마다 새롭게 커져가는 바, 진실된 신앙은 과거의 추억이 아니라 지금의 실존의 능력이요 미래의 영광으로 소망될 때 건강한 법이다.

창세기는 모세오경 중 하나다. 저자 모세는 출애굽 중 뒤틀어진 에덴 주변의 지명과 강의 위치를 굳이 왜 이렇게 소상히 묘사했을까? 네 강이 흐르는 대략의 지명들이 발원된 중심 지역을 유추해보면 그 당시 이스라엘이 광야 중에 행군하며 배회하던 시내 산부터 가나안 그 어간이 된다. 모세는 당시 지명을 기록함으로 지리적 명확성을 확정 지으려 하지 않고 대략적인 고대 지명을 사용함으로써 다른 의도에서 에덴에 대해 접근하고

ing and wandering in wilderness. He was able to establish clearly where Eden was at the time by the local names, but he has another intention to explain Eden using ancient names of regions roughly. Even they connect the four rivers surrounded the Eden - Pishon, Gihon, Tigris, and Euphrates, it is wilderness around Egypt, Canaan and Arabian Desert where Israel keeps wandering. So anywhere can be Eden where Israel goes. Perhaps the leader Moses is trying to say the place where people of God goes, it is possible to be the Eden rather than obsessing over old glory and location of Eden.

Anywhere you go, wilderness or battlefield can be the kingdom of God if you are with God! Is your faith journey like walking consistently in wilderness? Of course the wilderness is necessary for training our heart, but it's not our final destination. It is merely an equipment that exists to prove that the kingdom of God never halts even with any deficiencies and wildness.

The purpose of faith journey is to realize the kingdom of God always defeats sin and death. The ability of Saints always appears in the world when they believe and keep their eyes on the kingdom consistently. And we may have hopes for heaven only as much as the power we have acquired fighting through the sins of this world. Because the kingdom never stops but expands every day, it finally delivers all nations to the new Eden

있다.

어차피 에덴을 둘러싼 네 강물– 비손, 기혼, 힛데겔, 유브라데를 연결해봐야 반복해서 헤매던 이집트, 가나안, 아라비아 광야 근방이다. 즉, 이스라엘이 가는 곳 어디든 에덴일 가능성이 있는 셈이다! 영도자 모세는 에덴의 옛 위치와 옛 영광에 집착했다기보다, 하나님이 함께하는 백성이 가는 곳마다 그 자체가 에덴 즉, 하나님 나라가 될 수 있음을 말하고 싶었던 것이 아닐까?

당신이 가는 곳이 광야든 사막이든 전쟁터이든 어디든 하나님의 나라가 될 수 있다! 당신의 신앙 여정이 지속적으로 메마른 광야를 지나고 있는 것 같이 느껴지는가? 물론 연단을 위해 광야는 필수적이다. 그러나 광야는 그 자체가 목적이 아니라 다만 하나님 나라가 어떤 결핍과 야성 속에서도 멈추지 않음을 나타내기 위해 존재하는 도구일 뿐이다.

신앙의 여정의 목적은 죄와 죽음을 이기는 하나님 나라 그 자체를 깨닫게 하기 위함이며 성도의 능력은 하나님 나라를 지속적으로 주시하고 신뢰할 때 현재에 나타난다. 그리고 죄악의 거친 세상을 이겨내고 얻은 현재의 능력만큼, 미래에 나타날 천국을 소망하게 된다. 하나님의 나라는 멈춰있지 않고 계속 확장될 것이기에 천국은 우리 주변의 세상을 침노하여 이길 뿐만 아니라 더 강력하여져서 모든 민족을 새로운 에덴으로 인도할 것이기 때문이다.

거친 세상 가운데 한때 좋았던 첫사랑의 신앙만을 추억하고 있는가? 메마른 세상과 자신을 이기지 못하고 있는가? 당신에

rather than just winning against world around us by invasion.

Are you still recalling your sweet memory of first love in faith journey in the harsh world? Or losing yourself and cannot afford the dried world? If you cannot see the hidden great kingdom of God, you must realize it is bigger than this world we live. Must see it's in you and it's over the world. This is one of very important awakening for the Saints who live today in the world. If your kingdom has been receded or back into the past, it is necessary for you to look at new glory of the Great Kingdom of God!

게 하나님 나라가 다른 것에 가려져 보이지 않고 있다면 세상보다 큰 하나님 나라가 당신 안에, 세상 위에 있음을 다시 보아야 할 것이다. 이것이 세상 가운데 필요한 성도의 주요한 각성 중의 하나다. 하나님 나라가 당신 안에 희미해지고 과거로 낡아진 것이 되었다면 지금 당신에겐 하나님 나라의 영광을 새롭게 다시 볼 필요가 반드시 있다.

80. 세상보다 큰 하나님 나라의 현재와 미래 2

80. THE PRESENT AND FUTURE OF KINGDOM OF GOD 2

GENESIS 2:10-14

10 And a river went out of Eden to water the garden; and from thence it was parted, and became into four heads. 11 The name of the first is Pison: that is it which compasseth the whole land of Havilah, where there is gold; 12 And the gold of that land is good: there is bdellium and the onyx stone. 13 And the name of the second river is Gihon: the same is it that compasseth the whole land of Ethiopia. 14 And the name of the third river is Hiddekel: that is it which goeth toward the east of Assyria. And the fourth river is Euphrates.

창세기 2:10-14

10 강이 에덴에서 발원하여 동산을 적시고 거기서부터 갈라져 네 근원이 되었으니 11 첫째의 이름은 비손이라 금이 있는 하윌라 온 땅에 둘렸으며 12 그 땅의 금은 정금이요 그곳에는 베델리엄과 호마노도 있으며 13 둘째 강의 이름은 기혼이라 구스 온 땅에 둘렸고 14 세째 강의 이름은 힛데겔이라 앗수르 동편으로 흐르며 네째 강은 유브라데더라

Moses specifically described the land of Havilah is Pishon which is one of four headwaters that encompass Eden. The Gold of that land is good; aromatic resin and onyx are also there. Did Moses praise the land of Havilah as one of foreign lands located in Egypt and the Arabian Desert?

This land is also Egypt and the Arabian Desert where Moses and the exodus of the Israelites wandered and complained endlessly in the wilderness. In contrast, Moses portrayed the place as the land of heavenly gold which was the reality and their life of complaints.

On top of that, four head waters flow all around of Judah including Egypt, Saudi Arabia, Assyria and Babylon. That means that all the nations around this area were under the context of Judah. In a word, Moses encouraged the exodus people because he had known this river of living water would be repaired and reach all nations when the Israelites become the Kingdom.

Some people break the promise of the Kingdom which saves all nations and cave in their sinful mind and surroundings. Others led by God experience a pillar of fire and cloud even in a desperately dangerous situation and even expand the Kingdom to all nations. They are those who experience the glory of

God wild and deep. The same world is hell which people live because they can't die but a heaven which violent people have been raiding to all nations surrounding by sins. Now, I would like to give you a question. Which side are you on?

모세는 에덴동산에 흐르는 네 개의 강 중 유독 비손 강 주변인 하윌라 땅에 대해서 특별한 묘사를 덧붙이고 있다. '순금과 호마노와 델리움의 보석이 있더라'라고 표현되고 있는 하윌라 지역은 이집트와 아라비아 사이에 위치한다. 그렇다면 이러한 표현은 이방 땅에 대한 예찬의 묘사란 말인가?

이곳은 바로 출애굽 한 모세와 백성이 광야를 헤매면서 지긋지긋하게 여겼던 이집트와 아라비아 광야였다! 그들이 수없이 불평했던 실존적 상황이었으며, 현실이자 삶이었던 이 땅을 도리어 모세는 천국 보석으로 묘사하고 있다. 또한 이 네 개의 강은 이집트, 사우디아라비아, 앗수르, 바벨론 즉 유대 주변의 사방을 가리키며 흐르고 있다. 유대의 표현상 사방은 유대를 둘러싼 가까운 곳만 표현하는 것이 아니라 곧 모든 열방을 의미한다. 즉 모세는 이스라엘이 하나님 나라가 된다면 이 생명수의 강이 다시 회복되어 모든 열방으로 흘러갈 것임을 출애굽 백성들에게 격려하고 있다.

모든 민족을 구원할 하나님의 나라를 약속받고도 죄악의 환경과 상황, 타락한 아담 내면의 혼돈 가운데 함몰되어 하나님 나라에 대한 약속을 파기한 것처럼 살아가는 사람들이 더러 있다. 또한 절체절명의 비극적 삶 가운데서도 불과 구름 기둥으로 인도하시는 하나님을 경험하고 결국 하나님의 나라를 열방까지 확장시키는데 자신의 삶을 바치는 자들, 그 영광의 깊이와 넓이가 매우 큰 자들이 있다. 어떤 이들에게는 이 땅이 죽지 못해 사는 지옥 같은 곳이고, 어떤 이들에게는 이 땅이 죄악의 사방 가운데서 열방까지 복음으로 침노해야 할 천국이다. 자, 질문하자. 당신은 둘 중

어느 편에 설 텐가?

81. 세상의 불길한 징조를 해석하는 용기

81. THE COURAGE OF INTERPRETING AN EVIL OMEN OF THE WORLD

DANIEL 5:22-31

22 And thou his son, O Belshazzar, hast
not humbled thine heart, though thou
knewest all this; 23 But hast lifted up
thyself against the Lord of heaven; and
they have brought the vessels of his house
before thee, and thou, and thy lords, thy
wives, and thy concubines, have drunk
wine in them; and thou hast praised the
gods of silver, and gold, of brass, iron,
wood, and stone, which see not, nor hear,
nor know: and the God in whose hand
thy breath is, and whose are all thy ways,
hast thou not glorified: 24 Then was the
part of the hand sent from him; and this
writing was written. 25 And this is the
writing that was written, MENE, MENE,
TEKEL, UPHARSIN. 26 This is the in-
terpretation of the thing: MENE; God
hath numbered thy kingdom, and fin-
ished it. 27 TEKEL; Thou art weighed
in the balances, and art found wanting.

다니엘 5:22-31

22 벨사살이여 왕은 그의 아들이 되어서 이
것을 다 알고도 오히려 마음을 낮추지 아니하
고 23 도리어 스스로 높여서 하늘의 주재를
거역하고 그 전 기명을 왕의 앞으로 가져다
가 왕과 귀인들과 왕후들과 빈궁들이 다 그것
으로 술을 마시고 왕이 또 보지도 듣지도 알
지도 못하는 금, 은, 동, 철과 목, 석으로 만든
신상들을 찬양하고 도리어 왕의 호흡을 주장
하시고 왕의 모든 길을 작정하시는 하나님께
는 영광을 돌리지 아니한지라 24 이러므로
그의 앞에서 이 손가락이 나와서 이 글을 기
록하였나이다 25 기록한 글자는 이것이니 곧
메네 메네 데겔 우바르신이라 26 그 뜻을 해
석하건대 메네는 하나님이 이미 왕의 나라의
시대를 세어서 그것을 끝나게 하셨다 함이요
27 데겔은 왕이 저울에 달려서 부족함이 뵈었
다 함이요 28 베레스는 왕의 나라가 나뉘어
서 메대와 바사 사람에게 준비 되었다 함이니
이다 29 이에 벨사살이 명하여 무리로 다니
엘에게 자주옷을 입히게 하며 금 사슬로 그의
목에 드리우게 하고 그를 위하여 조서를 내려

28 PERES; Thy kingdom is divided, and
given to the Medes and Persians. 29 Then
commanded Belshazzar, and they clothed
Daniel with scarlet, and put a chain of
gold about his neck, and made a procla-
mation concerning him, that he should be
the third ruler in the kingdom. 30 In that
night was Belshazzar the king of the Chal-
deans slain. 31 And Darius the Median
took the kingdom, being about threescore
and two years old.

나라의 세째 치리자를 삼으니라 30 그날 밤에
갈대아왕 벨사살이 죽임을 당하였고 31 메대
사람 다리오가 나라를 얻었는데 때에 다리오
는 육십 이세였더라

Was Daniel the only one who was able to translate the inscription of the Aramaic, 'MENE, MENE, TEKEL, UPHARSIN'? The Aramaic was spoken at that time among most high and distinguished officials including Belshazzar, a co-regent king of the new Babylonia Empire.

Therefore, it is difficult to understand that there was no one, except Daniel, who could read it out loud or give a clue to interpret the inscription in the first place. No one among them dared to interpret, so they recommended Daniel, a Hebrew slave, for translation.

It was not because all participants at the king's banquet didn't have ability to read and translate the Aramaic, but it was because they didn't have courage to take the aftermath of interpreting the baleful omen which says bad things would happen to the king. Is there any benefit to the one who translates the gloomy sign well when even the king, who has absolute power, is quaking in his boots? It was rare to see ancient kings who were happy when they got unlucky signs. Rather, it was frequent to see that those kings punished the prophets who prophesied an ominous future because it displeased him. Those who translated an unlucky sign as a good one and predicted a bright future out of fear would be held accountable for the unrealized prophecy later. Indeed, it is like sitting on pins and needles whether it is interpreted in a good way or not. Therefore, servants of the Empire decided to call and let Daniel sit on the hot seat because he commented and interpreted the truth of signs without making any adjustments even to the previous kings.

Of course, the servants who followed the absolute power system of the fallen Empire could compromise and avoid the truth and the fact. However, it is not easy to understand that, among the Jews in that place no one came to the king and try to translate the word of God when the tableware of the Jewish temple were being cajoled at the banquet where all colonists of the Empire gathered. After the period of Israel's exile, the Jews were on the verge of forgetting their own Hebrew language because they were busy there learning Aramaic, the upper class language of Babylonian system. Now that nobody among the Jews who could read the Aramaic said anything about the sign of God's miracle and the wonders written in Aramaic, it means the Jews at the banquet turned away from the sign of truth because most Jewish people were busy adapting to the main stream.

Was there nobody among God's people, except Daniel, who could give a holy warning to the king who made a fun of the tableware of the Jerusalem temple? Was there really nobody among the Jews who could share the news about judgment and salvation to the king except Daniel, when the king was al-

과연 아람어였던 '메네 메네 데겔 우바르신'이라는 글자를 해석할 능력이 다니엘 외에 아무도 없었을까? 당시 신 바벨론 제국을 섭정하던 왕 벨사살을 비롯해 대부분의 고관대작에게 통용되던 언어가 바로 아람어였다. 따라서 어느 누구도 아람어로 쓰인 징조를 기초적으로 소리 내어 읽지도 않고, 해독의 실마리 또한 제공하지 못했다는 것은 이해가 잘되지 않는다.

이 많은 사람들 중에 아무도 해석할 엄두를 내지 못하고 다만 해독을 위해 히브리 노예 출신 다니엘을 추천하고 있다. 이는 왕의 잔치에 모인 모든 사람들 가운데 아람어를 읽고 해석된 실마리라도 왕에게 얘기할 능력을 가진 자가 없었기 때문이 아니라, 왕에게 불길한 전조와 공포가 임하리라고 해석했을 때 자신에게 닥칠 후폭풍을 감당할 용기가 없어서라고 보는 편이 옳다.

절대권력을 가진 왕이 불길한 징조로 불안에 떨고 있는 상황에 왕이 느끼는 대로 그 불길한 징조를 제대로 해석한들 무슨 유익이 있을까? 고대에 왕들이 불길한 해석을 받고 기뻐하는 경우는 드물다. 오히려 불길한 미래를 예언한 예언자들은 왕의 비위를 거슬렀기 때문에 철퇴를 맞는 경우가 다반사다. 그렇다고 해서 모두가 공포를 느낀 불길한 징조를 애써 길하게 해석하여 미래를 예측한들 그대로 이루어지지 않는다면 왕에게 책임을 추궁당하게 될 일이다. 어떤 방면으로 해석해 본들 화로 위에 앉는 꼴이 될 수밖에 없다. 따라서 제국의 신하들은 징조의 진실에 대해 역대 왕들에게조차 가감 없이 언급하고 해석한 다니엘을 불러들여 그 화로 위에 앉히기로 했다.

ready quivering from God's power and touch? Wasn't any Jew able to read the language clearly and interpret the meaning of the letters shown as God's sign to the king? Except Daniel, was there nobody who could proclaim the living words by taking the risk of his life without compromising on his faith? Isn't the word of God also just same to you and me now?

The Lord wants to seek a disciple, among us, and in the world, who can love God's Word so much that he can risk his own life for it, not the one who adapt to the world to live by compromising on their faith and fawning over the world.

물론 타락한 제국의 절대왕권의 시스템에 따라 움직이는 제국의 신하들은 진실과 진리를 외면한 채 세상을 따라 타협하며 살아갈 수 있다. 그러나 바벨론 제국의 모든 식민이 모인 잔치에서 유대 성전의 기명(그릇)들이 농락당하고 있을 때 그 자리에 있던 유대인 중 어떤 사람도 나서서 하나님의 말씀을 해석하지 않은 것은 이해가 잘되지 않는다. 포로기 후 유대인들은 바벨론 시스템의 상류 언어였던 아람어를 익히느라 자신들의 히브리어를 잃어버릴 정도로 잘 알고 있던 그들이었다.

하나님의 기적의 징조와 아람어로 나타난 기사를 본 유대인들 중 어느 누구도 그 뜻이 무엇인지 말하지 않았다는 점은 유대인들 대부분이 바벨론 대세에 적응하느라 하나님의 진리의 징조를 외면했음을 나타낸다. 예루살렘 성전의 기명(그릇)을 농락하는 왕에게 거룩한 경고를 할 하나님의 백성이 다니엘 말고는 없었단 말인가? 왕이 이미 하나님의 신적권위와 위엄의 손길을 느끼고 바들바들 떨고 있을 때, 그에게 심판과 구원에 대해 말해줄 유대인이 정녕 다니엘밖에는 없었단 말인가? 아람어를 읽을 줄 아는 유대인이 벨사살 왕에게 하나님의 징조로 나타난 아람어를 또박또박 읽어주고 그 문자의 뜻이라도 되뇌어 말해줄 수는 없었는가?

바벨론의 대세와 타협한 믿음이 아닌 자신의 목숨을 걸 수 있을 만큼 살아 있는 말씀을 선포할 이가 다니엘 외에는 전혀 없었는가? 오늘날 당신과 나에게도 하나님의 말씀이 그러할 뿐이지는 않는가? 단지 세상에 적당히 타협하고 비위를 맞추고 적응하며 살아가는 것을 전부로 여기며 사는 사람이 아니라, 살아있는 말씀에 목숨을 걸만큼 주님의 말씀을 사랑하는 제자를 주님은 찾길 원하신다. 당신과 나와 이 세상 사이에서.

82. 물고기 한 마리와 한 세겔의 기적

82. THE MIRACLE OF A FISH AND A SHEKEL

MATTHEW 17:22-27

22 And while they abode in Galilee, Je-
sus said unto them, The Son of man shall
be betrayed into the hands of men: 23
And they shall kill him, and the third day
he shall be raised again. And they were
exceeding sorry. 24 And when they were
come to Capernaum, they that received
tribute money came to Peter, and said,
Doth not your master pay tribute? 25 He
saith, Yes. And when he was come into the
house, Jesus prevented him, saying, What
thinkest thou, Simon? of whom do the
kings of the earth take custom or tribute?
of their own children, or of strangers? 26
Peter saith unto him, Of strangers. Jesus
saith unto him, Then are the children
free. 27 Notwithstanding, lest we should
offend them, go thou to the sea, and cast
an hook, and take up the fish that first
cometh up; and when thou hast opened
his mouth, thou shalt find a piece of mon-

마태복음 17:22-27

22 갈릴리에 모일 때에 예수께서 제자들에게
이르시되 인자가 장차 사람들의 손에 넘기워
23 죽임을 당하고 제 삼일에 살아나리라 하
시니 제자들이 심히 근심하더라 24 가버나
움에 이르니 반 세겔 받는 자들이 베드로에
게 나아와 가로되 너의 선생이 반 세겔을 내
지 아니하느냐 25 가로되 내신다 하고 집에
들어가니 예수께서 먼저 가라사대 시몬아 네
생각은 어떠하뇨 세상 임금들이 뉘게 관세와
정세를 받느냐 자기 아들에게냐 타인에게냐
26 베드로가 가로되 타인에게니이다 예수께
서 가라사대 그러하면 아들들은 세를 면하리
라 27 그러나 우리가 저희로 오해케 하지 않
기 위하여 네가 바다에 가서 낚시를 던져 먼
저 오르 는 고기를 가져 입을 열면 돈 한 세
겔을 얻을 것이니 가져다가 나와 너를 위하
여 주라 하시니라

ey: that take, and give unto them for me
and thee.

Why did he have to leave such an insignificant history among his great wonders and miracles? The temple tax was a half-shekel, which is equivalent to thirty-five cents today, so it is just worth about a few hundred won in Korean currency. What is the reason for Jesus to perform the miracle, by the power of God a fish has a piece of money in its mouth, for such small money?

First, the tax collectors who asked Jesus and his disciple Peter to pay temple tax had the profane purpose, because the priests and Levites who served at the temple were exempt from the temple tax. And the prophets who worked for God were also exempt from the tax. Furthermore, a king didn't need to pay the tax.

Therefore, asking Jesus to pay the tax on purpose hid an ulterior motive to deny that he was sent from heaven as the high priest, prophet and king. Since prominent rabbi was exempt from the temple tax at that time the question, put to Peter, "Doesn't your teacher pay the temple tax?" was a very derisive comment. In other word, it was an insult which means Jesus is neither a teacher nor rabbi.

Jesus is the king who teaches the truth and saves his people. That is why he couldn't give up his duties as the king, prophet and priest given from heaven and accept what they said. He shows God's divinity beyond the duty of heaven through the miracle that a fish brings a piece of money in its mouth to cancel the rebellious purpose of the tax collectors against the truth. Also, disciples including Peter had humanity not divinity, and they had the duty of paying the tax. So, Jesus also paid Peter's tax not to cause offense to them and the world with careful concern.

To keep the truth, Jesus, the truth, had to proclaim the truth without giving it up and compromise the times and situation. But, the truth should embrace and save the human beings, and not cause offense to the community where people are gathered.

Jesus, the truth of love, who overcame and also will save the world, is now here with us. God is the one who doesn't cause offense to the world but protects his disciples without compromising the truth. He is now here with you and me and us. Can you see this miraculous wonder?

예수님께서 베푸신 수많은 기사와 능력의 역사 중에 이렇게 미미해 보이는 역사를 남기셔야만 했는가? 성전세는 반 세겔로 오늘날의 약 삼십오 센트, 그러니까 한화로 몇백 원의 가치밖에는 안 된다. 이렇게 적은 돈을 얻기 위해서 하나님의 능력을 통해 물고기가 돈을 물고 나오는 기적의 역사를 베푸시는 이유가 무엇이란 말인가?

일단 먼저 예수님과 제자 베드로에게 성전세를 내라고 했던 세금 받는 자들의 의도가 불경스럽다. 왜냐하면, 성전에서 섬기는 제사장과 레위인은 성전세를 면제받았다. 하나님의 일을 하는 선지자들의 경우에도 면제되었다. 또한, 왕도 세금을 낼 필요가 없었다. 따라서 그들이 예수님에게 일부러 성전세를 요구한 것은 그가 하늘에서 온 대제사장이요, 선지자요, 왕의 직임을 가지신 분임을 부인하게 하려는 저의를 가졌다고 보아야 한다. 왜냐하면, 당시에 저명한 랍비들조차 성전세를 면제받았는데 베드로에게 너희의 스승은 세를 내지 않느냐는 질문은 그들을 매우 조롱하는 말이었기 때문이다. 예수도 선생이고 랍비더냐 라는 모욕이었다.

예수님은 진리를 가르치시고 백성을 구원하시는 왕이시기에 하늘로부터 주어진 왕과 선지자와 제사장의 직임을 스스로 포기하고 그 직임이 없다 인정하실 수 없었다. 공세를 걷으려는 자들의 진리를 향한 왜곡되고 불온한 저의를 분쇄하시고자 물고기가 돈을 물고 오게 하는 기적을 통하여 하늘의 직임을 넘어서 하나님의 신성 자체를 드러내셨다. 또한 베드로를 비롯한 제자들은 신격이 아닌 한낱 인격일 뿐이었고, 공세를 내야 하는 의무를 지녔기에 그들과 세상이 실족하지 않도록 배려의 차원에서 물고기를 통해 베드로의 공세도 내어주시는 것이다.

진리를 사수하기 위해서는 진리 자체를 포기하지 않고 그대로 선포하며, 시대와 상황에 타협하지 않고 진리이신 예수님을 그대로 드러내야한다. 그러나 그 진리가 인격을 구원하고 감싸는 것이어야지 인격과 인격들이 모인 공동체를 마냥 실족시키는 것이어서도 안 될 일이다.

세상을 이기고 세상을 구원할 사랑이자, 진리이신 예수님이 우리와 함께 지금 여기에 계시다. 고작 물고기 한 마리를 통해서도 세상을 실족하지 않게 하시며, 제자들을 보호하시고, 진리를 타협하게 하지 않으신 하나님 그분이 당신과 나, 우리와 함께 지금 여기 계시다. 보이는가? 이 놀라운 기적이.

83. 쪼개지 않은 새

83. THE BIRD THAT DIDN'T CUT IN HALF

GENESIS 15:1-21

1 After these things the word of the
LORD came unto Abram in a vision,
saying, Fear not, Abram: I am thy shield,
and thy exceeding great reward. 2And
Abram said, LORD God, what wilt thou
give me, seeing I go childless, and the
steward of my house is this Eliezer of Da-
mascus? 3 And Abram said, Behold, to
me thou hast given no seed: and, lo, one
born in my house is mine heir. 4 And, be-
hold, the word of the LORD came unto
him, saying, This shall not be thine heir;
but he that shall come forth out of thine
own bowels shall be thine heir. 5 And he
brought him forth abroad, and said, Look
now toward heaven, and tell the stars, if
thou be able to number them: and he said
unto him, So shall thy seed be. 6 And he
believed in the LORD; and he counted
it to him for righteousness. 7 And he said
unto him, I am the LORD that brought

창세기 15:1-21

1 이 후에 여호와의 말씀이 이상 중에 아브람
에게 임하여 가라사대 아브람아 두려워 말라
나는 너의 방패요 너의 지극히 큰 상급이니라
2 아브람이 가로되 주 여호와여 무엇을 내게
주시려나이까 나는 무자하오니 나의 상속자
는 이 다메섹 엘리에셀이니이다 3 아브람이
또 가로되 주께서 내게 씨를 아니주셨으니 내
집에서 길리운 자가 나의 후사가 될것이니이
다 4 여호와의 말씀이 그에게 임하여 가라사
대 그 사람은 너의 후사가 아니라 네 몸에서
날 자가 네 후사가 되리라 하시고 5 그를 이
끌고 밖으로 나가 가라사대 하늘을 우러러 뭇
별을 셀 수 있나 보라 또 그에게 이르시되 네
자손이 이와 같으리라 6 아브람이 여호와를
믿으니 여호와께서 이를 그의 의로 여기시고
7 또 그에게 이르시되 나는 이 땅을 네게 주어
업을 삼게 하려고 너를 갈대아 우르에서 이
끌어낸 여호와로라 8 그가 가로되 주 여호와
여 내가 이 땅으로 업을 삼을 줄을 무엇으로
알리이까 9 여호와께서 그에게 이르시되 나
를 위하여 삼년 된 암소와 삼년 된 암염소와

thee out of Ur of the Chaldees, to give
thee this land to inherit it. 8 And he said,
LORD God, whereby shall I know that I
shall inherit it? 9 And he said unto him,
Take me an heifer of three years old, and
a she goat of three years old, and a ram of
three years old, and a turtledove, and a
young pigeon. 10 And he took unto him
all these, and divided them in the midst,
and laid each piece one against another:
but the birds divided he not. 11 And
when the fowls came down upon the car-
cases, Abram drove them away. 12 And
when the sun was going down, a deep
sleep fell upon Abram; and, lo, an horror
of great darkness fell upon him. 13 And
he said unto Abram, Know of a surety that
thy seed shall be a stranger in a land that is
not their's, and shall serve them; and they
shall afflict them four hundred years; 14
And also that nation, whom they shall

삼년 된 수양과 산비둘기와 집비둘기 새끼를
취할찌니라 10 아브람이 그 모든 것을 취하
여 그 중간을 쪼개고 그 쪼갠 것을 마주 대하
여 놓고 그 새는 쪼개지 아니하였으며 11 솔
개가 그 사체 위에 내릴 때에는 아브람이 쫓
았더라 12 해질 때에 아브람이 깊이 잠든 중
에 캄캄함이 임하므로 심히 두려워하더니 13
여호와께서 아브람에게 이르시되 너는 정녕
히 알라 네 자손이 이방에서 객이 되어 그들
을 섬기겠고 그들은 사백년 동안 네 자손을
괴롭게 하리니 14 그 섬기는 나라를 내가 징
치할찌며 그 후에 네 자손이 큰 재물을 이끌
고 나오리라 15 너는 장수하다가 평안히 조
상에게로 돌아가 장사될 것이요 16 네 자손
은 사대만에 이 땅으로 돌아 오리니 이는 아
모리 족속의 죄악이 아직 관영치 아니함이니
라 하시더니 17 해가 져서 어둘 때에 연기 나
는 풀무가 보이며 타는 횃불이 쪼갠 고기 사
이로 지나더라 18 그 날에 여호와께서 아브
람으로 더불어 언약을 세워 가라사대 내가 이
땅을 애굽강에서부터 그 큰 강 유브라데까지

serve, will I judge: and afterward shall they
come out with great substance. 15 And
thou shalt go to thy fathers in peace; thou
shalt be buried in a good old age. 16 But
in the fourth generation they shall come
hither again: for the iniquity of the Amor-
ites is not yet full. 17 And it came to pass,
that, when the sun went down, and it was
dark, behold a smoking furnace, and a
burning lamp that passed between those
pieces. 18 In the same day the LORD
made a covenant with Abram, saying,
Unto thy seed have I given this land, from
the river of Egypt unto the great river, the
river Euphrates: 19 The Kenites, and the
Kenizzites, and the Kadmonites, 20 And
the Hittites, and the Perizzites, and the
Rephaims, 21 And the Amorites, and the
Canaanites, and the Girgashites, and the
Jebusites.

네 자손에게 주노니 19 곧 겐 족속과 그니
스 족속과 갓몬 족속과 20 헷 족속과 브리스
족속과 르바 족속과 21 아모리 족속과 가나
안 족속과 기르가스 족속과 여부스 족속의 땅
이니라 하셨더라

Abram thought of his relative Lot as the bastion of his heir. However, Lot went back to Sodom and Gomorrah, not to Abram, though Abram rescued him from all the kings. Abram who complained that he had no heir in his house might be quite disappointed and in doubt.

In the ancient Middle East, cutting animals in two, down the middle, means a contract and passing between those pieces means that the contractors would keep a promise that they would be killed by getting cut in half like the animals when the promise is not kept. However, what if an animal which wasn't cut is found among the cut animals, the symbol of promise which should be kept even to the death? It will be a false contract like a document that doesn't have authentic effect and it will cause offense to the counterpart because of cheating.

There was a possibility for Abram to leave a small bird uncut unconsciously in a momentary lapse while killing and cutting other animals as he was so confused and disturbed with the fact that he has no child(10)!

Or, it might be a way of expressing his resistance and disrespect to God if he didn't cut a part of animals on purpose while he was confirming the covenant with God, not with a man. Anyhow, God said to him at the time that his descendants would be enslaved for four hundred years. For Abram's part, he made a great mistake which could break the covenant

자식이 없던 아브람이 자신의 기업을 상속할 상속자의 보루로 생각했던 친족 롯을 열국의 왕들로부터 구해줬음에도 불구하고 롯은 아브람에게 가지 않고 다시 소돔과 고모라로 돌아갔다. 하나님께 자신의 기업을 이을 자녀가 없음을 한탄하는 아브람의 실망과 회의는 꽤나 깊었던 모양이다.

고대 중동에서는 짐승을 반으로 쪼개고 그 사이로 지나가는 행위를 통해 계약을 했었다. 만약 그 약속을 지키지 못하게 될 때에는 저 짐승들과 같이 쪼개져 죽음으로 약속을 지켜야만했다. 헌데 만약 죽음으로까지 엄수해야 할 약속을 상징하는 쪼개진 짐승들 사이에 쪼개지지 않은 짐승이 발견된다면 어떠했겠는가? 오늘날로 얘기하면 공증효력이 없는 문서이거나 도장을 찍은 거짓계약서에 불과할 뿐이고 상대에게 속임수를 쓴 것으로 상대에게 모욕감을 주는 행위가 될 것이다. 자녀가 없는 아브람의 마음이 너무 어지럽고 무너져 내려 짐승을 죽이고 쪼개다가 작은 짐승인 새를 부지중에 깜빡하고 쪼개지 못했을 수도 있다(10)!

그러나 만약 회의와 불신, 절망에 빠진 아브람이 사람도 아닌 하나님과의 언약을 확인하면서 일부러 짐승 중 일부를 쪼개지 않은 것이라면, 하나님에 대한 의도적 결례와 저항을 표출한 셈이다!

어찌 되었든 하필 하나님은 그때에 아브람의 후손이 사백 년 동안 종살이할 것임을 선포하셨다. 아브람 입장에서는 쪼개지 않은 새를 갖다놓아 언약을 중단시킬만한 중대한 실수를 범했

by putting a bird that wasn't cut, and Abram, who had doubt and distrust toward God, might have been surprised and sobered by God's word. Of course, God was surely treating Abram's unbelief, the father of faith, and God who is merciful didn't break the covenant and accepted the offerings by passing the bird that Abram didn't cut. For the faithful people, devotion that means giving everything with whole faith is something on which they never compromise.

We may lack ability. We may lack love. We may not be perfect, wounded by the attacks of this world. The situation is out of control sometimes. Nevertheless, Our God can accept and forgive our weaknesses through his blood if we rely on him.

However, God can't intervene in our life or work within us on his own will if we don't devote ourselves wholly or just partially devote to God because of our lack of faith. That is the reason why He treats our partial devotion and faith that is not perfect before He works on us.

고, 하나님에 대한 의심와 불신을 담은 마음을 가졌던 순간에 이러한 하나님의 말씀에 식겁하여 정신이 번쩍 들었을 것이다. 물론 하나님은 자비하셔서 결국 아브람의 쪼개지 않은 새 사이를 지나가셔서 제물을 받으시고 언약을 파기하지 않으셨지만 믿음의 조상, 아브라함의 믿음 없음을 확실히 다루시고 계셨다.

믿음의 사람들에게 있어 온전한 믿음으로 주님께 전부를 드리는 헌신은 결코 타협되어서는 안 될 주제이다. 우리에게 능력이 없을 수도 있다. 우리에게 사랑이 부족할 수도 있다. 우리의 인격이 상해 온전하지 못할 수도 있다. 때론 우리를 둘러싸고 있는 환경이 통제가 불가능한 상황으로 치달을 때도 있다.

우리 하나님은 우리가 가진 어떤 약함이 있다하더라도 그 약함을 하나님께 의뢰하기만 한다면 예수님의 보혈로 용납하시고 받으실 수 있다. 그러나 온전하지 못한 믿음, 즉 회의나 절망의 독배를 담은 믿음 없음이나, 자신을 하나님께 모두 내어 맡기는 헌신이 불가하거나 부분적 헌신뿐이라면 하나님도 우리의 인생에 대해 일방적으로 역사하시거나 억지로 관여하실 수 없다. 그것이 바로 하나님께서 온전하지 못한 믿음과 부분적인 헌신을 하나님의 역사 전에 반드시 다루시는 이유다.

84. 신부의 순결

84. THE PURITY OF A BRIDE

1 KINGS 2:17-25

17 And he said, Speak, I pray thee, unto
Solomon the king, (for he will not say thee
nay,) that he give me Abishag the Shu-
nammite to wife. 18 And Bathsheba said,
Well; I will speak for thee unto the king.
19 Bathsheba therefore went unto king
Solomon, to speak unto him for Adoni-
jah. And the king rose up to meet her, and
bowed himself unto her, and sat down on
his throne, and caused a seat to be set for
the king's mother; and she sat on his right
hand. 20 Then she said, I desire one small
petition of thee; I pray thee, say me not
nay. And the king said unto her, Ask on,
my mother: for I will not say thee nay. 21
And she said, Let Abishag the Shunam-
mite be given to Adonijah thy brother to
wife. 22 And king Solomon answered and
said unto his mother, And why dost thou
ask Abishag the Shunammite for Adoni-
jah? ask for him the kingdom also; for he is

열왕기상 2:17-25

17 가로되 청컨대 솔로몬왕에게 말씀하여 저
로 수넴 여자 아비삭을 내게 주어 아내를 삼
게 하소서 왕이 당신의 얼굴을 괄시치 아니하
리이다 18 밧세바가 가로되 좋다 내가 너를
위하여 왕께 말하리라 19 밧세바가 이에 아도
니야를 위하여 말하려고 솔로몬왕에게 이르
니 왕이 일어나 영접하여 절한 후에 다시 위
에 앉고 그 모친을 위하여 자리를 베풀게 하
고 그 우편에 앉게 하는지라 20 밧세바가 이
르되 내가 한가지 작은 일로 왕께 구하오니
내 얼굴을 괄시하지 마소서 왕이 대답하되 내
어머니여 구하시옵소서 내가 어머니의 얼굴
을 괄시하지 아니하리이다 21 가로되 청컨
대 수넴 여자 아비삭을 아도니야에게 주어 아
내를 삼게 하소서 22 솔로몬왕이 그 모친에
게 대답하여 가로되 어찌하여 아도니야를 위
하여 수넴 여자 아비삭을 구하시나이까 저는
나의 형이오니 저를 위하여 왕위도 구하옵소
서 저뿐 아니라 제사장 아비아달과 스루야의
아들 요압도 위하여 구하옵소서 하고 23 여
호와를 가리켜 맹세하여 가로되 아도니야가

mine elder brother; even for him, and for
Abiathar the priest, and for Joab the son of
Zeruiah. 23 Then king Solomon sware by
the LORD, saying, God do so to me, and
more also, if Adonijah have not spoken
this word against his own life. 24 Now
therefore, as the LORD liveth, which hath
established me, and set me on the throne
of David my father, and who hath made
me an house, as he promised, Adonijah
shall be put to death this day. 25 And king
Solomon sent by the hand of Benaiah the
son of Jehoiada; and he fell upon him that
he died.

이런 말을 하였은즉 그 생명을 잃지 아니하면
하나님은 내게 벌 위에 벌을 내리심이 마땅하
니이다 24 나를 세워 내 부친 다윗의 위에 오
르게 하시고 허락하신 말씀대로 나를 위하여
집을 세우신 여호와의 사심을 가리켜 맹세하
노니 아도니야는 오늘날 죽임을 당하리라 하
고 25 여호야다의 아들 브나야를 보내매 저
가 아도니야를 쳐서 죽였더라

Did you know that there are views that Shulamite woman in the bible is presumed to be the Shunanmmite? The Shulamite and the Shunanmmite, the Heberew phonetic value of these two words are the same as hamshunammite, shunammite. It shows that the two great kings of Israel both made a great effort to maintain chastity and holiness as they loved the woman if these two woman are the same women Abishag, the Shunanmmite.

At the face of death, David treated Abishag with respect by not violating her purity for temporary pleasure. Solomon also had an affection for her that he kept her fidelity from Adonijah who assumed the title of king by false anointment. This can be compared with satan who proclaims itself a king of this world and tries to violate the bride and the church, while the true king of the heaven tries to protect the holiness of its bride.

The King will surely protect his bride pure. Bride also would be unqualified to talk about love if she loses her purity before meeting her bridegroom. Even despite all the rumors that we may hear in this world about the church, we should not forget that we are the bride of the heaven preserved until the last(Revelation 14:4).

술람미 여인이 성경에 나오는 구체적인 인물 중에 수넴 여인으로 추정된다는 견해를 알고 있는가? 술람미와 수넴, 두 단어의 히브리 음가는 핫슈남밋, 슈남밋으로 거의 일치한다. 만약 두 여자가 같은 인물 수넴 여인인 아비삭을 가리키고 있다면, 이스라엘의 위대한 두 왕 모두 이 여인을 사랑하여 이 여인의 정절과 거룩을 지키기 위해 애썼음을 나타낸다.

죽음을 앞둔 다윗은 잠깐의 쾌락을 위해 그녀를 대할 때 아비삭의 순결을 범하려 하지 않았다. 솔로몬은 여인을 연모하여 왕의 기름 부음을 스스로 칭한 거짓을 저지른 아도니야로부터 여인의 지조를 지켜줬다. 마치 이는 사단이 자기를 이 세상의 임금이라 거짓되게 부르면서 신부가 된 교회를 더럽히려 할 때 하늘의 왕이 이 땅의 교회, 신부의 정절과 거룩을 지키시려 자신의 모든 것을 거는 모습과 같다.

왕께서 순결한 신부를 반드시 지켜내고야 말 것이다. 신부 역시 신랑을 만나기 전에 순결을 더럽힌다면 사랑을 말할 자격이 없다. 이 땅의 교회에 대해 여러 부정적인 소문과 풍문이 들릴지라도, 정절을 지키는 신부가 된 교회가 하늘로부터 마지막까지 예비 되어 있다는 소망을 잊지 말아야 한다(계14:4).

85. 그리스도의 신부를 대함

85. TREATING THE BRIDE OF CHRIST

LUKE 2:1-7

1 And it came to pass in those days, that
there went out a decree from Caesar Au-
gustus that all the world should be taxed.
2 (And this taxing was first made when
Cyrenius was governor of Syria.) 3 And
all went to be taxed, every one into his
own city. 4 And Joseph also went up
from Galilee, out of the city of Nazareth,
into Judaea, unto the city of David, which
is called Bethlehem; (because he was of
the house and lineage of David:) 5 To be
taxed with Mary his espoused wife, be-
ing great with child. 6 And so it was, that,
while they were there, the days were ac-
complished that she should be delivered.
7 And she brought forth her firstborn son,
and wrapped him in swaddling clothes,
and laid him in a manger; because there
was no room for them in the inn

누가복음 2:1-7

1 이때에 가이사 아구스도가 영을 내려 천하
로 다 호적하라 하였으니 2 이 호적은 구레
뇨가 수리아 총독 되었을 때에 첫번 한것이라
3 모든 사람이 호적하러 각각 고향으로 돌아
가매 4 요셉도 다윗의 집 족속인 고로 갈릴
리 나사렛 동네에서 유대를 향하여 베들레헴
이라 하는 다윗의 동네로 5 그 정혼한 마리
아와 함께 호적하러 올라가니 마리아가 이미
잉태되었더라 6 거기 있을 그 때에 해산할 날
이 차서 7 맏아들을 낳아 강보로 싸서 구유에
뉘었으니 이는 사관에 있을 곳이 없음이러라

The powers of the Roman emperor and the Syrian governor were not an issue for Mary and Joseph who lived in a small town called Nazareth. But, the actions of all powers of the world were disquieting from the moment Mary conceived and gave birth to Jesus.

Most people in the ancient Near East regions lived in their hometowns for the whole life without encountering the outside world. But the world powers seemed to make concerted efforts to have all of them go back to their hometowns as Mary and Joseph approach the time of giving birth to Jesus.

In ancient times, such deliberate human migration was rare at the national level. It is like a suicidal act for a pregnant woman who will give birth to a baby to take a long journey on foot. The lives of the pregnant woman and the baby in her womb can't be guaranteed on the way of the journey. Satan, the king of the world was trying to kill Jesus when he was about to be born as a weak baby after growing for ten months in Mary's womb. However Satan had no power over Christ. Actually the more serious test was in Mary and Joseph!

Joseph believed that the baby came from Lord because he dreamed of it. But he hasn't heard or experienced about the idea that a virgin can give birth to a baby. Therefore, he could have had a subtle anguish of whether he should bring her or not in compliance with the order that he should go home with all family members to register. Of course, he should go with her to Bethlehem if he thinks her as his wife. But, he has an appropriate justification of not bringing her for the stability of the pregnancy.

Mary might have been able to deliver a baby in a comfortable condition if Joseph didn't bring her due to a physical reason. She may give birth to a baby alone with uncomfortably without her husband, though. Moreover, she might feel bitterness and her trust in Joseph might be completely broken if she comes to doubt whether he thinks of her as a wife and a family member. That is because she is left alone despite the order that all family members go back to their hometowns.

It turned out that Joseph didn't leave Mary alone but decided to bring her to Bethlehem though it looked somewhat dangerous physically. With responsibility he tried to be with and protect his wife and baby as a family on the journey till the end though he had never taken her for his desire and satisfaction. They were able to keep their faith together and to make it stronger while maintaining the relationship as a couple even if it was a physically difficult journey.

The church shouldn't be used for human satisfaction and profits as they are the bride of the Lord and the vessel of Gos-

그간 나사렛이라는 작은 동네에서 살았던 마리아와 요셉에게 로마 황제와 수리아 총독의 권세는 바깥 먼 나라의 일이었다. 그러나 예수를 품고 낳으려고 하는 순간부터 세상 모든 권세가 심상치 않게 움직였다.

고대 근동의 인생들은 자신이 태어난 곳에서 외부 세계와 조우하지 않은 채 평생을 살아가는 경우가 대부분이다. 그런데 예수를 해산할 무렵이 되니 평생 만나볼 일 없는 세상 권세가 합심하여 온 동네 사람마다 자신들 조상의 고향으로 돌아가게 했다.

고대에는 이처럼 고의적으로 국가적인 규모의 인구 이동이 일어난 경우가 흔치 않았다. 아이를 해산할 여인이 먼 여정을 걸어서 간다는 것은 자살 행위나 다름없다. 고된 노정 중에 아이나 산모의 생명이 무사하리라 장담할 수 없었을 것이다. 세상 임금인 사단이 예수가 열 달 동안 마리아의 뱃속에서 잉태되어 여린 아기로 태어나려 하자 모든 권세를 다 들어서 아기를 죽이려 하고 있는 것이다. 그러나 어차피 사단은 예수 그리스도 앞에 이빨 빠진 종이호랑이의 권세도 나타내지 못한다. 사실 이것보다 더 심각한 시험이 마리아와 요셉 내부에 있었다!

요셉은 사실 한 번의 꿈을 통해 아기가 주께로부터 온 것임을 믿었을 뿐 처녀가 잉태할 수 있다는 개념을 인생의 경험 가운데 듣지도 보지도 못했다. 따라서 요셉은 가족끼리 모두 고향으로 올라가 호적을 계수 받으라는 명령 앞에 과연 마리아를 데려가야 하는가에 대한 미묘한 고뇌를 경험할 수 있다. 당연히 자신의 아내라고 생각한다면 베들레헴에 같이 가야하지만 자신의 아이가 아

pel. Such intentions are bound to beget trials.

If a servant of God uses the church and God for his own satisfaction and benefits, the church members may be confused and tempted to slander the gospel of God and the ministers with distrust that they became a tool to meet mere human needs.

니기에 임신한 여인의 안녕을 고려하자면 데려가지 않아도 되는 당위적 명분이 생긴다.

만약 요셉이 이런 물리적 명분으로 마리아를 데려가지 않게 된다면 비록 마리아는 안정된 환경에서 아이를 낳을 수 있었을지도 모르지만 남편도 없이 심리적으로 불안한 마음 가운데 아기를 혼자 낳아야 했을 것이다. 더군다나 가족끼리 모두 고향으로 올라가라는 칙령이 있었음에도 버려진 것처럼 홀로 해산해야하는 여인의 입장이 된다면, 과연 요셉이 자신을 가족이자 부부로 생각하는가에 대한 의심이 참혹한 마음으로 변해 신뢰의 기반이 송두리째 깨어졌을지 모른다.

결과적으로 요셉은 마리아를 혼자 버려두지 않고 물리적으로 다소 위험해도 베들레헴으로 데려가기로 결정을 내렸다. 열 달 동안 단 한 번도! 자기 욕구나 만족으로 취해 본적이 없는 아내지만 끝까지 가족으로 함께하며 책임을 다하여 위험한 노정 중에도 아내와 아기를 보호하려 했다. 물리적으로는 어려운 노정이었을지라도 요셉은 마리아와 부부 됨을 지키는 가운데 서로를 향한 믿음을 깨지 않고 더 견고히 할 수 있었다.

교회는 주님의 신부이자 예수님의 복음의 잉태처이기에 인간적인 만족과 유익으로 대해서는 안 된다. 그러한 일에는 시험이 있다. 만약 어떤 사역자가 인간적인 만족과 유익, 자기 입장으로 교회와 하나님을 대한다면, 성도들은 교회를 통해 사람의 만족과 유익을 채우는 도구로 자신들이 전락했다는 불신을 가진 채 하나님과 복음과 사역자들을 참소하는 시험과 혼란에 빠질지 모른다.

바이블
쿠킹미팅

86. 가인과 경제 권력

86. CAIN AND ECONOMIC POWER

GENESIS 4:1-17

1 And Adam knew Eve his wife; and
she conceived, and bare Cain, and said,
I have gotten a man from the LORD. 2
And she again bare his brother Abel. And
Abel was a keeper of sheep, but Cain was
a tiller of the ground. 3 And in process of
time it came to pass, that Cain brought of
the fruit of the ground an offering unto
the LORD. 4 And Abel, he also brought
of the firstlings of his flock and of the fat
thereof. And the LORD had respect unto
Abel and to his offering: 5 But unto Cain
and to his offering he had not respect.
And Cain was very wroth, and his coun-
tenance fell. 6 And the LORD said unto
Cain, Why art thou wroth? and why is thy
countenance fallen? 7 If thou doest well,
shalt thou not be accepted? and if thou
doest not well, sin lieth at the door. And
unto thee shall be his desire, and thou
shalt rule over him. 8 And Cain talked

창세기 4:1-17

1 아담이 그 아내 하와와 동침하매 하와가 잉
태하여 가인을 낳고 이르되 내가 여호와로 말
미암아 득남하였다 하니라 2 그가 또 가인의
아우 아벨을 낳았는데 아벨은 양 치는 자이었
고 가인은 농사하는 자이었더라 3 세월이 지
난 후에 가인은 땅의 소산으로 제물을 삼아
여호와께 드렸고 4 아벨은 자기도 양의 첫 새
끼와 그 기름으로 드렸더니 여호와께서 아벨
과 그 제물은 열납하셨으나 5 가인과 그 제물
은 열납하지 아니하신지라 가인이 심히 분하
여 안색이 변하니 6 여호와께서 가인에게 이
르시되 네가 분하여 함은 어찜이며 안색이 변
함은 어찜이뇨 7 네가 선을 행하면 어찌 낯
을 들지 못하겠느냐 선을 행치 아니하면 죄가
문에 엎드리느니라 죄의 소원은 네게 있으나
너는 죄를 다스릴찌니라 8 가인이 그 아우 아
벨에게 고하니라 그 후 그들이 들에 있을 때
에 가인이 그 아우 아벨을 쳐 죽이니라 9 여
호와께서 가인에게 이르시되 네 아우 아벨이
어디 있느냐 그가 가로되 내가 알지 못하나이
다 내가 내 아우를 지키는 자니이까 10 가라

with Abel his brother: and it came to pass,
when they were in the field, that Cain rose
up against Abel his brother, and slew him.
9 And the LORD said unto Cain, Where
is Abel thy brother? And he said, I know
not: Am I my brother's keeper? 10 And
he said, What hast thou done? the voice
of thy brother's blood crieth unto me
from the ground. 11 And now art thou
cursed from the earth, which hath opened
her mouth to receive thy brother's blood
from thy hand; 12 When thou tillest the
ground, it shall not henceforth yield unto
thee her strength; a fugitive and a vaga-
bond shalt thou be in the earth. 13 And
Cain said unto the LORD, My punish-
ment is greater than I can bear. 14 Behold,
thou hast driven me out this day from the
face of the earth; and from thy face shall I
be hid; and I shall be a fugitive and a vaga-
bond in the earth; and it shall come to

사대 네가 무엇을 하였느냐 네 아우의 핏소
리가 땅에서부터 내게 호소하느니라 11 땅이
그 입을 벌려 네 손에서부터 네 아우의 피를
받았은즉 네가 땅에서 저주를 받으리니 12네
가 밭 갈아도 땅이 다시는 그 효력을 네게 주
지 아니할 것이요 너는 땅에서 피하며 유리하
는 자가 되리라 13 가인이 여호와께 고하되
내 죄벌이 너무 중하여 견딜 수 없나이다 14
주께서 오늘 이 지면에서 나를 쫓아 내시온즉
내가 주의 낯을 뵈옵지 못하리니 내가 땅에서
피하며 유리하는 자가 될찌라 무릇 나를 만나
는 자가 나를 죽이겠나이다 15 여호와께서
그에게 이르시되 그렇지 않다 가인을 죽이는
자는 벌을 칠배나 받으리라 하시고 가인에게
표를 주사 만나는 누구에게든지 죽임을 면케
하시니라 16 가인이 여호와의 앞을 떠나 나
가 에덴 동편 놋 땅에 거하였더니 17 아내와
동침하니 그가 잉태하여 에녹을 낳은지라 가
인이 성을 쌓고 그 아들의 이름으로 성을 이
름하여 에녹이라 하였더라

pass, that every one that findeth me shall
slay me. 15 And the LORD said unto him,
Therefore whosoever slayeth Cain, venge-
ance shall be taken on him sevenfold. And
the LORD set a mark upon Cain, lest any
finding him should kill him. 16 And Cain
went out from the presence of the LORD,
and dwelt in the land of Nod, on the east
of Eden. 17 And Cain knew his wife; and
she conceived, and bare Enoch: and he
builded a city, and called the name of the
city, after the name of his son, Enoch.

Here's a question. Is Cain in heaven or hell? The predominant view says that Cain was not saved. As we all know, God gave Cain the mark of salvation to prevent anyone from killing him. Was this mark useless then? Of course, God's plan of salvation was unaffected by the gravity of the committed sins. It is able to save any repenting soul who believes Jesus, the mark of salvation, even those who murder, commit adultery, or thievery. But the Bible tells us Cain did not sacrifice to God by faith. If Cain did not fully believe in God as the first son of Adam, then what else did he trust and depend on?

We could get some clues by looking at the disciplinary action of God. Strangely, instead of directly cursing Cain, God cursed the land and separated him from it. However, Cain's response after killing his brother is even stranger. He was telling God that he was afraid that he might be killed by others, but in fact, he was humanity's first murderer, and there was no one that could have thought about killing another human being. What he said was nothing more than an excuse.

In fact, what Cain wanted more was not his own life, but to prevent God from taking the land. He was afraid of being separated from his land. Cain trusted and depended on his land more than he did in God! In ancient times the land was the totality of economic power. Cain, being a farmer, trusted on the

가인은 천국에 있을까? 지옥에 있을까? 일반적으로 가인이 구원받지 못했을 것이라는 견해가 지배적이다. 그렇다면 하나님께서 가인에게 주셨던 생명을 해하지 못하게 하는 구원의 표는 무용지물이었단 말인가? 물론 인류를 구원하려는 하나님의 계획은 도적질이나 간음이나 심지어 살인이라도 죄의 경중에 상관없이 예수라는 구원의 표를 믿고 회개하는 심령마다 구원하고자 하셨다. 그러나 성경은 가인이 하나님께 믿음으로 제사하지 못했다고 말한다. 아담의 1대손인 가인이 하나님을 온전히 믿지 않았다면 그는 과연 무엇을 믿고 의지했을까?

하나님의 징계를 보면 그 실마리를 찾을 수 있다. 이상하게도 하나님은 죄를 지은 가인을 직접 저주하시기보다는 가인이 저지른 죄와는 아무런 상관이 없는 땅을 저주하시고, 땅으로부터 가인을 분리시키신다. 동생 아벨을 살해한 가인의 대답은 더욱 가관이다. 그는 사람들이 자신을 죽일까 두렵다고 말하지만 가인이 인류 최초의 살인자라는 것을 생각하면 가인 이외의 인류 중 누구도 살인이라는 개념을 상상하거나 생각하는 것이 불가능했을 것이기에 가인의 말은 핑계에 불과하다.

실상 가인이 자신의 목숨을 견주어 하나님으로부터 지키고 싶었던 것은 땅이었다. 그는 땅으로부터 유리하는 것이 두려웠던 것이다. 가인은 하나님보다 땅을 더 의지하고 믿고 있었다. 고대에는 땅, 즉 토지는 경제 권력의 총체였다. 농사를 짓는 가인은 하나님보다 땅의 소산, 즉 경제 권력을 더 믿고 의지한 것이다. 하나님은 가인이 하나님보다 땅을 더 믿고 있음을 알아보시고 땅에서

produces of his land, ie. the economic power, even more than God himself. God realized this fact about Cain and he ordered Cain to be a vagabond on the earth, with intentions to restore his faith, but he went against God by building a city to protect his grounds.

Woe is to a person who tries to use God to turn stone into bread. It is the whisper of Satan to seek economic power and rights using God. It is hypocritical for Christians to believe in Jesus as the savior who gave eternal life to us, but not trust Him as the one who is capable of supplying with our physical needs.

가인을 유리하게 하셔서 가인의 믿음을 돌이키려하시지만 가인은 도리어 땅을 지키기 위해서 성을 쌓아 하나님을 불신한 채 하나님을 대적했다.

하나님을 이용함으로 돌을 변하게 해 떡이 되게 하려는 시도에는 화가 있다. 이는 하나님을 통해 경제 권한과 경제 권력을 추구하라는 사단의 속삭임이다. 그리스도인이 예수님을 믿음으로 구원된 자신의 영원한 생명을 확신하면서 동시에 본인의 물리적 생존조차 책임지시는 하나님을 믿지 못하는 행태는 이율배반이다.

87. 세상 신의 자기모순

87. SELF-CONTRADICTION OF WORLDLY GODS

GENESIS 41:1-8

1 And it came to pass at the end of two full years, that Pharaoh dreamed: and, behold, he stood by the river. 2 And, behold, there came up out of the river seven well favoured kine and fatfleshed; and they fed in a meadow. 3 And, behold, seven other kine came up after them out of the river, ill favoured and leanfleshed; and stood by the other kine upon the brink of the river. 4 And the ill favoured and leanfleshed kine did eat up the seven well favoured and fat kine. So Pharaoh awoke. 5 And he slept and dreamed the second time: and, behold, seven ears of corn came up upon one stalk, rank and good. 6And, behold, seven thin ears and blasted with the east wind sprung up after them. 7 And the seven thin ears devoured the seven rank and full ears. And Pharaoh awoke, and, behold, it was a dream. 8 And it came to pass in the morning that his spirit was troubled;

창세기 41:1-8

1 만 이년 후에 바로가 꿈을 꾼즉 자기가 하숫가에 섰는데 2 보니 아름답고 살진 일곱 암소가 하수에서 올라와 갈밭에서 뜯어먹고 3 그 뒤에 또 흉악하고 파리한 다른 일곱 암소가 하수에서 올라와 그 소와 함께 하숫가에 섰더니 4 그 흉악하고 파리한 소가 그 아름답고 살진 일곱 소를 먹은지라 바로가 곧 깨었다가 5 다시 잠이 들어 꿈을 꾸니 한 줄기에 무성하고 충실한 일곱 이삭이 나오고 6 그 후에 또 세약하고 동풍에 마른 일곱 이삭이 나오더니 7 그 세약한 일곱 이삭이 무성하고 충실한 일곱 이삭을 삼킨지라 바로가 깬즉 꿈이라 8 아침에 그 마음이 번민하여 보내어 애굽의 술객과 박사를 모두 불러 그들에게 그 꿈을 고하였으나 그것을 바로에게 해석하는 자가 없었더라

and he sent and called for all the magicians of Egypt, and all the wise men thereof: and Pharaoh told them his dream; but there was none that could interpret them unto Pharaoh.

Remember Pharaoh's dream that fat cows are eaten by gaunt cows. There is only one way for the gaunt cows to eat the bigger and healthier cows: tear and swallow them. Many fat cows were eaten by the skinny cows leaving spattered and splashed blood. This was a terrible and shocking scene for the king of Egypt who serves the cow as one of his idols. This is the situation that their gods, their idols are eating and eaten by each other.

Don't think the second dream would be less terrible. It is more grotesque that the blighted heads of wheat devoured the full heads. It is normal for heads of wheat to have a mouth and teeth? It may be acceptable if a cow eats the same kind of animals as it has teeth and a mouth. But it would be dreadful that the heads of wheat devours the same kind of fat heads that have a mouth and teeth that they originally don't. Imagine that those thin heads have a mouth and teeth of a human, an animal or a beast. Isn't it shocking? Moreover, it would be more chaotic to see the situation that thin heads sprang up after the east wind though they have the god of abundance, Shu, that manages the wind and air in Egypt.

Why didn't all magicians have any clue to interpret the symbol of the dream that had motives such as the cows and wind that they exactly served as an idol? They might be afraid of the devastating future stemming from the contradiction of their

살찐 소가 파리하게 야윈 소에게 잡혀 먹히는 모습을 상상해보라. 야윈 소가 자신보다 몸집이 크고 건장한 소를 잡아먹기 위해서는 통째로 삼키기는 어려울 것이므로 찢어 삼키는 방법 밖에 없다. 선혈이 낭자한 채로 여러 마리의 살찐 소가 야윈 소에게 잡혀 먹혔다. 이는 우상의 하나로 소를 숭배하는 이집트 국왕 바로에게 매우 공포스럽고 충격적인 장면이었다. 자신들이 섬기는 우상, 즉 신이 서로를 뜯어먹고 잡아먹고 있는 형상인 것이다.

두 번째 바로가 꾸었던 꿈도 한번 상상해 보라. 두 번째 꿈은 바로에게 충격이 덜하지 않았을까 생각하지 말라. 마른 이삭이 충실한 이삭을 잡아먹는 장면은 더 괴기스럽다. 이삭에 입이 있고 이빨이 있는 모습이 과연 정상적인 이미지일까? 짐승인 소의 경우 현실에도 이빨과 입이 있어서 동종의 짐승을 먹는다는 이미지의 충격을 그런대로 받아들일 수 있다 하여도 원래 입과 이빨이 없는 이삭에 입과 이빨이 달려 동종의 살찐 이삭을 잡아먹는다는 이미지는 공포 그 자체였을 것이다. 그 메마른 이삭에 사람이나 짐승 혹은 괴수의 이빨과 입이 달렸다고 상상해보라.

정말 괴기스럽지 않은가! 더군다나 메마른 이삭이 동풍을 통해 올라왔다는 정황은 당시 애굽에 있었던 바람과 대기를 관장하는 풍요의 신인 '슈(Shu)'를 연상케 하여 풍요의 신이 도리어 풍성한 이삭을 잡아먹는 메마른 이삭을 낸다고 하는 무척 충격적인 이미지였을 것임에 틀림없다.

과연 애굽의 모든 술객들이 자신들이 섬기던 우상인 소나 바람 등의 모티브를 정확하게 담은 꿈의 상징성을 해석할 실마리조차

idols rather than not being able to interpret the image. How can they explain the situation that their gods eat each other? How on earth can those problems be solved if a famine comes from the clash of their idols?

Worldly gods cannot avoid self-contradiction and limitation because they are false gods made by the created and fallen angels. Therefore there is no way to permanently solve the problems of groups, nations and countries. Especially Mammon, the god of materials has existed by promising a stable future to human beings from the ancient times. But many people are bound with worries and anxieties. Even giant empires that accumulated economic power ended up fallen because of the self-contradiction of violence and wars to maintain their accumulated riches.

Especially servants of God should not seek material profits that last a short time, but show the administration of God to the world beyond Mammon's power. They will be definitely trapped in the limitation of self-contradiction. The kingdom of God built with the blood, resurrection of Christ and the eternal life of the Holy Spirit can't be managed by the god of money and materialism.

가지지 못했을까? 꿈에서 예언하는 기근의 상징을 해석하지 못했다기보다, 자기 신들의 모순으로 인해 붕괴될 미래를 해결할 엄두가 나지 않았을 것이다. '소'라는 우상, '동풍'이라는 신의 이미지 등, 신이 신을 잡아먹는 모순을 어떻게 설명할 수 있겠는가. 만일 자기 신들의 충돌로 기근이 온다면 그 신조차 망가진 상태에서 어떤 방법과 경륜으로 그들이 문제를 해결할 수 있겠는가?

애초에 세상의 신들은 하나님의 피조물이었던 천사들이 타락하여 꾸며낸 거짓 신들이기에 한계와 자기모순을 가질 수밖에 없다. 그들은 정말로 신실하게도 인생들과 집단, 민족, 나라의 문제들을 항구적으로 해결할 경륜이 없다. 특히 맘몬이라고 하는 물질의 신은 고대부터 인생들에게 안정된 미래를 약속하며 존속해왔지만, 도리어 많은 인생들을 염려와 근심으로 옭아매었다. 경제 권력의 축적으로 권세를 얻은 거대 제국들조차 경제 권력의 축적을 유지하기 위해 폭력과 전쟁의 방법을 동원하지만 도리어 이들이 선택한 폭력과 전쟁은 모순적으로 스스로를 붕괴하는 꼴이 되었다.

교회의 모든 성도들, 그 중에서 특히 사역자들은 물질의 잠깐의 유익을 구하지 않고, 맘몬을 뛰어넘어 하나님의 경륜을 세상에 나타내야 할 일이다. 영원한 하나님 나라의 통로가 된 자들이 금새 사라지고 썩어질 맘몬으로 영원한 생명과 나라를 경영한다면 자기모순의 한계에 빠질 것이 분명하다. 예수 그리스도의 피와 부활, 성령의 영생으로 선 하나님 나라는 돈과 물질의 신으로 경영할 수 없다.

88. 목숨을 건 모세, 하나님의 군기 2

88. MOSES GIVES HIS LIFE, GOD'S FLAG 2

EXODUS 17:6-16

6 Behold, I will stand before thee there upon the rock in Horeb; and thou shalt smite the rock, and there shall come water out of it, that the people may drink. And Moses did so in the sight of the elders of Israel. 7 And he called the name of the place Massah, and Meribah, because of the chiding of the children of Israel, and because they tempted the LORD, saying, Is the LORD among us, or not? 8 Then came Amalek, and fought with Israel in Rephidim. 9 And Moses said unto Joshua, Choose us out men, and go out, fight with Amalek: to morrow I will stand on the top of the hill with the rod of God in mine hand. 10 So Joshua did as Moses had said to him, and fought with Amalek: and Moses, Aaron, and Hur went up to the top of the hill. 11And it came to pass, when Moses held up his hand, that Israel prevailed: and when he let down his

출애굽기 17:6-16

6 내가 거기서 호렙산 반석 위에 너를 대하여 서리니 너는 반석을 치라 그것에서 물이 나리니 백성이 마시리라 모세가 이스라엘 장로들의 목전에서 그대로 행하니라 7 그가 그곳 이름을 맛사라 또는 므리바라 불렀으니 이는 이스라엘 자손이 다투었음이요 또는 그들이 여호와를 시험하여 이르기를 여호와께서 우리 중에 계신가 아닌가 하였음이더라 8 때에 아말렉이 이르러 이스라엘과 르비딤에서 싸우니라 9 모세가 여호수아에게 이르되 우리를 위하여 사람들을 택하여 나가서 아말렉과 싸우라 내일 내가 하나님의 지팡이를 손에 잡고 산꼭대기에 서리라 10 여호수아가 모세의 말대로 행하여 아말렉과 싸우고 모세와 아론과 훌은 산꼭대기에 올라가서 11 모세가 손을 들면 이스라엘이 이기고 손을 내리면 아말렉이 이기더니 12 모세의 팔이 피곤하매 그들이 돌을 가져다가 모세의 아래에 놓아 그로 그 위에 앉게 하고 아론과 훌이 하나는 이편에서, 하나는 저편에서 모세의 손을 붙들어 올렸더니 그 손이 해가 지도록 내려오지 아니

hand, Amalek prevailed. 12 But Moses
hands were heavy; and they took a stone,
and put it under him, and he sat thereon;
and Aaron and Hur stayed up his hands,
the one on the one side, and the other on
the other side; and his hands were steady
until the going down of the sun. 13 And
Joshua discomfited Amalek and his peo-
ple with the edge of the sword. 14 And
the LORD said unto Moses, Write this for
a memorial in a book, and rehearse it in
the ears of Joshua: for I will utterly put out
the remembrance of Amalek from under
heaven. 15 And Moses built an altar, and
called the name of it Jehovahnissi: 16 For
he said, Because the LORD hath sworn
that the LORD will have war with Amalek
from generation to generation.

한지라 13 여호수아가 칼날로 아말렉과 그
백성을 쳐서 파하니라 14 여호와께서 모세에
게 이르시되 이것을 책에 기록하여 기념하게
하고 여호수아의 귀에 외워 들리라 내가 아말
렉을 도말하여 천하에서 기억함이 없게 하리
라 15 모세가 단을 쌓고 그 이름을 여호와 닛
시라 하고 16 가로되 여호와께서 맹세하시기
를 여호와가 아말렉으로 더불어 대대로 싸우
리라 하셨다 하였더라

Moses realized that God made him the Lord's flag through the war where he experienced victory while his hands were up and defeat while his hands were down. Moses, concluding the incident, recorded 'Jehovah-nissi'(15, KJV) in the end. In other words, 'the banner of the Lord'. Moses did this because he realized the intention of the Lord to make him the banner of God in the battle with the Amalekites.

A question can be asked at this point. Why did the Lord say, 'I will utterly blot out the remembrance of Amalek from under the heaven.' but also proclaim, He will have war with Amalek from generation to generation'? God has the power to eliminate Amalek out of history so that no one ever remembers them. However, saying that they 'will fight for generations' means that they will continue to remain in the history of Israel. The Lord wants to destroy the Amalekites but Israel would have to fight them for generations? How can these two opposite ideas used in the same sentence? Surprisingly, God commands Moses to make Joshua remember the war with the Amalekites. Lord's intention can be seen to make Joshua remember the war with Amalek. What is the reason that Joshua should remember a battle he fought, a battle that he won't ever forget anyway?

In times to come, Joshua never attempted to fight the Amalekites, busy encouraging the people of Israel to conquer all of

모세는 전쟁 중에 있는 이스라엘 군대를 위해 기도할 때 자신의 손을 올리고 내림으로 전쟁의 승패가 좌우되는 것을 경험함으로써 하나님이 모세 본인을 여호와의 군기로 삼으셨음을 깨달았다. 모세는 사건을 정리하면서 마지막에 여호와 닛시(15), 즉 '여호와의 깃발'이라고 적었다. 아말렉과의 전투에서 자신을 여호와의 군기로 삼으신 하나님의 의도를 깨닫고 영원한 말씀으로 남긴 셈이다.

그런데 여기서 한 가지 의문이 생긴다. 왜 하나님께서는 아말렉을 천하에서 없이하여 기억하지 못 하게 하리라 선언하시면서, 또한 역설적으로 대대로 싸우리라고 선포하시는가? 하나님은 천하에 그 누구의 기억에도 남지 않도록 아말렉을 진멸하실 수 있는 능력을 갖고 계신다. 그런데 대대로 싸우리라는 것은 이스라엘의 역사에 계속해서 아말렉이 남아있을 것을 의미한다. 아말렉을 멸절하려 하시면서 아말렉이 대대로 남아있어 그들과 계속해서 싸워야 한다니 이 두 문장 간에 상호 충돌과 부조화를 과연 어떻게 해석해야 한단 말인가? 놀랍게도 하나님은 모세에게 명하시어 전쟁에 참여했던 여호수아에게 아말렉과의 전쟁을 되뇌어 기억하게 하신다. 자신이 참전했던 아말렉과의 전쟁을 특별히 잊지 않고 기억하게 하려 하시는 의중이 느껴진다. 여호수아가 자신이 참전했던 전쟁을 잊을 것도 아닌데 왜 굳이 되뇌어 각인시켜야 할 이유가 무엇이란 말인가?

이후로 여호수아 생전에는 가나안 땅을 모두 정복하기 위해 이스라엘 백성을 독려하느라 뒤에 있는 적 아말렉과 전쟁할 생

Canaan. He has left the enemy behind like a thorn in the side. Later, king Saul reorganizes his army to fight the Amalekites and captures king Agag, but blinded by the spoils of the war, does not completely destroy the Amalekites. For this, Saul's kingdom was destroyed later. Also, later in history, Haman, descendant of Agag, survives and attempts to crush Israel while it is weak and enslaved by another nation. God is well capable of defeating the ambushing Amalekites, even through old Moses, who hasn't completed his task yet, and the ever-complaining people of Israel. God wanted to completely destroy Amalek through the army of Israel, but concerned that Israel would forget the critical battles and allowing them to live on, God recorded the above scripture. And in fact, as God has concerned, Israel continued to ignore the people of Amalek in times to come.

Do not even give the slightest chance to the enemy of God. Turn back with holiness and get rid of residual sin. Do not leave unconquered tasks and vision in the fantasy but fulfill them. Do not be familiarized with the darkness of this world. Fight with the power of Gospel and the Spirit, fulfill the glory from the church to all the nations of the world. Christians! Cast the glory of chasing away the darkness into the world with God!

각을 단 한 번도 하지 않는다. 후방의 가시처럼 적과 원수를 남겨놓은 셈이다. 이후 사울 왕 때에 겨우 다시 군대를 정비하여 아말렉과 전쟁을 치르고 아말렉의 아각 왕을 사로잡지만, 전리품에 눈이 멀어 아말렉을 완전히 진멸하지 못한 패착으로 사울 왕국은 폐하여진다. 후에 이스라엘이 이방의 노예 민족이 되어 약해졌을 때 도리어 아말렉 민족 아각 왕의 후손 하만이 살아남아 이스라엘을 멸절시키려 했다.

하나님은 아직 과업도 완수하지 못한 다 늙은 노인 모세와 불평분자 집단인 이스라엘을 통해서도 뒤에서 기습해 오는 아말렉을 쳐서 이길 수 있는 능력이 있는 분이시다. 이스라엘 후방에 위치한 아말렉이라는 적을 하나님의 군대인 이스라엘을 통해 완전히 진멸하길 원하셨지만, 결국 아말렉은 진멸하지 못한 채 남겨졌고, 남겨진 아말렉과의 치명적인 전쟁을 이스라엘이 망각할 것을 염려하심으로 위의 말씀을 기록하셨다. 그리고 실제로 하나님의 우려대로 이스라엘 역사는 아말렉 민족을 방관하는 기조로 흘러갔다.

일획일점이라도 하나님의 원수에게 기회를 줄 패착(敗着)을 남기지 말라. 죄를 남기지 말고 거룩함으로 돌아서서 이를 청산하라. 정복되지 않았던 과업과 비전을 몽상으로 남겨두지 말고 이루라. 세계와 시대의 어둠을 인정해 그것에 길들여지지 말라. 복음과 성령으로 싸워서 교회부터 온 민족까지 그 영광을 이루라, 그리스도인이여, 하나님과 함께 어두움을 내어쫓는 그 영광을 어두운 세계에 던지라!

89. 여자여 어찌하여 슬피울고 있느냐?

89. WOMAN, WHY ARE YOU CRYING?

JOHN 20:10-18

10 Then the disciples went away again
unto their own home. 11 But Mary stood
without at the sepulchre weeping: and as
she wept, she stooped down, and looked
into the sepulchre, 12 And seeth two an-
gels in white sitting, the one at the head,
and the other at the feet, where the body
of Jesus had lain. 13 And they say unto
her, Woman, why weepest thou? She saith
unto them, Because they have taken away
my LORD, and I know not where they
have laid him. 14 And when she had thus
said, she turned herself back, and saw Jesus
standing, and knew not that it was Jesus. 15
Jesus saith unto her, Woman, why weepest
thou? whom seekest thou? She, supposing
him to be the gardener, saith unto him, Sir,
if thou have borne him hence, tell me where
thou hast laid him, and I will take him away.
16 Jesus saith unto her, Mary. She turned
herself, and saith unto him, Rabboni; which

요한복음 20:10-18

10 이에 두 제자가 자기 집으로 돌아가니라
11 마리아는 무덤 밖에 서서 울고 있더니 울
면서 구푸려 무덤 속을 들여다보니 12 흰 옷
입은 두 천사가 예수의 시체 뉘었던 곳에 하
나는 머리 편에, 하나는 발 편에 앉았더라 13
천사들이 가로되 여자여 어찌하여 우느냐 가
로되 사람이 내 주를 가져다가 어디 두었는
지 내가 알지 못함이니이다 14 이 말을 하고
뒤로 돌이켜 예수의 서신 것을 보나 예수신줄
알지 못하더라 15 예수께서 가라사대 여자여
어찌하여 울며 누구를 찾느냐 하시니 마리아
는 그가 동산지기인 줄로 알고 가로되 주여
당신이 옮겨 갔거든 어디 두었는지 내게 이
르소서 그리하면 내가 가져가리이다 16 예수
께서 마리아야 하시거늘 마리아가 돌이켜 히
브리 말로 랍오니여 하니 (이는 선생님이라)
17 예수께서 이르시되 나를 만지지 말라 내가
아직 아버지께로 올라가지 못하였노라 너는
내 형제들에게 가서 이르되 내가 내 아버지
곧 너희 아버지, 내 하나님 곧 너희 하나님께
로 올라간다 하라 하신대 18 막달라 마리아

is to say, Master. 17 Jesus saith unto her, Touch me not; for I am not yet ascended to my Father: but go to my brethren, and say unto them, I ascend unto my Father, and your Father; and to my God, and your God.
18 Mary Magdalene came and told the disciples that she had seen the LORD, and that he had spoken these things unto her.

가 가서 제자들에게 내가 주를 보았다 하고 또 주께서 자기에게 이렇게 말씀하셨다 이르니라

Surprisingly, Jesus selected Mary Magdalene who had seven demons within her as the first witness of his resurrection. Who will believe her testimony about supernatural resurrection of Jesus as she had demons in the past and it is actually a fatal mental weakness? It doesn't seem to be an effective choice at all, but it is ironically awe-inspiring in his profound love of choosing Mary Magdalene as the first witness of his resurrection.

At first, Jesus detached himself and treated her coldly by calling her 'woman', not her name 'Mary' when she was crying. But, ironically it is an expression of his great and original love for her, not treating her coldly. He sees Mary as a 'woman', which means 'Eve', the mother of all living, and gives her a mission as the first witness of his resurrection to proclaim the news that Jesus will save the human beings. This is the original and primitive way to incapacitate Satan, a serpent, and his strategy in the first place.

The serpent tempted Adam through Eve. But, Jesus restores brothers, that is, the Adams, through Mary Magdalene who was so weak that she was under the necessity of becoming a friend of seven demons. "Do not hold on to me, for I have to ascend to the Father to show the testimony of resurrection. Go instead to my brothers (the Adams) and tell them, 'I am alive.'" That was her first mission to be sent to the broth-

예수님의 부활의 첫 증인으로 선택된 자는 뜻밖에도 일곱 귀신들렸던 막달라 마리아였다. 과거의 치명적인 약점으로 귀신들려 있던 이 여인이 예수님의 초자연적인 부활의 역사를 증거한다면 과연 어떤 사람이 믿으려 했을까? 결단코 효과적인 선택이 아닌 것으로 보인다. 하지만 이것은 역설적으로, 막달라 마리아를 부활의 첫 증인으로 택하신 예수님의 심오한 사랑에 경외감을 갖게 한다.

먼저 예수님은 무덤 앞에서 울부짖고 있는 막달라 마리아의 이름을 친밀하게 '마리아야'라고 부르는 것이 아니라 냉정하게 '여자여'라고 거리가 느껴지는 말로 부르셨다. 아이러니하게도 이것은 마리아를 냉정하게 대하시는 것이 아니라 마리아를 향한 거대한 근원적인 사랑의 표현이었다. 막달라 마리아를 '여자', 즉 인류를 대표할 '하와'로 보시고 그에게 부활의 첫 증인으로서 인류를 구원할 소식을 전하는 사명을 주고 계시는 것이다. 이것은 애초에 뱀, 즉 사단이 가졌던 전략을 무력화시키는 본질적이고 근원적인 방법이다.

뱀은 하와를 통해 아담을 유혹했다. 역으로 예수님은 연약하다 못해 일곱 귀신과 억지로 친구 되었던 막달라 마리아를 통해 형제들, 즉 아담들을 회복하신다. "나를 만지지 마라. 내 아버지께 올라가 내가 부활의 증거를 보여야하는 것처럼 너는 내 형제(아담)들에게 내가 살아있다고 증거해라." 이것이 마리아가 예수님의 형제들이자 범죄한 아담들, 곧 실패한 사도들에게 보내진 첫 번째 사명이었다. 예수님은 하와 마리아에게 단지 순간적인 감정

ers of Jesus, the Adams who sinned, and failed apostles. Jesus is not expressing his emotional intimacy, which is superficial and momentary, by comforting Eve, Mary. First, he calls her a woman (Eve) and gives her fundamental salvation and peace by breaking the strategy of Satan that tries to bind the church, his bride.

Jesus says, "Do not hold on to me". But this is not a way of expressing his cool-headedness but his mission to ascend to the Father to testify His resurrection. Like this, he says to Eve to proclaim the fundamental mission of resurrection to the embarrassed and confused brothers, the 'Adams'. In the past, she was thrown out by 'Adams' and accepted seven demons as her friend because of loneliness, but now, she became a way of God which reverses the failure of bothers, the 'Adams', through Jesus. This is perfect and profound love of Lord.

적 위로, 표면적인 정서적 친밀감만을 표하는 것이 아니다. 그보다 먼저 '여자여(하와여)'라 호칭하시며 신부인 교회를 얽어매려 했던 사단의 전략을 깨뜨리시는 본질적 구원과 평안을 주신다.

'만지지 말라.'라고 하시지만 이는 냉정함의 표현이 아니었고, 예수님 자신이 아버지에게 부활을 증거해야 하므로 하늘로 올리셔야 하는 사명을 가지신 것처럼, 하와인 마리아가 당황하고 있는 형제 아담들에게 부활의 근본적 사명을 증거하도록 하셨다. 그녀에게는 아담들에게 버려져 외롭다 못해 일곱 귀신을 친구로 몸 안에 들였던 과거가 있었지만, 이제는 예수님을 통해 형제 아담들의 실패를 완벽히 역전시키는 통로가 된다. 이것은 심오하고도 완벽한 주님의 사랑이다.

90. 믿음의 파국에서 점진적으로 회복시키는 사랑

90. LOVE THAT GRADUALLY RECOVERS FROM A COLLAPSE OF A FAITH

LUKE 24:16-34

16 But their eyes were holden that they should not know him. 17 And he said unto them, What manner of communications are these that ye have one to another, as ye walk, and are sad? 18 And the one of them, whose name was Cleopas, answering said unto him, Art thou only a stranger in Jerusalem, and hast not known the things which are come to pass there in these days? 19 And he said unto them, What things? And they said unto him, Concerning Jesus of Nazareth, which was a prophet mighty in deed and word before God and all the people: 20 And how the chief priests and our rulers delivered him to be condemned to death, and have crucified him. 21 But we trusted that it had been he which should have redeemed Israel: and beside all this, to day is the third day since these things were done. 22 Yea, and certain women also of our company

누가복음 24:16-34

16 저희의 눈이 가리워져서 그인줄 알아보지 못하거늘 17 예수께서 이르시되 너희가 길 가면서 서로 주고 받고 하는 이야기가 무엇이냐 하시니 두 사람이 슬픈 빛을 띠고 머물러 서더라 18 그 한 사람인 글로바라 하는 자가 대답하여 가로되 당신이 예루살렘에 우거하면서 근일 거기서 된 일을 홀로 알지 못하느뇨 19 가라사대 무슨 일이뇨 가로되 나사렛 예수의 일이니 그는 하나님과 모든 백성 앞에서 말과 일에 능하신 선지자여늘 20 우리 대제사장들과 관원들이 사형 판결에 넘겨주어 십자가에 못 박았느니라 21 우리는 이 사람이 이스라엘을 구속할 자라고 바랐노라 이뿐 아니라 이 일이 된지가 사흘째요 22 또한 우리 중에 어떤 여자들이 우리로 놀라게 하였으니 이는 저희가 새벽에 무덤에 갔다가 23 그의 시체는 보지 못하고 와서 그가 살으셨다 하는 천사들의 나타남을 보았다 함이라 24 또 우리와 함께한 자 중에 두어 사람이 무덤에 가 과연 여자들의 말한 바와 같음을 보았으나 예수는 보지 못하였느니라 하거늘 25 가라사대

made us astonished, which were early at
the sepulchre; 23 And when they found
not his body, they came, saying, that they
had also seen a vision of angels, which
said that he was alive. 24 And certain of
them which were with us went to the sep-
ulchre, and found it even so as the women
had said: but him they saw not. 25 Then
he said unto them, O fools, and slow of
heart to believe all that the prophets have
spoken: 26 Ought not Christ to have suf-
fered these things, and to enter into his
glory? 27 And beginning at Moses and
all the prophets, he expounded unto them
in all the scriptures the things concerning
himself. 28 And they drew nigh unto the
village, whither they went: and he made
as though he would have gone further. 29
But they constrained him, saying, Abide
with us: for it is toward evening, and the
day is far spent. And he went in to tarry

미련하고 선지자들의 말한 모든 것을 마음에
더디 믿는 자들이여 26 그리스도가 이런 고
난을 받고 자기의 영광에 들어가야 할 것이
아니냐 하시고 27 이에 모세와 및 모든 선지
자의 글로 시작하여 모든 성경에 쓴바 자기
에 관한 것을 자세히 설명하시니라 28 저희의
가는 촌에 가까이 가매 예수는 더 가려하는것
같이 하시니 29 저희가 강권하여 가로되 우리
와 함께 유하사이다 때가 저물어가고 날이 이
미 기울었나이다 하니 이에 저희와 함께 유하
러 들어 가시니라 30 저희와 함께 음식 잡수
실 때에 떡을 가지사 축사하시고 떼어 저희에
게 주시매 31 저희 눈이 밝아져 그인줄 알아
보더니 예수는 저희에게 보이지 아니하시는
지라 32 저희가 서로 말하되 길에서 우리에
게 말씀하시고 우리에게 성경을 풀어 주실 때
에 우리 속에서 마음이 뜨겁지 아니하더냐 하
고 33 곧 그시로 일어나 예루살렘에 돌아가
보니 열 한 사도와 및 그와 함께한 자들이 모
여 있어 34 말하기를 주께서 과연 살아나시
고 시몬에게 나타나셨다 하는지라

with them. 30 And it came to pass, as he
sat at meat with them, he took bread, and
blessed it, and brake, and gave to them.
31 And their eyes were opened, and they
knew him; and he vanished out of their
sight. 32 And they said one to another,
Did not our heart burn within us, while
he talked with us by the way, and while he
opened to us the scriptures? 33 And they
rose up the same hour, and returned to
Jerusalem, and found the eleven gathered
together, and them that were with them,
34 Saying, The Lord is risen indeed, and
hath appeared to Simon.

Two disciples who were escaping to Emmaus didn't recognize Jesus though they encountered Him directly. Didn't they him recognize because his resurrected figure was totally different from the previous figure of his ministry when he lost a lot of weight as he went through many hardships? Were they not able to realize their teacher just a few days later even though they had been through a lot with him for years as his disciples? Then, how can we explain that the other eleven disciples recognized at once that he was Jesus at night(37)? The faith of Cleopas and other disciple going to Emmaus was exhausted and hopeless. Cleopas might think that Mary is out of her mind when he heard of her testimony that she saw angels and Jesus was risen if he was her husband according to one of the traditions.

They thought that the sad women saw a vision. It is like vision shown to them like idle tables. They don't need to hide themselves in Emmaus but rather go Jerusalem to check His resurrected figure if they thought that the women didn't see things but heard a testimony from angels for real. Disciples also used blasphemy. They call Him Jesus of Nazareth themselves. As people knew, Messiah was born in Bethlehem, not in Nazareth according to the prophecy in the Old Testament. Many Jews who didn't know that Jesus was born in Bethlehem and laid in a manger called Him Jesus of Nazareth to mock and belittle him. It means that He is not Messiah at all. So, for disciples who followed Jesus as Messiah should not call Him 'Jesus of Nazareth'.

The two disciples were doubtful about the news of His resurrection proclaimed by the angels and women who were like their family because their words seemed like nonsense to them. And, they call Messiah whom they believed and followed a prophet, Jesus of Nazareth by degrading Him while feeling sorry for themselves in despair. Why did Jesus have to meet his disciples who can't even recognize Him on the street like a complete stranger by accident? Isn't it useful to let his disciples recognize Him at once? But, the Lord is approaching slowly and carefully His disciples in a collapse of faith. He is helping them recover their faith step by step slowly by touching them without force. He is with us even when we are destitute of feelings or in a difficult situation during our journey of faith.

But, we think of him as a strange or a dead man who was not before from the beginning when we lose our faith in a collapse of faith. He can make our heart flutter and passionate again like the first love as he approaches them when they don't have faith or are weak. He could let His escaped disciples recognize him dramatically by showing them his nailed hands directly but he didn't. Because, he can make them suffer from a guilty

엠마오로 도망가던 두 제자는 예수님을 직접 대면하고도 그를 알아보지 못한다. 예수님의 부활체가 산전수전 다 겪은 탓에 수척하셨던 공생애 기간의 그분의 모습과 전혀 달랐기 때문일까? 바로 그 밤에 예루살렘에서 다른 열한 제자는 예수님을 단박에 알아보는 것을 보면(37), 몇 년이나 도제관계로 동고동락했던 제자가 불과 며칠 만에 스승을 알아보지 못한다는 것은 이상한 일이다.

엠마오로 가는 글로바와 다른 한 제자는 믿음이 바닥난 절망적 상태였다. 글로바가 만약 전승 중 하나와 같이 마리아의 남편이었다면 천사들을 목격하고 예수님이 살아나셨다는 증언을 하는 아내의 말조차 믿지 못하고 그녀가 미쳤다고 생각했을지 모른다. 그들은 슬픔에 빠진 여인들이 환상(vision)을 보았다고 생각했다. 환상(vision), 아마 헛것을 본 것으로 치부하는 뉘앙스다. 만일 여인들이 슬픔 중에 헛것을 본 것이 아니라 실제로 천사들로부터 그런 증언을 들었다고 생각했다면 엠마오로 숨을 것이 아니라 예루살렘에서 예수님의 부활하신 실체를 확인했을 일이다.

또 제자들은 불경한 말도 입에 담고 있다. 제자들 스스로 예수님을 '나사렛 예수'라 칭하고 있는 것이다. 알다시피 구약의 예언에 따라 메시아가 나는 곳은 베들레헴이었다. 나사렛은 메시아가 날 수 없는 곳으로 여겨졌다. 예수님이 베들레헴의 마구간에서 나신 것을 모르는 많은 유대인이 예수님을 조롱하고 비하하기 위해 나사렛 예수라 불렀다. 이는 '당신은 절대로 메시아가 아니다.'라는

conscience of leaving Him beyond sorriness if he shows the mark in his hands though they can acknowledge His resurrection. He teaches the bible himself by using the Old Testament through Moses and prophets indirectly by not showing his body, the sign of resurrection though He is the word himself.

They might suffer from a guilty conscience of cowardice as they left their scars by handing their teacher over to be sentenced to death and were fleeing to Emmaus though they could discover His resurrection if he shows his nailed hands. It is not sure but there is possibility for the disciples to lack confidence in their faith because of their failures in the past.

Nevertheless, Jesus teaches the bible to those failed disciples directly generously. What kind of a thrill will we have if Jesus comes to us and teaches the bible directly? It will be very touching beyond our imagination. Those in disappointment just before are totally changed now and their hearts became passionate again after being taught the bible by Jesus.

But Jesus moves to the next step of the recovering project of their faith gradually. Jesus acted as if he were going farther by leaving them going to Emmaus but he stayed with them as they urged him to stay with them. Why did he change his mind? because he is temperamental? No. Their escaping just before from the place of death to Emmaus from Jerusalem to hide the truth that they were the disciples of Jesus. Talking

표현이다. 예수님을 메시아라 믿으며 따르던 제자들로선 차마 입에 담기 어려운 말이 바로 '나사렛 예수'라는 호칭이었을 것이다.

두 제자는 하늘의 천사들과 가족같은 여인들이 전하는 부활의 소식을 헛것을 본 양 의구하였으며 자신들이 믿고 따른 메시아를 대언자로 격하시켜 표현할 뿐 아니라, 아예 나사렛 예수라며 절망섞인 탄식을 아무렇게나 되는대로 말하고 있었다. 예수님은 왜 길에서 우연히 만난 생면부지의 나그네처럼 제자들을 만나야 하셨을까? 제자들에게 속히 자신을 알리는 것이 그들에게 효과적인 도움이 아니었을까? 그러나 주님은 믿음이 파국의 상태에 놓인 제자들에게 천천히 조심스럽게 다가오신다. 억지로가 아니라 천천히 감동을 따라 단계적으로 그들의 믿음이 일어서도록 돕는 것이다.

이상하게도, 우리의 신앙 여정 가운데 감정이 결핍되고 상황이 어려워진 경우에도 임마누엘의 하나님으로 주님이 우리와 동행하시는 것을 느끼지만, 믿음을 던져버린 영적 파국의 상황에서는 그분이 마치 초면처럼 낯설게 느껴지거나 죽은 사람처럼, 혹은 아예 없었던 분으로 여겨질 때가 있다. 믿음이 없어지거나 약해졌을 때 예수님은 실패한 제자에게 마치 초면인 것처럼 천천히 거리를 좁히며 다가오셔서 첫사랑의 설렘으로 마음을 두근거리게 하시고 이내 다시 우리의 마음을 뜨겁게 하신다.

예수님은 직접 상처 난 못 자국을 보여주시며 도망간 제자들을 격정적으로 다루시어 급격하게 그들이 깨닫도록 하실 수도 있었겠지만 좀처럼 그렇게 하질 않으신다. 예수님은 당신이 말씀 그

with a person they met for the first time about Jesus of Nazareth, a disparaging remark maybe a safety net not to be regarded as an associate of Jesus. Jesus lets them hold him again by acting as if he were leaving them running from their past that they were together with Jesus. But he makes us take his words, Jesus whom we love for a greater confirmation. Aggressive power of faith that takes and follows the word of God, not passive faith of being afraid shows a disciple in a despair was totally out of a collapse of his faith.

Finally, Jesus comes to the two disciples of Emmaus through His words that they had been through a lot together. He Himself lets them realize whom they deeply interacted with in their lives as he shared meals all the time. Such a gradual but step-by-step ways of Jesus - approaching gently like a guest in consideration, not blaming in the middle of failures and disappointment, reviving their hearts by feeding them the words of the bible, letting them take the words in themselves, letting them recover Jesus again whom they experienced deeply in their lives completely makes the two disciples who were collapsed in their faith to stand up.

These two disciples hiding themselves in Emmaus went back and reached Jerusalem where they escaped from before they met Jesus and proclaimed His resurrection. Of course, we don't know that Jesus may be waiting until we arrive at the

자체이시면서도 자신의 몸을 보여 부활의 흔적을 나타내지 않으시고 간접적으로 구약을 인용해 모세와 대언자들의 말씀으로 직접 성경을 가르치신다. 손을 불쑥 내밀어 못 자국을 보여주셨더라면 그들은 예수님의 부활 사건을 깨달을 수 있었겠지만, 스승을 넘겨주어 그가 죽음에 이르도록 상흔을 남긴 자신들이 지금도 엠마오로 도망치고 있다는 비겁함에 정죄감을 느꼈을 것이다. 부활을 깨닫게 되었을지는 모르지만 과거의 실패에 매여 오히려 더욱 믿음을 일으키지 못했을 것이다. 그럼에도 실패한 그들은 예수님께 직접 말씀의 가르침을 받는다. 예수님께서 직접 오셔서 오늘날 우리에게 성경을 가르쳐주신다면 얼마나 설렐까? 그것은 상상 이상의 감동일 것이다. 낙담되었던 조금 전의 마음과 다르게 예수님께 성경 공부를 받은 그들의 마음은 뜨거워졌다. 그러나 예수님은 거기서 그치시는 것이 아니라 더 큰 다음 단계의 점진적 회복 프로젝트를 진행한다.

예수님은 엠마오로 들어가려는 그들에게서 떠나 길을 더 가려고 하시다가 그들이 붙잡자 그들과 그 곳에 머무르신다. 그분은 왜 이렇게 변덕스러운 듯 마음을 바꾸셨을까? 좀 전까지 예루살렘이라는 예수님의 죽음의 자리로부터 도망치고 있던 그들은 예수님의 제자였다는 사실로부터 자신들을 은닉하기 위해 엠마오에 왔다. 짐짓 나사렛 예수라 폄하하는 말을 초면의 사람과 나누었던 것도 예수의 도당으로 여겨지는 것에 대한 안전장치로 한 말일 수도 있다. 예수와 함께 했다는 전력으로부터 도망치고 있던 제자들에게, 예수님은 그들을 떠나가려는 모습을 보이시며 제자

place to consider the two fleeing disciples though he arrived there before them. To set them free from their pasts of being coward because of their reclusion and concealments.

들 스스로 예수님을 붙잡게 하신다. 믿음의 파국에 있을 때에 처음에는 일방적인 하나님의 도우심으로 우리 마음에 뜨거움이 되살아나지만 예수님은 더 큰 확신을 위해 우리 자신이 사랑했던 말씀이신 예수님을 붙잡게 하신다. 두려워하는 소극적인 믿음이 아니라 진취적으로 말씀을 붙잡고 따르는 힘이야말로 낙담에 빠졌던 제자가 믿음의 파국에서 온전히 건져졌음을 의미하는 것이다.

마지막으로 예수님은 그들과 동고동락하며 함께 살았던 말씀으로 엠마오 두 제자에게 나타나신다. 늘 떡을 떼던 대로 그들의 삶 속에 깊숙이 함께 사셨던 예수님의 모습을 일깨우신다. 제자들을 배려하심으로 손님처럼 조심스럽게 다가오셔서, 실패와 낙담 가운데 정죄하지 않으시고 성경으로 말씀을 먹여 마음을 뜨겁게 하시며, 스스로 말씀을 붙들게 하신다. 삶 깊숙이 함께 살았던 온전한 예수님의 모습을 통해 예수님을 향한 믿음을 다시 회복시키시어 파국으로 치달았던 두 제자를 완전히 일으켜 세우신다.

엠마오로 은둔했던 두 제자는 그 밤, 자신들이 도망쳤던 예루살렘으로 돌아가 주님보다 먼저 그분의 부활을 증거한다. 예수님께서는 먼저 도착하시고도 도망쳤던 두 제자들을 배려하기 위해 그들이 올 때까지 기다리셨는지도 모르지만 말이다. 그들의 은둔과 은닉의 비겁한 전력으로부터 자유하게 하시는, 언제나 사랑이신 아름다운 주님.

91. 예수님을 유령으로 취급하는 자들

91. THOSE WHO TREAT JESUS AS A GHOST

MATTHEW 14:21-26

21 And they that had eaten were about
five thousand men, beside women and
children. 22 And straightway Jesus con-
strained his disciples to get into a ship,
and to go before him unto the other side,
while he sent the multitudes away. 23 And
when he had sent the multitudes away, he
went up into a mountain apart to pray:
and when the evening was come, he was
there alone. 24 But the ship was now in
the midst of the sea, tossed with waves:
for the wind was contrary. 25 And in the
fourth watch of the night Jesus went unto
them, walking on the sea. 26 And when
the disciples saw him walking on the sea,
they were troubled, saying, It is a spirit;
and they cried out for fear.

마태복음 14:21-26

21 먹은 사람은 여자와 아이 외에 오천 명이
나 되었더라 22 예수께서 즉시 제자들을 재
촉하사 자기가 무리를 보내는 동안에 배를
타고 앞서 건너편으로 가게 하시고 23 무리
를 보내신 후에 기도하러 따로 산에 올라가
시다 저물매 거기 혼자 계시더니 24 배가 이
미 육지에서 수리나 떠나서 바람이 거슬리므
로 물결을 인하여 고난을 당하더라 25 밤 사
경에 예수께서 바다 위로 걸어서 제자들에게
오시니 26 제자들이 그 바다 위로 걸어 오심
을 보고 놀라 유령이라 하며 무서워하여 소
리지르거늘

Just before the sunset, Jesus was left alone by himself while his disciples were sent off to the other side of Sea of Galilee. While winds and waves threatened the boat, Jesus came to help them during the fourth watch of the night. The fourth watch in Judah, converted 3 to 6 AM in today's time, the disciples must have fought for their lives for nearly ten hours, starting the previous night. If Jesus would have saved them anyway, then why did he stay alone for about 10 hours to dawdle?

After the five-loaves-two-fish miracle, Jesus had realized that the motives of the multitude surrounding him were distorted. And Jesus sent away the multitudes by himself. It could have been much more effective if Jesus had the disciples send away the multitude for him; however, he managed all the work by himself(22). Jesus had done this, perhaps, because his disciples disputed with him whether to send away the multitudes or not. Having seen through the ambitions of his disciples, Jesus probably had to 'press' or 'force' them to go across the sea before him. The disciples, who considered themselves inferior, living in the vicinity of Lake Galilee, must have been very excited to see nearly ten thousand people follow them around.

The multitudes tried to fill their physical and economic needs through Jesus, and the disciples tried to seek spiritual ambition through Jesus. Jesus must have felt lonely and exhausted, having to separate both parties with the wrong intentions.

In fact, the wind of the Sea of Galilee, hometown of the disciples, blew in the same direction as the needs of the disciples that went against Jesus. The wind endangered the boat because it blew in the direction of where the disciples wanted to go, the site where five-bread-two-fish miracle took place. Look again! Jesus had authority over the wind and had no reason to let it delay his disciples from sailing across. Instead he allowed it to blow as the disciples desired. So the wind blew in the direction where the disciples wanted stay, going against Jesus.

The disciples went against Jesus in every event by their ambitions and desires of the flesh, even as they tried to follow the life of Jesus. In other words, this incident represents the clash between two things. One was the wind blowing from the direction of Lake Galilee, the hometown of the disciples, the other was the boat the disciples were sailing in, as Jesus had command them to do. The site of the clash is the point where they begin to drift away.

Now, Peter cried out as if he has seen a ghost when he saw Jesus walking on the sea amidst the storm. According to the people's belief, a ghost is a spirit that belongs neither to heaven nor earth. Jesus cannot be taken up until he has fulfilled

날이 저물 무렵 예수님은 제자들을 갈릴리 호수 건너편으로 보내시고 홀로 계셨다. 바람과 파도가 제자들이 탄 배를 위태롭게 했고 제자들은 밤 사경에야 예수님의 도움을 받는다. 유대 사경이면 새벽 3시부터 6시 사이로 제자들은 저녁부터 어림잡아 무려 10시간 정도나 바람으로 파선하려는 배 위에서 사투를 벌인 셈이다. 어차피 제자들을 구원하셔야 할 예수님은 왜 빨리 제자들을 구하지 않으시고 거의 열 시간이나 혼자 계시면서 늦장을 부리셨을까?

오병이어 사건으로 예수님은 자신을 둘러싼 무리의 동기가 왜곡되어 있는 것을 보셨다. 그래서 예수님은 직접 그들을 혼자서 돌려보내신다. 제자들에게 돌려보내는 일을 시키거나 제자들과 협동하시어 5천 명 이상 되는 무리를 쫓아 보내는 것이 훨씬 효과적일 텐데 예수님은 홀로 무리를 돌려보내셨다(22).

왜냐하면 제자들은 예수님이 거대한 군중을 돌려보내는 일에 아마도 쉽게 동의하지 못했던 듯하다. 제자들의 야망을 간파하시고 제자들을 무리와 분리하여 호수 건너편으로 보내시는 예수님은 제자들을 '재촉'하거나 '강권'하셔야 했다. 갈릴리 호숫가 주변 변방에서 열등감으로 살아왔던 제자들에게 만 명에 가까운 군중이 자신들을 추종한다는 것은 매우 흥분되는 일이었음이 틀림없다.

무리는 예수님을 놓고 떡을 통해 물리적 · 경제적 필요를 채우려 하고, 제자들은 예수님을 통해 영적 야망을 추구하려 한다. 이 양편의 잘못된 동기에서 양편을 다른 방향으로 흩으시고 보

the will of the heaven. The multitudes, and even the disciples, went against the will of Jesus and disguised their fleshly ambitions, pretending to be holy Christians. Jesus had to be left alone floating around, not being recognized by anyone, as more and more of these people surrounded him.

Jesus lived a life that cannot be taken up until the will of heaven has been fulfilled. He was lonely because nobody truly accepted the will of heaven on earth. This is the life of the Lord who was treated like a ghost, belonging neither in heaven nor earth.

Now, he walks across the sea suspended in mid-air. Is it right for Jesus, who is the Son of God and the Word, to live alone among the people, like a ghost hovering through the air? If you are a Christian, would you let Jesus be suspended up in the air? Or, are you fully committed to follow him, allowing him to let God's will be done on earth as it is on heaven?

내셔야 했던 예수님은 혼자 얼마나 외롭고 고단하셨을까?

사실 제자들의 고향이나 다름없던 갈릴리 호수에서 불던 바람은 예수님의 뜻을 반대로 거스르는 제자들의 요구와 같은 방향으로 불었다. 즉 바람은 제자들이 그토록 머물고자 했던 오병이어의 군중이 있는 쪽으로 불어 그들의 배를 위태롭게 인도하고 있었다.

다시 보라! 예수님이 바람을 주관하시는데 단순히 시간을 끌며 제자들을 골탕 먹이려는 것이 아니라 그들의 요구대로 바람이 불도록 허락하셨다. 즉, 제자들의 예수님을 거슬렀던 마음이 향하는 곳과 일치하는 방향으로 바람은 불었다! 제자들은 예수님을 삶으로 따르고자 하면서 사건마다 자신들의 육체의 야망과 소욕대로 예수님을 거스른다. 곧 이 사건은 제자들의 고향인 갈릴리 호수로부터 올라오는 바람이, 예수님의 말씀이 명령하신 방향을 따라 노를 저어가는 제자들의 배와 충돌함으로써 제자들을 표류시키는 지점이었다.

이제 베드로는 그 혼란 와중에 바다 위를 건너오시는 예수님을 보고 유령이라 소리친다. 유령은 사람들이 인식할 때 하늘에도 땅에도 속하지 못하는 떠도는 영이었다. 예수님은 하늘의 뜻을 다 이루실 때까지 승천하실 수 없다. 땅의 무리와 심지어 제자들조차, 예수님의 뜻을 거슬러서 자신들의 육체의 소욕과 야망을 위장한 채 거룩한 그리스도인으로 행세한다. 이런 사람들이 예수님을 둘러쌀수록 이 땅에서 예수님은 전혀 용납받지 못한 채 마치 부유하시는 것처럼 홀로 다니셔야 했다. 하나님의 뜻을 이룰 때까지 승천할 수 없는 삶, 그러나 땅에서 그 뜻을 진정으로 받아들이는 사람이 없어 홀로 외로운 삶, 이것이 하늘과 땅 그 어디에도 속하지 못한 유령과도 같은 주님의 외로운 모습이었다.

이제 그분은 하늘도 땅도 아닌 곳, 바로 '공중에' 허공으로 떠서 갈릴리 바다를 건너신다. 존귀한 하나님의 아들이자 말씀이신 예수님을 사람들 속에서 홀로, 그리고 외롭게 마치 허공의 유령처럼 사시게 해서야 될 일인가? 진정 당신은 그리스도인으로서 예수님을 애매하게 따라서 당신의 삶 속에서 그분을 공중 유령처럼 두려는가? 아니면 하늘의 뜻을 이 땅에서 온전히 이루시도록 온 마음을 다해 그분을 따라 살려는가?

92. 제약을 넘어 선교 명령을 향해

92. *TO THE GREAT COMMISSION BEYOND THE CONSTRAINTS*

MATTHEW 15:21-25

21 Then Jesus went thence, and departed
into the coasts of Tyre and Sidon. 22 And,
behold, a woman of Canaan came out of
the same coasts, and cried unto him, say-
ing, Have mercy on me, O Lord, thou son
of David; my daughter is grievously vexed
with a devil. 23 But he answered her not
a word. And his disciples came and be-
sought him, saying, Send her away; for she
crieth after us. 24 But he answered and
said, I am not sent but unto the lost sheep
of the house of Israel. 25 Then came she
and worshipped him, saying, Lord, help
me.

마태복음 15:21-25

21 예수께서 거기서 나가사 두로와 시돈 지방
으로 들어가시니 22 가나안 여자 하나가 그
지경에서 나와서 소리질러 가로되 주 다윗의
자손이여 나를 불쌍히 여기소서 내 딸이 흉악
히 귀신들렸나이다 하되 23 예수는 한 말씀
도 대답지 아니하시니 제자들이 와서 청하여
말하되 그 여자가 우리 뒤에서 소리를 지르
오니 보내소서 24 예수께서 대답하여 가라사
대 나는 이스라엘 집의 잃어 버린 양 외에는
다른데로 보내심을 받지 아니하였노라 하신
대 25 여자가 와서 예수께 절하며 가로되 주
여 저를 도우소서

Why did Jesus declare that he was sent to the lost sheep of the house of Israel when he was in the region of Tyre and Sidon? Did the lost sheep of Israel come to the region of Tyre and Sidon?

Tyre and Sidon were old port cities of the Phoenician civilization, cities of the Gentile and idol worship. The Israelites hated mixed heathenism and idolatry, so, for them, stepping on the region of Tyre and Sidon was same as committing a sin. Therefore behavior of the teacher Jesus, taking them to the region of Tyre and Sidon, was not easy to understand for the Jewish disciples. 'Why did he lead us to the cities filled with idols and didn't this region deserve curses? Is he truly the Messiah of Israel? When this kind of ideas could be crossing their minds, the gentile woman chasing them with screaming was quite troublesome.

Since they thought the pious Jew would never talk to the gentile, even to the Samaritans, they couldn't send her away when the woman of Syro-Phoenicia was chasing them and screaming. So Jesus said to them according to the thoughts and behavior of disciples. "The Messiah was not sent except to the lost sheep of the house of Israel. Isn't it?" Jesus already came into the region of Tyre and Sidon, and he was not the one who does one thing and says another. But to reveal a bias of the disciples against the Gentile woman, he said their preju-

예수님은 왜 '두로와 시돈 땅'에 오셔서 말씀을 선포하고 계시면서 자신은 이스라엘의 양들에게 부르심을 받았다고 말씀하고 계시는가? 이스라엘의 잃어버린 양들이 이방 땅인 두로와 시돈에 있을 리가 없는데 말이다.

두로와 시돈은 페니키아 문명의 오래된 항구도시로 이방인들의 도시이며 우상숭배의 도시였다. 이스라엘 사람들은 이교(異敎)의 혼합과 우상숭배를 혐오한 나머지 두로와 시돈 땅을 밟는 것 자체를 죄악으로 여길 정도였다. 유대인이었던 제자들 역시 스승이 두로와 시돈 땅에 자신들을 이끌어 가심을 쉽게 이해하기 어려웠을 것이 자명하다. '왜 우상이 가득한, 이 저주받기에 합당한 도시에 우리를 데리고 오실까? 저분은 정말 이스라엘의 메시아가 맞을까?' 이런 생각들이 제자들의 머릿속을 스치는 가운데 이들을 향해 소리 지르며 좇아오는 이방 여인은 꽤 그들을 당황스럽게 하는 골칫거리였을 것이다.

이방인이라면 말도 섞지 않는 것을 유대인의 경건으로 생각하고 있었기 때문에 수로보니게의 이방 여인이 소리 지르며 좇아와도 제자들은 그녀를 내어 쫓을 수 없었다. 예수님은 이런 제자들의 처신과 생각을 그대로 따라서 제자들에게 말씀하셨다. "메시아가 이스라엘 집의 잃어버린 양 외에는 다른 데로 보내심을 받지 않았다. 그렇지?"라고 말이다. 말씀하시는 대로 행동하셨던 예수님이 두로와 시돈 땅에 들어오신 것은 이곳에 분명한 이유가 있었기 때문일 것이다. 다만 제자들이 가지고 있던 이방 여인에 대한 편견을 드러내고자 그들의 생각을 그대로 되뇌어 말씀하고 계신 것이다.

dice exactly in response to the disciples, not to the woman.

Finally Jesus talked with the gentile woman whom the Jewish disciples didn't want to talk to. He healed her daughter although he said he was sent to the lost sheep of Israel. As he was going into the foreign land with the disciples who had been believing the Lord of Hosts with biases against the Gentiles, Jesus was determined to negate the prejudice of his disciples on the Great Commission in the context of the Gentiles.

Humans have a limitation in time and place. Christians and even ministers could tend to react to God under their own experienced times and situational constraints. The Great Commission is an absolute command and the will of God who is beyond time and space. It is the will that we should fulfill for Jesus even with any constraints.

결국, 예수님은 유대인이었던 제자들이 대화하길 꺼렸던 이방 여인과 말을 섞으신다. 이스라엘의 양에게만 보내신 바 되었다고 말씀하시면서 이 수로보니게 여인의 딸을 고치신다. 이방에 대한 유대의 편견과 제약 가운데 만유(萬有)의 주를 믿고 있는 제자들을 이끌고 이방 땅으로 들어오시면서, 이미 예수님은 선교명령에 있어 이방 민족에 대한 제자들의 편견을 깨뜨릴 마음을 먹고 계셨다.

사람은 시공간에 제한이 있다. 그리스도인이나 심지어 사역자라도 자신이 경험한 시간과 상황적인 제약 아래에서 하나님께 반응하는 경향이 있을 수 있다. 지상 명령은 시공간을 뛰어넘어 살아계신 하나님의 절대명령이요 그분의 뜻이다. 어떠한 제약 가운데에서라도 반드시 이루어 드려야 할 예수님의 유언이다.

93. 이방인의 자리를 만들기 위하여

93. TO PROVIDE THE PLACE FOR THE GENTILES

MARK 11:14-21

14 And Jesus answered and said unto it, No man eat fruit of thee hereafter for ever. And his disciples heard it. 15 And they come to Jerusalem: and Jesus went into the temple, and began to cast out them that sold and bought in the temple, and overthrew the tables of the money-changers, and the seats of them that sold doves; 16 And would not suffer that any man should carry any vessel through the temple. 17 And he taught, saying unto them, Is it not written, My house shall be called of all nations the house of prayer? but ye have made it a den of thieves. 18 And the scribes and chief priests heard it, and sought how they might destroy him: for they feared him, because all the people was astonished at his doctrine. 19 And when even was come, he went out of the city. 20 And in the morning, as they passed by, they saw the fig tree dried up

마가복음 11:14-21

14 예수께서 나무에게 일러 가라사대 이제부터 영원토록 사람이 네게서 열매를 따 먹지 못하리라 하시니 제자들이 이를 듣더라 15 저희가 예루살렘에 들어가니라 예수께서 성전에 들어가사 성전 안에서 매매하는 자들을 내어쫓으시며 돈 바꾸는 자들의 상과 비둘기 파는 자들의 의자를 둘러 엎으시며 16 아무나 기구를 가지고 성전 안으로 지나다님을 허치 아니하시고 17 이에 가르쳐 이르시되 기록된바 내 집은 만민의 기도하는 집이라 칭함을 받으리라고 하지 아니하였느냐 너희는 강도의 굴혈을 만들었도다 하시매 18 대제사장들과 서기관들이 듣고 예수를 어떻게 멸할까 하고 꾀하니 이는 무리가 다 그의 교훈을 기이히 여기므로 그를 두려워함일러라 19 매양 저물매 저희가 성밖으로 나가더라 20 저희가 아침에 지나갈 때에 무화과나무가 뿌리로부터 마른 것을 보고 21 베드로가 생각이 나서 여짜오되 랍비여 보소서 저주하신 무화과나무가 말랐나이다

from the roots. 21 And Peter calling to
remembrance saith unto him, Master, be-
hold, the fig tree which thou cursedst is
withered away.

It is a reasonable interpretation to say that just before Jesus went on the cross he has cleansed out the temple because of ethical corruptions of the Jewish religious authorities. However, it seems that Jesus was focusing more on securing the garden space of the temple rather than to rebuke the ethical corruptions. He first drove out those who bought and sold ,and did not allow anyone to carry anything through the temple. This was because the place was a garden for the Gentiles! In other words, Jesus wished to drive out those who took over the place, where Gentiles came to meet God, with selfish purposes and wished to fill their own satisfaction.

The primary purpose of Jesus' temple cleansing came from the passion for the missionary command of the Lord towards the Gentiles. This was a purpose that came even before ethical purposes. We can see that Jesus became violently angry about the Jews who occupied the garden of the temple, that was provided for the Gentiles, for their satisfaction and benefit. He regained the place and proclaimed the word clearly as the following "Then He taught, saying to them, "Is it not written, 'My house shall be called a house of prayer for all nations'? But you have made it a 'den of thieves'(17)." What the Jews stole was not just economic embezzlements gained using God's name, but also, by occupying the garden motivated by selfish gains, they have stolen the opportunity for the Gentiles to meet God.

우리가 알다시피 공생애 사역의 막바지, 바로 예수님께서 십자가를 지시기 직전에 성전을 청소하신 사건이 유대인의 종교권력의 윤리적 부패에 기인한다는 해석도 타당하다. 그러나 윤리적인 책망보다 더 두드러지게 나타나는 예수님의 행동은 마치 '성전 뜰의 공간'을 확보하는 데 주력하시는 듯하다. 예수님은 먼저 매매하는 자들을 성전 뜰에서 내쫓으시고, 그 후로 누구도 물건을 가지고 성전 뜰을 지나다니지 못 하게 하신다.

왜냐하면, 성전에서 수많은 매매가 이루어졌던 이곳은 바로 '이방인의 뜰'이었기 때문이다! 즉 예수님은 성전에서 이방인, 유대인이 아닌 다른 민족들이 하나님을 만나는 공간이었던 이곳을 유대인들이 자기만족과 유익으로 점유하고 점거한 것을 쓸어 없으시고 다시 이방인의 뜰이었던 원래의 공간으로 되찾으신 것이다!

성전 청소의 일차적 목적은 윤리적 타락의 정화보다 주님의 이방인에 대한 선교명령을 향한 열정에 있었다! 보라, 예수님은 이방인의 뜰이 유대인의 만족과 유익으로 점거당한 것에 극렬히 분노하시며 그 공간을 되찾으시고 이렇게 선포하신다. "이에 가르쳐 이르시되 기록된 바 내 집은 만민이 기도하는 집이라 칭함을 받으리라고 하지 아니하였느냐 너희는 강도의 소굴을 만들었도다 하시매(17)" 유대인은 단지 하나님을 이용해서 지속적인 경제적 착복을 했을 뿐만 아니라 이방인의 뜰을 사리사욕으로 점유하느라 모든 민족이 주님을 만날 기회를 훼방했다. 이것은 이방 민족에게서 하나님을 만날 기회를 송두리째 빼앗았다는 점에서 그 어떤 도적질보다 나쁘다. 주님은 이러한 모습

And their stealing was worse than using God continuously for their economic embezzlement. It took all opportunities for the Gentiles to meet the God, so it was worse than any other stealings. Let's keep in mind that Jesus said definitely it was a den of thieves not just a stealing. Unlike thieves, robbers are people who inflict injuries to one's life. So, when Jesus said it was 'den of thieves,' he was degrading the Jewish temple as a place that steals life.

Before and after the incident of the temple cleansing, Jesus cursed and dried up a fig tree, a tree that symbolizes Israel. Jesus reprimanded the Jews who were supposed to be a priest nation for all the world, but instead they have forgotten their role and became preoccupied with their elitism. In a later time, God even scattered the church of Jerusalem when they lost sight for missionary work.

God of all nations has enthusiasm with looking for the rest of all nations in the world, so he sacrificed his son on the cross. Who is able to cross the will of God, who is able to stop the enthusiasm of God? Once we have realized the enthusiasm of God, we have one more reason to do missionary work.

을 그저 단순한 도적질이라 명하시는 것이 아니라 강도의 소굴이라 하셨다. 도적과 다르게 강도는 생명에 상해를 입혀 빼앗는 자다. 그런 자들의 소굴이라 하셨으니 유대인의 성전이 이방인의 생명을 빼앗는 근원으로 전락해 버린 것이다.

이 모든 민족을 위한 성전 청소사건을 전후로 예수님은 이스라엘을 상징하는 무화과나무를 저주하시고 마르게 하신다. 이스라엘이 하나님의 제사장 민족이 되어 생명의 근원을 만국으로 흘려보내야 할 약속을 오해하고 망각한 채, 유대 중심주의로 비롯된 선민사상에만 골몰하고 있던 행태를 징계하신 것이다. 이후 첫 교회였던 예루살렘 교회조차 선교하지 않았을 때 온 이방 땅으로 그들을 흩으셨다.

만유의 하나님은 이방인, 즉 유대인만이 아닌 모든 민족을 찾으시기 위해 자기 아들을 십자가에 희생시키기까지 열심이시다. 그 누가 하나님의 명령을 거스를 수 있으며, 그 누가 하나님의 열심을 막을 수 있겠는가! 이것이 하나님의 열심을 깨달은 우리가 선교해야 할 또 하나의 이유이다.

94. 무화과나무의 온 몸, 그 열매

94. THE WHOLE BODY OF THE FIG TREE, AND ITS FRUIT

MARK 11:14,20

14 And Jesus answered and said unto it, No man eat fruit of thee hereafter for ever. And his disciples heard it.

20 And in the morning, as they passed by, they saw the fig tree dried up from the roots.

마가복음 11:14,20

14 예수께서 나무에게 일러 가라사대 이제부터 영원토록 사람이 네게서 열매를 따 먹지 못하리라 하시니 제자들이 이를 듣더라

20 저희가 아침에 지나갈 때에 무화과나무가 뿌리로부터 마른 것을 보고

The Lord cursed the fig tree, and said, "May no one ever eat fruit from you again." But the effect of his words was even more severe. The fig tree completely dried up from its roots and died. The word of Jesus works precisely, according to each and every word he speaks. Despite this, though Jesus said to the fig tree that it would 'never bear fruit', why was it that it not only couldn't bear fruit, but had dried up completely from its roots? Is it because God's words of anger magnify a curse twice or three times over?

No. This was indeed the work of God, done word for word, when He said the tree would never bear fruit. It is because, strictly speaking, all parts of the fig tree are parts that can bear fruit. Amazingly, unlike other plants, fig trees can change parts of their stem or their body cells to fruit! It is a plant that can change its body into fruit!

And so the fig tree can bear fruit many times a year. In bearing fruit, other plants make many reproductive cells and then create a seed after fertilization, and then create cells again to cover the seed with fruit. However, because the fig tree uses its own body as the seedbed of the fruit, the cycle of fruit bearing is faster and more sudden compared to other plants.

What is more, because the fig tree does not go through the

process of making a flower more showy, like other plants will do for fertilization, the flowers of a fig tree are so small that they are almost unrecognizable. Why else would the people of old times have called it the 'Flowerless Fruit tree(in Korean)', because they thought it had no flowers at all! It uses as little energy as possible for making its flowers beautiful, and pretty much uses all its parts in bearing fruit.

And so because a fig tree is a blessed tree that can easily bear fruit with its whole body, to literally carry out the words to 'never bear fruit again', it is right for the whole body to dry up. If the spiritual Israel, that is, the church, and Christians have a life without fruit and neglect it, there is no other way to fill the emptiness and thirst for life. It is because Israel, the fig tree, has been called to bear fruit with its whole body. Stack up the achievements of your entire life. The true heart of Jesus cannot be filled with any academic degree, honor, power, or riches! In the emptiness of your life, try filling the emptiness with other pleasures or by fleeing from the world.

Try chasing whatever pleasure or self-contentment. The emptiness will just extend into other tediousness. Only the seed and fruit of Jesus Christ can fundamentally fill our life. If your life is separated from the seed of the gospel of Jesus, and is not bearing fruit, no matter what other achievements or temporary satisfaction may follow, you are like the fig tree

주님은 무화과나무를 저주하시면서 "사람들이 다시는 네게서 열매를 먹지 못하리라" 말씀하셨다. 그런데 말씀의 역사는 좀 더 심화하여 나타났다. 무화과나무가 뿌리째 말라죽어 버린 것이다. 예수님의 말씀은 일 획 일 점도 틀림없어 한 자 한 자 축자적인 단어까지 정확히 역사한다. 그럼에도 불구하고 무화과나무는 '열매를 내지 못하리라'는 책망의 예언을 받고 열매만을 못 내는 것이 아니라 왜 뿌리째 통째로 말라 버렸을까? 하나님의 진노의 말씀은 저주를 두세 배로 확대하기 때문인가?

아니다. 하나님은 열매를 맺지 못하리라 예고하신 말씀을 축자적으로 정확히 이루신 것이 맞다. 왜냐하면, 무화과나무는 엄밀히 말하면 모든 기관이 열매 맺는 기관이 될 수 있기 때문이다. 놀랍게도 무화과나무는 다른 식물과는 달리 줄기나 마디인 체세포를 그대로 열매로 바꾼다! 바로 자신의 몸을 그대로 열매로 바꾸는 식물이다!

따라서 무화과나무는 일 년에 몇 번이고 열매를 맺을 수 있다. 다른 식물은 열매 맺기까지 수많은 생식세포를 만들어 수정 후에 씨를 맺고, 이를 과육으로 둘러싸기 위해 다시 세포 분열을 거듭해 열매를 맺는다. 그러나 무화과나무는 스스로 몸을 열매의 모판으로 그대로 쓰기 때문에 열매 맺는 주기가 다른 식물에 비해 빠르고 급격하다. 심지어 일반적으로 식물이 수정할 때 행하는, 꽃을 화려하게 만드는 과정도 대부분 생략하기 때문에 무화과나무의 꽃은 눈에 띄지 않을 만큼 미미하다. 오죽하면 옛사람들이 꽃이 아예 없는 줄로 착각하여 무화과(無花果)라고 이름 지었겠는

with many leaves but no fruit, and are in a cursed state. It is because you are the fig tree of Israel, called to bear the fruit of Jesus Christ, and if the thirst towards the fruit of the gospel is not filled, it cannot be filled by anything else.

Like the fig tree's whole body was a passage of blessing to bear fruit, your hands and feet, your heart, your lips, in other words your whole body was created with blessing to bear fruit for other people and other nations. Now never deny the reason of your blessed life! And share the gospel to bear fruit! Witness to the Lord with all your heart and all your body! And so fulfill the will of the Kingdom of God and complete it!

가! 꽃을 내는 화려함에 사용되는 그 에너지조차도 최소화하고 오직 열매 맺는데 모든 기관이 특화된 셈이다.

따라서 무화과나무는 온몸을 가지고 쉽게 열매 맺을 수 있는 축복을 받은 나무이기에 '열매 맺지 못하리라'는 말씀이 축자적으로 이루어지려면 온몸이 마르는 것이 맞다. 영적 이스라엘인 교회와 그리스도인이 열매 맺지 못하는 삶을 그대로 내버려둔다면 다른 어떤 방법으로도 생명에 대한 갈급함과 공허함을 채울 수 없다. 왜냐하면, 무화과나무인 이스라엘은 온몸이 열매 맺도록 부르심을 받았기 때문이다.

인생의 성취를 산처럼 쌓아 보아라. 예수님의 진정한 마음은 학위나 명예나 권력이나 어떤 부로도 채울 수 없다! 인생이 공허하다고 세상에서 도피하거나 다른 만족으로 그 공허함을 채워 보아라. 어떤 쾌락이든 자기만족이든 끝없이 추구해보라. 공허함은 또 다른 지루함으로 확장될 뿐이다!

오직 예수 그리스도의 씨와 열매만이 우리 삶을 근원적으로 채울 수 있다. 당신의 삶이 예수님의 복음의 씨와 떨어져 또 다른 열매를 맺지 않고 있다면, 당신의 삶에 아무리 부수적인 성취와 일시적인 만족이 따른다 하더라도 당신은 열매 없이 잎사귀만 무성한 무화과나무처럼 실존적으로 저주받은 것 같은 상태이다. 왜냐하면, 당신은 예수 그리스도의 열매를 맺기 위한 이스라엘 무화과나무이기에, 복음의 열매를 향한 갈망이 채워지지 않는 한 그 무엇으로도 채움 받을 수 없기 때문이다.

무화과나무의 온몸 전체가 열매 맺기 위한 축복의 통로였던 것처럼 당신의 손과 발, 심장, 입술 즉 온몸이 복음으로 다른 사람들과 다른 나라 민족들을 향해 열매 맺도록 축복으로 지어지고 창조되었다. 이제는 축복된 삶의 이유를 절대로 부인하지 마라! 그리고 열매 맺기 위해 복음을 전파하라! 온 마음과 온몸을 다하여 그분을 증거 하라! 그래서 하나님 나라의 뜻을 이루고 완성해 드리라!

95. 거꾸로 십자가에 못 박힘

95. BE CRUCIFIED UPSIDE DOWN

JOHN 21:18-19

18 Verily, verily, I say unto thee, When
thou wast young, thou girdest thyself,
and walkedst whither thou wouldest: but
when thou shalt be old, thou shalt stretch
forth thy hands, and another shall gird
thee, and carry thee whither thou would-
est not. 19 This spake he, signifying by
what death he should glorify God. And
when he had spoken this, he saith unto
him, Follow me.

요한복음 21:18-19

18 내가 진실로 진실로 네게 이르노니 젊어서
는 네가 스스로 띠 띠고 원하는 곳으로 다녔
거니와 늙어서는 네 팔을 벌리리니 남이 네게
띠 띠우고 원치 아니하는 곳으로 데려가리라
19 이 말씀을 하심은 베드로가 어떠한 죽음으
로 하나님께 영광을 돌릴 것을 가리키심이러
라 이 말씀을 하시고 베드로에게 이르시되 나
를 따르라 하시니

There is a possibility of restrictive understanding from the text for us that only Peter girded himself and walk where he wished when he was young, but he is carried by another where he didn't wish when he was old. Let's try to visualize the behavior "stretch out your hands". Can you picture the moment? The sentence from the text exactly said 'stretch out'. It means he held his hand out himself. So the expression of text is not just someone girded him to take somewhere, it also said Peter hold his hands out himself to be girded with agreement.

Yes, Peter's martyrdom at the end of his life is no longer being dragged reluctantly like denying Jesus cowardly in the past. He holds his hand out himself to obey the word of Jesus Christ. Perhaps Peter has remembered the prophecy of Jesus when he was girded by another. He probably must have been tormented as much as Jesus had been before the cross, however he gave himself to God with obedience by holding his hand out himself to follow the prophecy and the way of Jesus. Peter has chosen to be crucified upside down.

It proves he was willing to obey martyrdom for God, not coerced by others. The upside down crucifying which Lord had allowed Peter to choose himself, is feet up over the head and head upside down. As you know Peter had argued with disciples to be first in the past. He saw John and others as competitors and acted as a chief, first of disciples. Of course he was

우리는 베드로가 젊은 시절에는 원하는 곳으로 띠 띄우고 다니다가 늙어서는 원하지 않는 곳으로 끌려간 것인 마냥 본문을 제한적으로 읽을 가능성이 있다. "네 팔을 벌리리니"라는 동작을 한 번 머릿속으로 그려보라. 정확한 동작이 그려지지 않는가? 이 문장의 회화적 묘사를 정확하게 번역해보면 "네가 네 손을 내밀 터인즉(stretch out)"이다. 스스로 내밀었다는 것이다. 즉 타의로 끌려가는 것이 아니라 스스로 동의하고 띠를 매도록 손을 내밀어 줬다는 표현인 셈이다.

그렇다. 베드로의 순교는 이제 예수님을 부인하던 이전의 비겁한 모습과 같이 마지못해 끌려간 것이 아니라, 스스로 손 내밀어 말씀에 순종한 것이었다. 아마 베드로는 결박당하는 순간 예수님의 이 예언을 기억했을 것이고 예수님께서 십자가의 잔을 앞두시고 고뇌하셨던 것처럼 육으로는 원하지 않아 번민했겠지만 결국 스스로 손 내밀어 예수님의 예언과 예수님이 먼저 가셨던 십자가의 길을 따르고자 순종으로 자신을 아름답게 드렸다.

주님을 위한 순교를 타인의 강압으로 인해 치른 것이 아니라 베드로 스스로 순종하고자 한 결과였다는 것은 그가 십자가에 거꾸로 못 박히길 선택하고 또 그렇게 못 박혔다는 점에서 더욱 입증된다. 놀랍게도 주님이 베드로에게 허락하신 십자가에 거꾸로 못 박힌 형상은 발이 위로 올라가고 머리가 아래로 내려간 형상이었다.

알다시피 베드로는 한때 큰 자가 되기 위해 제자들과 다투었다. 경쟁자라고 느꼈던 요한 등을 의식하고 제자 중에 가장 큰 자, 마치 우두머리처럼 앞서서 행동했다. 물론 그는 수제자였지만, 이

one of the best disciples from the group but it's impossible to make himself high. It is chosen by God's grace to serve brothers, sisters and the body of Christ.

The Fall of Satan was caused by ambition to usurp the spot of the head of Lord to get higher himself as the Lord. But Lord had broken the head of Satan through the judgment. Jesus never planted the arrogance in the hearts of his disciple so as to give up the seat as the head of the Body. He never focused on heads of disciples in the text at all.

But Jesus once touched their feet and washed them! The feet are the part of the body that hold up the weight of the whole body and also the most humble part that gets all the dirt by walking around the world. Jesus pays particular attention and interest to the positions such as the feet.

Again, Peter is one of the best disciples who pioneered the early church and finally crucified upside down, feet up and head to the land. To reverse the body that lift the feet which are the lowest part of body and down the position of the head, is symbolic achievement of word of Jesus Christ "whoever desires to become great among you, let him be your servant." that said to disciples several times.

Now let's ask ourselves a question. Are there any volunteers to hold hands out with a heart and become feet of the body to serve brothers and the body of Christ? Where are the doers

는 스스로 높일 수 있는 것이 아니요, 어디까지나 형제들과 몸을 섬기게 하기 위한 목적으로 주께서 은혜로 선택하신 것이었다.

사단의 타락은 그가 홀로 하나님처럼 높아지기 위해 주님의 머리 된 자리를 찬탈하고자 하는 야망에서 기인했다. 이에 하나님은 도리어 심판으로 사단의 머리를 깨부수셨다. 하나님은 한 번도 제자들에게 자신의 머리 되심을 찬탈하는 교만을 심지 않으셨다. 성경 어디에도 제자들이 머리에 집중하게 하신 적은 단 한 번도 없다.

그런데 예수님은 제자들의 발을 직접 만지시고 씻기신 적이 있다! 발은 몸의 하중을 가장 많이 받는 자리이며 세상을 두루 다니면서 많은 때가 묻는 가장 비천한 자리라 할 수 있다. 예수님은 이런 발과 같은 자리에 특별히 애착을 보이시고 친히 만지신다. 다시 말하지만, 베드로는 초대교회를 처음으로 연 수사도이면서도 마지막에는 발을 위로 향하고 머리를 땅으로 향한 채 십자가에 못 박힌다. 발이라는 몸의 가장 낮은 자리를 들어 올리고 머리의 자리를 가장 낮추어 자리를 역전시키는 것은 예수님이 제자들에게 여러 번 당부하셨던 바와 같이 '높아지고자 하면 섬기는 자가 될 것이요.'라는 말씀의 상징적 성취이다.

이제 우리가 자문해보자. 형제들과 주님의 몸을 섬기기 위해서 베드로가 그랬던 것처럼 스스로 팔을 내밀어 자원하는 심령을 가지고 낮아지는 발과 같은 자리로 들어갈 자 누구인가? 섬김의 능력만이 도리어 예수님의 권위를 세우는 유일한 방법임을 알고 행하는 자 누구인가? 형제들을 내려 떨어뜨리고 스스로 높아지기

who know the ability of service is the only way to establish the authority of Jesus? Who is so arrogant as to bring his brothers down so he could advance himself higher, and take the Lord's place of Chirst, the head of our body? Who is ready to go to dirty spots full of sins of people and be the feet to hold up the body and brothers? Where is Peter who was crucified upside down today?

위해 머리 된 주님의 자리를 찬탈하고자 하는 참람한 자는 또 누구인가? 몸과 형제들을 떠받치며 가장 큰 하중을 마다치 않고 사람들의 죄악의 더러운 자리로 내려가 섬기는 발과 같은 자 누구인가? 스스로 거꾸로 못 박히는 수제자와 같은 자는 어디에 있는가?

96. 은혜의 열매

96. THE FRUIT OF GRACE

LUKE 13:6-9

6 He spake also this parable; A certain
man had a fig tree planted in his vineyard;
and he came and sought fruit thereon,
and found none. 7 Then said he unto
the dresser of his vineyard, Behold, these
three years I come seeking fruit on this
fig tree, and find none: cut it down; why
cumbereth it the ground? 8 And he an-
swering said unto him, Lord, let it alone
this year also, till I shall dig about it, and
dung it: 9 And if it bear fruit, well: and if
not, then after that thou shalt cut it down.

누가복음 13:6-9

6 이에 비유로 말씀하시되 한 사람이 포도원
에 무화과나무를 심은 것이 있더니 와서 그
열매를 구하였으나 얻지 못한지라 7 과원지
기에게 이르되 내가 삼 년을 와서 이 무화과
나무에 실과를 구하되 얻지 못하니 찍어버리
라 어찌 땅만 버리느냐 8 대답하여 가로되 주
인이여 금년에도 그대로 두소서 내가 두루 파
고 거름을 주리니 9 이 후에 만일 실과가 열
면이어니와 그렇지 않으면 찍어버리소서 하
였다 하시니라

Why did the owner plant fig tree on vineyard where they usually plants vines? Supposedly from his attitude about no fruits from the fig tree even three years have passed after the plantation, seems like he decided to substitute vines to fig tree because vines didn't come into bearing in the vineyard. Three years' time for the normal fig tree is enough to bear fruits even if they are not edible. The fig tree is specialized tree for bearing; it is able to bear several times a year.

First, the sign for the coming of the Messiah was shown to Herod, the Pharisees, and priests, but they rejected Christ Jesus and went so far as to kill. Thus, Christ Jesus chooses twelve disciples to represent the coming of the Lord from the frontier of Judea Galilee rather than heart of Judea Jerusalem. If the disciples were trying to judge right from wrong concerning the matters of the local region, Galilee and Jerusalem, they are forgetting the grace they have received without a price.

Added to that, they have seen and touched Jesus directly, and also heard the word and experienced the miracles of God for three years with him who was the Messiah the Church of the Old Testament wants to see! Therefore they have heavier responsibility in bearing fruit of life than the Church of the Old Testament this. Means now is not the time for them to judge the sins of others leisurely.

If we received too much grace from the God, that much of humility and responsibility must be followed. If Adam's sins are not able to offset the grace from the God, therefore the bearing the fruit is natural. It is a matter for regret if we don't have fruits, but even when we do, it was possible only by the grace of the Lord as we are unworthy servants.

어찌하여 주인은 포도나무를 심는 포도원에 무화과나무를 심었는가? 무화과나무를 심은 지 삼년이 지났음에도 열매가 없는 것을 한탄하는 주인의 태도로 미루어 볼 때, 이전에 이미 포도나무를 심었지만 열매를 보지 못하자 무화과나무로 갈아 심은 특단의 조치가 있었던 것으로 보인다. 본래 심긴 지 삼 년 정도 되는 무화과나무라면 아직 먹을 만큼의 큰 열매는 아니더라도 자그만 열매를 내야 정상이다. 또한 과실수인 무화과는 열매 맺는데 특화된 나무로 일 년에 여러 번 열매를 맺을 수 있다.

마찬가지로 메시아의 오심에 대한 표적이 먼저 헤롯과 바리새인들, 제사장 등에게 나타났으나 그들은 예수님을 거부하거나 심지어 죽이려하기까지 했다. 그리하여 예수님은 유대 중심부 예루살렘에서가 아닌 도리어 변방의 갈릴리에서 열두 제자들을 택해 주님의 오심을 나타내셨다. 신약에 와서 이렇게 극적으로 분갈이를 하듯 세워진 제자들이 갈릴리와 예루살렘의 지역적인 사건들을 두고 옳고 그름을 판단하는 일은, 본인들이 자격 없이 받은 은혜를 망각하는 일이었다. 더군다나 그들은 구약의 교회가 보기 원하였던 메시아를 무려 삼 년 동안이나 직접 보고 만질 수 있었으며 그분의 말씀을 듣고 행하신 이적을 경험했던 자들이었다!

따라서 그들에게는 이제 구약의 교회보다 더 엄중한 생명의 열매를 맺을 책임이 따른다. 한가롭게 남의 죄를 판단하고 있을 때가 아니란 말이다. 우리가 감당할 수 없는 은혜를 받았다면 그만한 겸손과 책임감이 뒤따라야한다. 아담의 죄악으로 상쇄되지 않는 한 은혜는 반드시 열매 맺을 것이다. 열매가 없다면 한탄할 일이고 있다하더라도 무익한 종으로서 주님의 은혜로 가능했던 일이므로 감사하면 될 일이다.

97. 주인의 모든 것을 맡을 충성된 엘리에셀

97. DEVOTED ELIEZER WHO WILL TAKE EVERYTHING OF HIS MASTER

GENESIS 24:13-14

13 Behold, I stand here by the well of wa-
ter; and the daughters of the men of the
city come out to draw water: 14 And let
it come to pass, that the damsel to whom I
shall say, Let down thy pitcher, I pray thee,
that I may drink; and she shall say, Drink,
and I will give thy camels drink also: let
the same be she that thou hast appointed
for thy servant Isaac; and thereby shall
I know that thou hast shewed kindness
unto my master.

창세기 24:13-14

13 성중 사람의 딸들이 물 길러 나오겠사오
니 내가 우물 곁에 섰다가 14 한 소녀에게 이
르기를 청컨대 너는 물 항아리를 기울여 나로
마시게 하라 하리니 그의 대답이 마시라 내가
당신의 약대에게도 마시우리라 하면 그는 주
께서 주의 종 이삭을 위하여 정하신 자라 이
로 인하여 주께서 나의 주인에게 은혜 베푸심
을 내가 알겠나이다

Was it a sign of coincidence that Eliezer was asking of God when he was praying for a woman to show up who would give water not only to the persons but also the camels?

His prayer did not merely intend for a superficial discernment. He was ordered by his master Abraham to bring a woman from a family who knew God and would come to live in the land of wilderness called Canaan. It was a very complicated condition. It was an extremely difficult task to achieve, as the number of Abraham's family who settled down to the civilized city of Mesopotamia was less than a handful of people.

So then, why was Eliezer, while he was supposed to search for 'the woman,' looking for a person who would give water not only to the people, but also to animals? Why was he acting pathetically expecting something that may seem like an accidental encounter to happen?

Surprisingly, Eliezer was actually preparing and following the commands of his master with much more precision by making such prayer to God. The reason for this assumption is that, in order for the command 'the woman must come out to live in the land of Canaan' to be achieved, a woman must be able to keep up with Abraham's household as a shepherd. Therefore, the ability to feed and take care of animals with compassion was essential to become one of the members of Abraham's family. Eliezer of Damascus wasn't an original

엘리에셀이 사람뿐만 아니라 짐승까지 물을 먹일 여인을 보여 달라고 기도한 것은 우연적 징표만을 구한 것이었을까?

엘리에셀의 기도는 그런 표피적인 의미의 분별만을 담고 있는 것이 아니었다. 엘리에셀은 주인 아브라함에게 '가나안이라는 광야의 땅으로 기꺼이 올, 하나님을 아는 집안사람을 데리고 오라'는 명령을 받았다. 이는 매우 까다로운 조건이었다. 메소포타미아의 문명 도시에 정착한 사람들 가운데 한 줌도 안되는 아브라함 가계의 사람들을 찾기란 하늘의 별 따기 같은 임무였다.

그런데 부지런히 '그 사람'을 찾아야 할 엘리에셀은 왜 우물가 여인 중에 자신과 사람들뿐만 아니라 짐승까지 먹일 여자를 구하고 있는 것일까? 그는 왜 한심스럽게도 이루어지기 어려운 운명적이고 우연적인 표징을 기대하고 있는 것일까?

놀랍게도 이런 기도를 통해 엘리에셀이 보다 더 분명하게 주인의 명령의 의도를 해석하고 엄밀하게 그 명을 준행하고 있다는 것을 알 수 있다. 왜냐하면 '가나안이라는 비전의 땅으로 나와야만 이삭의 배필이 될 수 있다'는 말이 계속적으로 성취되기 위해서는 광야에서 목자 민족으로 살아가는 아브라함의 가계에 보조를 맞출 수 있는 여인이어야 하기 때문이다.

따라서 짐승을 다루고 긍휼히 여기며 먹일 수 있는 능력은 아브라함의 가계 구성원이 되는 데에 필수적 요소이다. 다메섹 사람이었던 엘리에셀은 원래 아브라함 가계의 사람이 아니었지만, 사람이 가지고 있는 목자적 자질을 시험하여 알아볼 만큼 목자로서의 뛰어난 안목을 가지고 있었다. 이와 같은 엘레에셀의 선택은

member of Abraham's family, however, he had the discerning eyes of a shepherd who could judge a person if he/she had the right shepherd like qualities. It would have been possible for him to have such an insight and judging skills if he had not given up his old form of life from his former hometown and adapt to the life style devoted to the life as a shepherd for the Abraham's family.

So then, how could he have devoted himself as much as to serve his master and his sons in such ways? This was because it seemed like he was a person who had excellent qualities and faithfulness as a shepherd that Abraham would have entrusted everything he owned to this man if Isaac had not been born. The true reason that Abraham was able to give every matter of his family to Eliezer, who in the future could have well become a competitor of his son, was because he never had any ambition and to take over his master's possession recklessly!

Who is the one that can take and devote everything for the Lord of heaven? It must not be anyone who makes the heavenly things in vain for his/her own satisfaction, self-benefit and self-ambition.

Where are you, who will devote only for the Lord and give glory only to God? Lord is looking for his people as devoted as you to entrust the times and all nations!

그가 이전의 고향과 삶의 행태를 버리고 아브라함 가계의 목자로서의 삶에 충성했기에 갖출 수 있었던 식견이요 분별방법이었다.

그런데 어떻게 엘리에셀이 주인의 가계와 그 아들을 위해 이 정도 성심으로 충성할 수 있었을까? 아브라함에게 아들 이삭이 없었다면 자신의 가계의 모든 것을 엘리에셀에게 맡기고 이끌게 하려 했을 정도로, 그의 신앙심과 목자로서의 자질은 탁월했던 것으로 보인다. 아브라함이 장차 아들의 경쟁자가 될 수 있는 엘리에셀에게 가계의 모든 문제를 아무 거리낌 없이 맡길 수 있었던 것은 그에게 주인의 것을 취하려 하는 야심과 야망이 없기 때문이었다!

하늘의 주인의 모든 것을 맡아 충성할 수 있는 자가 누구인가? 그는 하늘의 것을 자기의 만족과 유익과 야망을 위해 헛되게 만들 자여서는 절대 안 된다. 주인만을 위해 충성하여 자신이 아닌 주님께만 영광을 돌릴 당신은 어디에 있는가? 주님께서 충성된 당신을 찾고 있다! 시대와 열방을 맡기기 위해!

98. 네가 엘리야냐? 아니라!

98. ARE YOU ELIJAH? "I AM NOT."

JOHN 1:19-27

19 And this is the record of John, when the Jews sent priests and Levites from Jerusalem to ask him, Who art thou? 20 And he confessed, and denied not; but confessed, I am not the Christ. 21 And they asked him, What then? Art thou Elias? And he saith, I am not. Art thou that prophet? And he answered, No. 22 Then said they unto him, Who art thou? that we may give an answer to them that sent us. What sayest thou of thyself? 23 He said, I am the voice of one crying in the wilderness, Make straight the way of the Lord, as said the prophet Esaias. 24 And they which were sent were of the Pharisees. 25 And they asked him, and said unto him, Why baptizest thou then, if thou be not that Christ, nor Elias, neither that prophet? 26 John answered them, saying, I baptize with water: but there standeth one among you, whom ye know not; 27

요한복음 1:19-27

19 유대인들이 예루살렘에서 제사장들과 레위인들을 요한에게 보내어 네가 누구냐 물을 때에 요한의 증거가 이러하니라 20 요한이 드러내어 말하고 숨기지 아니하니 드러내어 하는 말이 나는 그리스도가 아니라 한대 21 또 묻되 그러면 무엇, 네가 엘리야냐 가로되 나는 아니라 또 묻되 네가 그 선지자냐 대답하되 아니라 22 또 말하되 누구냐 우리를 보낸 이들에게 대답하게 하라 너는 네게 대하여 무엇이라 하느냐 23 가로되 나는 선지자 이사야의 말과 같이 주의 길을 곧게 하라고 광야에서 외치는 자의 소리로라 하니라 24 저희는 바리새인들에게서 보낸 자라 25 또 물어 가로되 네가 만일 그리스도도 아니요 엘리야도 아니요 그 선지자도 아닐찐대 어찌하여 세례를 주느냐 26 요한이 대답하되 나는 물로 세례를 주거니와 너희 가운데 너희가 알지 못하는 한 사람이 섰으니 27 곧 내 뒤에 오시는 그이라 나는 그의 신들메 풀기도 감당치 못하겠노라 하더라

He it is, who coming after me is preferred before me, whose shoe's latchet I am not worthy to unloose.

Isn't John the Baptist the prophesied person as Elijah who was to come? Yes, he is the right person. Jesus also said that he is the Elijah who was to come(Matthew 11:14). But then why did John the Baptist say that he is not Elijah? Did he mean the prophecy and the word of Jesus were all wrong?

Definitely not! Rather, he was pouring his whole heart to the identity of Jesus which is more important than that of his identity. In other words, John was able to deny himself in his life because he was only focusing on making the way for Jesus who is to come after him without caring whether people say John is the Prophet Elijah or not.

It was not that important for John to show himself to others than proclaim the identity of Jesus Christ, the Messiah who comes after John. We should learn the way of thinking of John the Baptist. "It's not my job to testify myself." Such attitude enabled him to deny himself and put his life down before proclaiming the Kingdom of God and Jesus, the Messiah. Both powerful wonders of Elijah and the identity of John the Baptist were all for testifying Jesus, not for showing himself. We must become less, He must become greater. It is difficult for those who don't deny themselves to live by focusing and proclaiming only for Jesus Christ because they are busy showing them off and being content with that.

세례 요한은 엘리야로 예언된 사람이 아니었나? 아니 그는 엘리야가 맞았다. 예수님께서도 세례 요한이 엘리야가 맞다고 직접 인증하셨다(마11:14). 그런데 세례 요한은 왜 스스로 엘리야가 아니라고 하는가? 예언과 예수님의 말씀을 스스로 부정하는 것인가?

아니다. 도리어 세례 요한은 자신의 정체성보다 더 중요한 예수님의 정체에 온 마음을 다해 몰입하고 있었다. 다시 말해 세례 요한은 바로 그 뒤에 선포하고 있는 예수님의 오심에 몰두하느라 자기 정체가 엘리야든지 선지자든지 중요하지 않았을 정도로 자기 스스로를 부인할 수 있는 삶을 살게 된 것이다.

자신이 엘리야로 왔다는 정체성이 중요한 것이 아니라 오직 자기 뒤에 오시는 이, 예수 그리스도 메시아의 정체를 드러내는 것이 세례 요한에게 더 중요했다. 우리는 하나님 나라와 예수님의 메시아 됨을 증언하는 사역과 삶을 앞에 놓고, '나를 증거 할 바가 아니다.'라는 세례 요한의 관점, 즉 자기 증거를 스스로 부인하는 관점을 배워야 한다. 엘리야의 큰 사역도, 세례 요한의 정체도 모두 예수님이 증거가 되기 위함이지 자신을 드러내고자 함이 아니다. 우리는 쇠하여야 하고 그분은 흥하여야 한다. 자기를 부인하지 않는 그리스도인은 자신을 드러내고 자기로 만족하게 할 뿐 그리스도만을 제대로 증거하고 그분만을 위해 살기 어렵다.

99. 떡과 포도주로 기억하게 하심

99. IN REMEMBRANCE OF JESUS WITH THE BREAD AND DRINKS OF THE CUP

LUKE 22:14-34

14 And when the hour was come, he sat
down, and the twelve apostles with him.
15 And he said unto them, With desire
I have desired to eat this passover with
you before I suffer: 16 For I say unto you,
I will not any more eat thereof, until it be
fulfilled in the kingdom of God. 17 And
he took the cup, and gave thanks, and
said, Take this, and divide it among your-
selves: 18 For I say unto you, I will not
drink of the fruit of the vine, until the king-
dom of God shall come. 19 And he took
bread, and gave thanks, and brake it, and
gave unto them, saying, This is my body
which is given for you: this do in remem-
brance of me. 20 Likewise also the cup
after supper, saying, This cup is the new
testament in my blood, which is shed for
you. 21 But, behold, the hand of him that
betrayeth me is with me on the table. 22
And truly the Son of man goeth, as it was

누가복음 22:14-34

14 때가 이르매 예수께서 사도들과 함께 앉
으사 15 이르시되 내가 고난을 받기 전에 너
희와 함께 이 유월절 먹기를 원하고 원하였노
라 16 내가 너희에게 이르노니 이 유월절이
하나님의 나라에서 이루기까지 다시 먹지 아
니하리라 하시고 17 이에 잔을 받으사 사례
하시고 가라사대 이것을 갖다가 너희끼리 나
누라 18 내가 너희에게 이르노니 내가 이제
부터 하나님의 나라가 임할 때까지 포도나무
에서 난 것을 다시 마시지 아니하리라 하시
고 19 또 떡을 가져 사례하시고 떼어 저희에
게 주시며 가라사대 이것은 너희를 위하여 주
는 내 몸이라 너희가 이를 행하여 나를 기념
하라 하시고 20 저녁 먹은 후에 잔도 이와 같
이 하여 가라사대 이 잔은 내 피로 세우는 새
언약이니 곧 너희를 위하여 붓는 것이라 21
그러나 보라 나를 파는 자의 손이 나와 함께
상위에 있도다 22 인자는 이미 작정된 대로
가거니와 그를 파는 그 사람에게는 화가 있으
리로다 하시니 23 저희가 서로 묻되 우리 중
에서 이 일을 행할 자가 누구일까 하더라 24

determined: but woe unto that man by
whom he is betrayed! 23 And they began
to enquire among themselves, which of
them it was that should do this thing. 24
And there was also a strife among them,
which of them should be accounted the
greatest. 25 And he said unto them, The
kings of the Gentiles exercise lordship
over them; and they that exercise author-
ity upon them are called benefactors. 26
But ye shall not be so: but he that is great-
est among you, let him be as the younger;
and he that is chief, as he that doth serve.
27 For whether is greater, he that sitteth
at meat, or he that serveth? is not he that
sitteth at meat? but I am among you as he
that serveth. 28 Ye are they which have
continued with me in my temptations. 29
And I appoint unto you a kingdom, as my
Father hath appointed unto me; 30 That
ye may eat and drink at my table in my

또 저 희 사이에 그중 누가 크냐 하는 다툼이
난지라 25 예수께서 이르시되 이방인의 임금
들은 저희를 주관하며 그 집권자들은 은인이
라 칭함을 받으나 26 너희는 그렇지 않을찌
니 너희 중에 큰 자는 젊은 자와 같고 두목은
섬기는 자와 같을찌니라 27 앉아서 먹는 자
가 크냐 섬기는 자가 크냐 앉아 먹는 자가 아
니냐 그러나 나는 섬기는 자로 너희 중에 있
노라 28 너희는 나의 모든 시험 중에 항상 나
와 함께 한 자들인즉 29 내 아버지께서 나라
를 내게 맡기신것 같이 나도 너희에게 맡겨
30 너희로 내 나라에 있어 내 상에서 먹고 마
시며 또는 보좌에 앉아 이스라엘 열 두 지파
를 다스리게 하려 하노라 31 시몬아, 시몬아,
보라 사단이 밀 까부르듯 하려고 너희를 청
구하였으나 32 그러나 내가 너를 위하여 네
믿음이 떨어지지 않기를 기도하였노니 너는
돌이킨 후에 네 형제를 굳게 하라 33 저가 말
하되 주여 내가 주와 함께 옥에도, 죽는데도
가기를 준비하였나이다 34 가라사대 베드로
야 내가 네게 말하노니 오늘 닭 울기 전에 네

kingdom, and sit on thrones judging the
twelve tribes of Israel. 31 And the Lord
said, Simon, Simon, behold, Satan hath
desired to have you, that he may sift you as
wheat: 32 But I have prayed for thee, that
thy faith fail not: and when thou art con-
verted, strengthen thy brethren. 33 And
he said unto him, Lord, I am ready to go
with thee, both into prison, and to death.
34 And he said, I tell thee, Peter, the cock
shall not crow this day, before that thou
shalt thrice deny that thou knowest me.

가 세번 나를 모른다고 부인하리라 하시니라

The Holy Eucharist Jesus shared with his disciples was an quite ordinary form rather than a religious one. Jesus commemorated his cross with the bread and drinks of the cup at that time. In other words, he had Communion with daily rice and water for us now.

We can think that it is not appropriate for commemorating Communion in the religious figure because rice and water are too ordinary as everyday food in our lives. However, commemorating the cross of Jesus with this bread and drinks of the cup was more practical and effective for the disciples to be imprinted in their whole life-time though they didn't even know what the purpose of Jesus' cross is. It wasn't symbol as religious rituals just once a year. They couldn't stop thinking about the night that they shared Communion with Jesus whenever they have the bread and drinks of the cup.

At that night, Judas Iscariot betrayed Jesus and other disciples debated about who was the greatest. Also, Peter who said strongly that he would never deny Jesus disowned Jesus. Jesus likened his body that would be torn to bread and wine and gave them at the night when his disciples couldn't totally understand the purpose and love of Jesus' cross. They would recall the love of Jesus from the night as long as they live, as long as they have daily bread and wine.

Despite the lack of understanding and failure of the disciples,

Jesus gave the bread and wine to feed them all from his chief disciple Peter to the traitor Judas Iscariot and was crucified. Is it possible not to remember his love and the cross whenever the disciples have the bread and wine that were daily food as rice and water at the time? Is there any other powerful symbol that enables them to remember whenever they have a meal?

Jewish philosopher Walter Benjamin said that a real meal is possible when acts of love and affection are accompanied. Let's remember the love and the cross of Jesus whenever we have a meal and drinks. Let us be the cross and commemorate Communion everyday in our life for the world and for the people who are not familiar with the love of Jesus yet to let them know and remember. For Jesus was torn for us while we still couldn't understand all the love of Jesus.

예수님과 제자들 간의 성만찬은 종교예식적인 형태라기보다 매우 일상적인 형태의 나눔이었다. 당시에 빵과 음료를 가지고 예수님의 십자가를 기념하신 것은, 우리로 말하면 늘 먹는 밥과 물을 가지고 기념식을 거행하신 것과 같다.

이처럼 지극히 일상적 사물, 게다가 늘 먹고 마시는 밥과 물을 가지고 그분의 십자가를 기념하신 것이 종교예식의 모양새로는 썩 걸맞아 보이지 않을 수도 있겠다. 그러나 당시에 예수님의 십자가의 의도조차 모르던 제자들에게는 이 먹고 마시는 행위로서 예수님의 십자가를 기념한 것은 평생에 절대 잊을 수 없는 각인으로 효력 있게 역사했다. 왜냐하면 일 년에 한 번쯤 행하는 종교적 예식 때뿐만 아니라, 제자들이 일상에서 빵과 음료를 마실 때마다 그 밤이 기억 날 수밖에 없었기 때문이다.

그 밤 가룟 유다는 배반했고, 나머지 제자들은 '누가 크냐'라는 문제로 다투었으며, 베드로는 스스로 예수님을 부인하지 않을 것을 호언장담하였지만 결국 실패했다. 제자들이 예수님의 십자가의 의도와 사랑을 전혀 이해하지 못하고 헤매던 그 밤, 예수님은 빵과 포도주로 십자가에서 찢길 자신의 몸을 비유하며 제자들을 친히 먹이셨다. 제자들은 그 밤 이후로 살아서 날마다 빵과 포도주를 먹는 한, 예수님의 그 사랑이 기억났을 것이다.

자신들의 몰이해와 실패에도 불구하고 예수님은 수제자 베드로부터 배반자 가룟 유다까지 빵과 포도주로 자신들을 먹이시고 십자가에 못 박혀 돌아가셨다. 금수가 아니고서야 그 당시 밥과 물이었던 빵과 포도주를 먹을 때마다 예수님의 사랑과 십자가가 생각나지 않을 수 있었을까! 매일 먹는 밥과 물을 마실 때마다 기억나는 이런 강력한 기념이 또 어디에 있을까!

유대인 철학자 발터 벤야민이 말했다. '진정한 식사는 애정과 사랑이 담겨 있어야만 가능한 행위 (또는 진정한 식사는 애정과 사랑이 담긴 행위로써만 가능한 것)'라고 말이다. 밥을 먹을 때마다, 물을 마실 때마다 예수님의 사랑과 십자가를 기억하자. 그리고 아직 그 사랑이 서투른 사람들을 위해 하나님의 사랑이 다시 기억나도록 세상을 향한 십자가가 되어 매일 그 성만찬을 실제적으로 기념하자. 아직 우리가 그 사랑을 다 이해해드리지 못하고, 다 깨닫지 못했을 때에 벌써 우리를 위해 찢긴바 되신 예수님을 위하여.

100. 나는 쇠하여야 하리라

100. I MUST BECOME LESS

MATTHEW 14:1-13

1 At that time Herod the tetrarch heard of the fame of Jesus, 2 And said unto his servants, This is John the Baptist; he is risen from the dead; and therefore mighty works do shew forth themselves in him. 3 For Herod had laid hold on John, and bound him, and put him in prison for Herodias' sake, his brother Philip's wife. 4 For John said unto him, It is not lawful for thee to have her. 5 And when he would have put him to death, he feared the multitude, because they counted him as a prophet. 6 But when Herod's birthday was kept, the daughter of Herodias danced before them, and pleased Herod. 7 Whereupon he promised with an oath to give her whatsoever she would ask. 8 And she, being before instructed of her mother, said, Give me here John Baptist's head in a charger. 9 And the king was sorry: nevertheless for the oath's sake, and them which sat with him at meat, he commanded it to be given her. 10 And he sent, and beheaded John

마태복음 14:1-13

1 그 때에 분봉왕 헤롯이 예수의 소문을 듣고 2 그 신하들에게 이르되 이는 세례 요한이라 저가 죽은 자 가운데서 살아났으니 그러므로 이런 권능이 그 속에서 운동하는도다 하더라 3 전에 헤롯이 그 동생 빌립의 아내 헤로디아의 일로 요한을 잡아 결박하여 옥에 가두었으니 4 이는 요한이 헤롯에게 말하되 당신이 그 여자를 취한 것이 옳지 않다 하였음이라 5 헤롯이 요한을 죽이려 하되 민중이 저를 선지자로 여기므로 민중을 두려워하더니 6 마침 헤롯의 생일을 당하여 헤로디아의 딸이 연석 가운데서 춤을 추어 헤롯을 기쁘게 하니 7 헤롯이 맹세로 그에게 무엇이든지 달라는대로 주겠다 허락하거늘 8 그가 제 어미의 시킴을 듣고 가로되 세례 요한의 머리를 소반에 담아 여기서 내게 주소서 하니 9 왕이 근심하나 자기의 맹세한 것과 그 함께 앉은 사람들을 인하여 주라 명하고 10 사람을 보내어 요한을 옥에서 목 베어 11 그 머리를 소반에 담아다가 그 여아에게 주니 그가 제 어미에게 가져가니라 12 요한의 제자들이 와서 시체를

in the prison. 11 And his head was brought
in a charger, and given to the damsel: and she
brought it to her mother. 12 And his disciples
came, and took up the body, and buried it, and
went and told Jesus. 13 When Jesus heard
of it, he departed thence by ship into a desert
place apart: and when the people had heard
thereof, they followed him on foot out of the
cities.

가져다가 장사하고 가서 예수께 고하니라 13
예수께서 들으시고 배를 타고 떠나사 따로 빈
들에 가시니 무리가 듣고 여러 고을로부터 걸
어서 좇아간지라

Why did God allow John the Baptist who poured his everything to make the way for Jesus' coming to be a sacrifice and die a sudden death for a dirty and shameful love story of fallen Herod?

According to the word of Jesus, Herod was compared to a "fox" so Jesus even remained silent and gave him no answer when the king filed Jesus with many questions. The perverted king lived in a palace wearing fine and silky clothes with hedonism and self-satisfaction. So he was ambitious enough to kill Jesus who is to come for his self satisfaction. But, it is really difficult for us to understand God because he allowed John to be involved with Herod's incest and beheaded to accomplish one's selfish desire on Herod's birthday.

Is it really right for John who gave everything to Jesus to be killed in vain in his end-time in God's eyes? Paradoxically, the forlorn death of John the Baptist was the answer to what he wanted and prayed. "I must become less, He must become greater."

As John cried, Jesus sometimes used or abolished duties of the prophet and priesthood of John just for testifying for the Jesus' way, embraced the disciples of John and crowds and took the Jordan River where John baptized as a field for ministry. John the Baptist truly gave his everything to Jesus including his life, ministry, disciples and his title. He even put his life down in the end. So Jesus withdrew privately to a solitary place(13) pausing his ministry for a while because he seemed to be shocked after the death of John. The person who gives everything for Jesus' is coming like John the Baptist! The world was not worthy of the person. He was a surprise to our God, and the dream of you and I.

왜 하나님은 세례 요한과 같이 주님의 길을 예비하기 위해 모든 것을 드린 위대한 사람을, 고작 타락한 헤롯 왕가의 치졸한 치정극의 희생양이 되어 죽임 당하도록 허락하시는가? 예수님의 평가대로라면 헤롯은 짐승과 비견될 '여우'같은 자로, 후에 예수님은 헤롯과 말도 섞지 않으시고 응대 자체를 거부하셨다. 헤롯은 타락할 대로 타락하여 쾌락과 자기만족으로 비단옷 입은 채 왕궁에 살며 자기만족과 쾌락, 야망을 위해서라면 오실 예수님도 죽일 수 있는 인생이었다.

그런데 하나님이 이런 헤롯의 금수만도 못한 근친상간의 요지경 속에서 세례 요한의 목숨을 한낱 여흥으로 내어 주게 하시다니, 언뜻 이해할 수 없다. 예수님께 모든 것을 내어드린 위대한 세례 요한의 생애가 이렇게 허망하게 마무리되는 것이 과연 하나님께 옳은 일일까?

역설적이게도 이러한 세례 요한의 허망한 죽음은 세례 요한 스스로가 원했던 바를 주님께서 응답해주신 것이다! '나는 쇠하여야 하고 그는 흥하여야 하리라.' 세례 요한의 이러한 외침 그대로 그가 주님의 길만을 증거 하도록 예수님은 세례 요한의 제사장과 선지자의 직임을 때론 쓰시거나 때론 폐하셨고, 세례 요한의 제자들과 무리들을 자기 제자와 무리로 받으셨으며, 그가 세례 주던 요단강을 사역지로 이어 받으셨다. 진실로 세례 요한은 예수님을 위해 자기 생애, 사역, 제자들, 직임까지도 내어드렸다. 심지어 그는 마지막 목숨까지도 내어드렸다! 그의 죽음을 들은 예수님조차 충격을 받으신 듯 한동안 사역을 멈추신 채로 빈 들에서 따로 혼자 계셔야 했다(13)!

예수님과 그분의 다시 오심을 위해 세례 요한처럼 모든 것을 내어 드리는 사람. 그는 세상이 감당치 못할 사람이요, 하나님께는 충격을 넘어선 감동이요, 당신과 나의 꿈이다.

101. 왕자의 옷을 벗어 줌

101. TAKING OFF AND GIVING THE PRINCE'S ROBE

1 SAMUEL 18:4

4 And Jonathan stripped himself of the robe that was upon him, and gave it to David, and his garments, even to his sword, and to his bow, and to his girdle.

사무엘상 18:4

4 요나단이 자기의 입었던 겉옷을 벗어 다윗에게 주었고 그 군복과 칼과 활과 띠도 그리하였더라

Did Jonathan give his robe and armor to David as a gift just because he was emotionally heightened? It is a symbol of friendship between the two of them but Jonathan is surely making an exception in David´s case, deliberately treating him in an unconventional manner.

King Saul promised that he will give his daughter to the man who kills Goliath and that the person will be a member of a royal family. However, King Saul did not keep the promise and Jonathan, a member of king's family gave his robe to David. Not everyone has the honor of taking the robe and armor of the prince, a successor of the throne. Many people might have thought David was Jonathan and received him with cheers when they saw him returning in the distance. As David came closer, people found out that it was not Prince Jonathan and was shocked. However, such shock soon turned into great admiration because David was being treated like a king's son, not a son-in-law. From ancient times, no king shared his royal authority with others. Then why wasn't Jonathan envious and jealous of the anointed warrior David and did not compete for the throne like Saul did?

It was because Jonathan considered the salvation and victory of Israel, a God's nation, more important than himself ascending to a throne.

It doesn't matter who rises up for the Kingdom of God. It

요나단은 그저 감정적 고양으로 다윗에게 자기 의복과 무기를 벗어 선물로 주었을까? 이 같은 요나단의 행동은 우정의 징표이기도 하지만 또한 사려 깊고도 파격적인 예우로 다윗을 대하고 있음에 틀림없다. 골리앗을 이기는 자에게 사울의 딸을 주어 왕가의 일족이 되는 것을 약속했음에도 아버지 사울이 약속을 이행하지 않자, 요나단이 나서서 왕가의 일원인 왕자의 복장을 다윗에게 입혀준 것이다. 왕가를 이을 왕자의 복식과 무기는 아무나 갖출 수 있는 것이 아니다. 많은 사람들이 개선하는 다윗을 멀리서 보고 왕자가 오는 줄 알고 환호했을 것이다. 이내 왕자 요나단이 아닌 용사 다윗임을 알고 놀랐겠지만, 그가 사울 왕가의 사위로서가 아니라 왕자인 아들처럼 예우받고 있다는 정황에 감탄했을 것이다. 고대로부터 자기 왕권을 남에게 스스로 나누는 자는 없을 것이다. 그러나 요나단은 다윗의 기름부음 받은 용사로서의 면모를 보면서, 아버지 사울처럼 왕권을 다툴 경쟁상대로 시기하거나 질투하지 않았다. 왜냐하면 요나단은 자신의 왕권에 대한 보장보다 이스라엘의 창과 방패로 하나님의 나라 이스라엘이 승리하고 구원된 것이 더 중요했기 때문이었다.

하나님의 나라가 일어선다면 내가 아닌 누군가가 하나님 나라를 위해 세워져도 좋다. 하나님 나라가 선다면 우리는 굳이 다윗이나 그 무엇이 아니어도 된다. 예수의 나라가 서는데 다른 것이 더 세워져 무엇에 쓰겠는가?

doesn't have to be me. It's not important whether we become like David or something else as long as the Kingdom of God stands. Nothing else matters.

102. 나오미의 분별력

102. NAOMI'S DISCERNMENT

RUTH 1:6-22

6 Then she arose with her daughters in law,
that she might return from the country of
Moab: for she had heard in the country of
Moab how that the LORD had visited his
people in giving them bread. 7 Wherefore
she went forth out of the place where she
was, and her two daughters in law with her;
and they went on the way to return unto
the land of Judah. 8 And Naomi said unto
her two daughters in law, Go, return each to
her mother's house: the LORD deal kind-
ly with you, as ye have dealt with the dead,
and with me. 9 The LORD grant you that
ye may find rest, each of you in the house
of her husband. Then she kissed them;
and they lifted up their voice, and wept.
10 And they said unto her, Surely we will
return with thee unto thy people. 11 And
Naomi said, Turn again, my daughters:
why will ye go with me? are there yet any
more sons in my womb, that they may be

룻기 1:6-22

6 그가 모압 지방에 있어서 여호와께서 자기
백성을 권고하사 그들에게 양식을 주셨다 함
을 들었으므로 이에 두 자부와 함께 일어나
모압 지방에서 돌아오려 하여 7 있던 곳을 떠
나고 두 자부도 그와 함께하여 유다 땅으로
돌아오려고 길을 행하다가 8 나오미가 두 자
부에게 이르되 너희는 각각 어미의 집으로 돌
아가라 너희가 죽은 자와 나를 선대한 것 같
이 여호와께서 너희를 선대하시기를 원하며
9 여호와께서 너희로 각각 남편의 집에서 평
안함을 얻게 하시기를 원하노라 하고 그들에
게 입맞추매 그들이 소리를 높여 울며 10 나
오미에게 이르되 아니니이다 우리는 어머니
와 함께 어머니의 백성에게로 돌아가겠나이
다 11 나오미가 가로되 내 딸들아 돌아가라
너희가 어찌 나와 함께 가려느냐 나의 태중에
너희 남편될 아들들이 오히려 있느냐 12 내
딸들아 돌이켜 너희 길로 가라 나는 늙었으니
남편을 두지 못할찌라 가령 내가 소망이 있다
고 말한다든지 오늘 밤에 남편을 두어서 아들
들을 생산한다 하자 13 너희가 어찌 그것을

your husbands? 12 Turn again, my daugh-
ters, go your way; for I am too old to have
an husband. If I should say, I have hope, if I
should have an husband also to night, and
should also bear sons; 13 Would ye tarry
for them till they were grown? would ye
stay for them from having husbands? nay,
my daughters; for it grieveth me much for
your sakes that the hand of the LORD is
gone out against me. 14 And they lifted
up their voice, and wept again: and Orpah
kissed her mother in law; but Ruth clave
unto her. 15And she said, Behold, thy sis-
ter in law is gone back unto her people, and
unto her gods: return thou after thy sister
in law. 16 And Ruth said, Intreat me not
to leave thee, or to return from following
after thee: for whither thou goest, I will go;
and where thou lodgest, I will lodge: thy
people shall be my people, and thy God
my God: 17 Where thou diest, will I die,

인하여 그들의 자라기를 기다리겠느냐 어찌
그것을 인하여 남편 두기를 멈추겠느냐 내 딸
들아 그렇지 아니하니라 여호와의 손이 나를
치셨으므로 나는 너희로 인하여 더욱 마음이
아프도다 14 그들이 소리를 높여 다시 울더
니 오르바는 그 시모에게 입맞추되 룻은 그를
붙좇았더라 15 나오미가 또 가로되 보라 네
동서는 그 백성과 그 신에게로 돌아가나니 너
도 동서를 따라 돌아가라 16 룻이 가로되 나
로 어머니를 떠나며 어머니를 따르지 말고 돌
아가라 강권하지 마옵소서 어머니께서 가시
는 곳에 나도 가고 어머니께서 유숙하시는 곳
에서 나도 유숙하겠나이다 어머니의 백성이
나의 백성이 되고 어머니의 하나님이 나의 하
나님이 되시리니 17 어머니께서 죽으시는 곳
에서 나도 죽어 거기 장사될 것이라 만일 내
가 죽는 일 외에 어머니와 떠나면 여호와께
서 내게 벌을 내리시고 더 내리시기를 원하나
이다 18 나오미가 룻의 자기와 함께 가기로
굳게 결심함을 보고 그에게 말하기를 그치니
라 19 이에 그 두 사람이 행하여 베들레헴까

and there will I be buried: the LORD do
so to me, and more also, if ought but death
part thee and me. 18 When she saw that
she was stedfastly minded to go with her,
then she left speaking unto her. 19 So they
two went until they came to Bethlehem.
And it came to pass, when they were come
to Bethlehem, that all the city was moved
about them, and they said, Is this Naomi?
20 And she said unto them, Call me not
Naomi, call me Mara: for the Almighty
hath dealt very bitterly with me. 21 I went
out full and the LORD hath brought me
home again empty: why then call ye me
Naomi, seeing the LORD hath testified
against me, and the Almighty hath afflicted
me? 22 So Naomi returned, and Ruth
the Moabitess, her daughter in law, with
her, which returned out of the country of
Moab: and they came to Bethlehem in the
beginning of barley harvest.

지 이르니라 베들레헴에 이를 때에 온 성읍이
그들을 인하여 떠들며 이르기를 이가 나오미
냐 하는지라 20 나오미가 그들에게 이르되
나를 나오미라 칭하지 말고 마라라 칭하라 이
는 전능자가 나를 심히 괴롭게 하셨음이니라
21 내가 풍족하게 나갔더니 여호와께서 나로
비어 돌아오게 하셨느니라 여호와께서 나를
징벌하셨고 전능자가 나를 괴롭게 하셨거늘
너희가 어찌 나를 나오미라 칭하느뇨 하니라
22 나오미가 모압 지방에서 그 자부 모압 여
인 룻과 함께 돌아왔는데 그들이 보리 추수
시작할 때에 베들레헴에 이르렀더라

Naomi seems to be acting strangely returning back to the land of Judea with her two daughters-in-law. This was strange because, if she wanted the two daughters-in-law to go back, she should have stopped them from the beginning. It is difficult to understand when she tells her two daughter-in-laws to go back while on their way to Bethlehem.

However, looking at the situation carefully, it is hard not to be surprised at Naomi's faith and sharp discernment. Naomi tells her daughters-in-law to go back to their own country while repeatedly calling them 'my daughters.' Calling these two women gentile women 'my daughters,' having had her sons pass away already, Naomi's words show how their intimacy went beyond the blood. In the ancient times, it was impossible for a mother-daughter relationship be broken up. Having heard these words, the two daughters-in-law could not easily turn back from Naomi.

Has Naomi given up her life out of sorrow? Not at all. Living in the times of patriarchal society when men made all the decisions, it was her sons' choice to abandon the inheritance and get married to foreign women. However, Naomi did not give up even after all the men died, but fostered the two daughters-in-law in the Israelite faith. Where do you think Ruth's, being a foreigner, faith come from? She has probably learned it from her mother-in-law.

나오미는 모압 출신인 두 며느리를 데리고 유대 땅으로 돌아오면서 언뜻 분별력을 잃고 경황이 없어 보이는 행동을 하고 있는 듯하다. 며느리들에게 중간에 돌아가라 할 요량이었다면, 애초에 따라나서지 못하게 했어야 옳다. 그런데 베들레헴으로 가는 중간 여정에 며느리들에게 돌아가라고 하는 것은 이해할 수 없는 행동이다.

그러나 상황과 내용을 주의 깊게 살펴보면 역설적으로 나오미의 믿음과 예리한 분별력에 절로 감탄하게 된다. 나오미는 며느리들에게 돌아가라고 하면서 동시에 내 딸들아 라고 거듭 호칭하고 있다. 피 한 방울 섞이지 않은 이방인이며 이미 죽어버린 아들들의 아내였던 며느리들에게 돌아가라면서 딸들이라고 호칭하는 것은 혈육 이상의 정을 상기시키는 말일 것이다. 고대 사회에서 모녀간이거나 그 이상의 관계라면 결코 서로를 버릴 수 없다. 이 말을 들은 며느리들은 쉽게 나오미를 돌아설 수 없었을 것이다.

과연 나오미는 모든 것을 잃은 비통함에 삶을 포기해버린 인물일까? 그렇지 않다. 당시 가부장 사회에서 모든 결정권은 남자들에게 있는 고로 유업을 버리고 이방 여인과 결혼하는 이스라엘의 금기를 범한 것은 나오미 집안의 남자들이었을 것이다. 그러나 나오미는 이 무책임한 남자들이 다 죽고 난 뒤에도 포기하지 않고 며느리들을 이스라엘 신앙으로 양육했다. 이방 여인에 지나지 않았던 룻의 여호와에 대한 신앙은 도무지 어디서 온 것이겠는가? 바로 신앙의 어머니 나오미에게 배워 양육된 결과일 것이다.

유대로 돌아와서 나오미가 이웃들에게 굳이 하나님이 자신을

Also, was Naomi in such deep despair as to say something so extreme that God was against her? If she really meant what she had said, then she would not have gone to her hometown of Bethlehem, Judea. Couldn't it be possible that Naomi was trying to divert the attention which would have gone to humiliate and contempt Ruth, a gentile, to Naomi herself, and expose herself as a gossip?

Also, if Naomi says that God had testified against her, and yet, she hears the news that there are plenty of barley in Judea and struggle to sustain her life by picking grains on the field, can she really be seen as a woman who is overwhelmed by despair and gives up everything? Is she really a woman of hopelessness, the same woman who has sensed and predicted the potentials of a recovery when her daughter-in-law drew attention of Boaz? No. Naomi was wise, and she never let go of her faith, life, and the hopes to recover the inheritance of the family. So she fostered the foreign woman in her faith, and believed that it was possible to recover the inheritance through a gentile woman. This was a work of wisdom for her to believe something that is both culturally and mathematically impossible.

Now, let us examine why Naomi called the two women her daughters, not in Moab nor in Israel, but in the middle of the journey on their way to the destination. Noami fostered the two women in the Israelite way. So she knows better than an-

대적하였다는 극단적 표현을 말한 것은 그녀가 다만 절망했기 때문이었을까? 이스라엘의 하나님이 자신을 대적한다고 생각하였으면 결코 고향 땅 유대의 베들레헴으로 돌아올 수 없다. 나오미는 모압 여인인 며느리 룻이 유대 베들레헴으로 들어올 때 받게 될 이방 민족에 대한 저주와 천대의 이목을 나오미 본인에게로 돌리기 위해 슬픔 가운데 짐짓 구설수에 노출되려 한 것이 아닐까?

또 하나님이 자신을 적대해서 소망이 없다 말하면서도 유대에 곡식이 있다는 소문을 듣고 보리 베는 때에 맞춰 베들레헴에 도착하고 논밭에 이삭을 주워 생명을 유지하려는 나오미를 정말로 절망이 영혼을 삼켜 모든 것을 자포자기한 여인으로 봐야 하는가? 며느리가 보아스의 이목을 끌었을 때 자기 가문의 기업이 회복될 수 있는 가능성을 타진하는 나오미는 정말로 절망한 여인의 행태만을 가진 것일까? 아니다. 나오미는 지혜롭게도 이스라엘의 신앙과 생명, 그리고 기업을 회복하는 소망을 절대로 놓지 않은 채 이방 여인을 믿음으로 양육하는 것과 이방 여인을 통해서 이스라엘에서 자신의 가문의 유업이 회복되는 일이 가능하다고 보았다. 이는 문화적으로도 확률적으로도 거의 불가능한 일을 믿어 가능케 한 지혜의 일이라 할 만하다.

자, 이제 왜 모압도 이스라엘도 아닌 노정 중에 모압 여인 며느리들더러 딸이라 호칭하면서도 모압으로 돌아가라고 말했는지 나오미의 의중을 풀어보자. 나오미가 두 며느리를 이스라엘 신앙으로 양육했다. 그래서 두 여인의 신앙을 가장 잘 알고 있었다. 이스라엘에 이방 여인이 들어간다는 것은 편견과 멸시 속

yone what faith they had. To live in Israel as a foreign woman was to live in prejudice and contempt. Without firm faith, it is difficult to know the reason why they should live in Israel. Therefore, Naomi is testing the basics of their faith to see if they have faith firm enough to settle down in the Israelite inheritance. The faith of these two women becomes clear in moments where they have to make the choice, at mid point of the journey. It is the choice whether to go to God of Israel, or to go back to the god of Moab.

Naomi was testing the clearness of the faith of the two daughters-in-law, whom she has fostered. It is just like when Jesus told people that in order for a person to be His disciple, one has to bear the cross and follow Him. It is a great wonder to see Naomi's wisdom and discernment in action that raised the inheritance of God through a gentile woman, which was something that even the men of Israel could not do properly.

If you want to follow Jesus and see disciples be risen up, not just crowds, who receive and rule the Kingdom of God, then you must possess a respectful character, but what is more essential clear discernment that does not detour around the cross. The work of the cross maybe foolish in the standards of the world, but in the Kingdom of God, it is the wisest discernment that unties the inheritance of heaven in the most powerful way.

에서 살게 되는 것이 정해진 순서였다. 확실한 신앙이 아니고는 왜 이들이 이스라엘에 속해 살아야 하는 이유를 알지 못하게 될 것이다.

따라서 나오미는 이스라엘의 기업에 정착해 살만큼의 믿음이 있는지 며느리들의 신앙의 기초를 시험(test)하고 있다. 베들레헴과 모압의 중간 지점에서 어느 편으로 갈지 선택할 때 그들의 믿음은 자명해진다. 정녕 이스라엘 여호와를 선택할 것인지 모압 신으로 돌아갈 것인지 말이다. 나오미는 자신이 양육한 며느리들이 갖고 있는 신앙의 선명성을 테스트했다. 마치 예수님이 제자와 무리를 구분해서 십자가를 지고 모든 것을 따를 수 있는 자들이 자신의 제자가 될 수 있다고 선포하셨던 것처럼 말이다. 이스라엘 남자들조차 쓰러뜨린 하나님의 기업을 고작 이방 여인으로도 일으키게 한 나오미에게서 엿보이는 여러 차례의 지혜와 분별력은 과연 우리를 경탄하게 한다!

당신이 예수님을 따르길 원하고, 당신을 통해 무리가 아닌 제자, 즉 하나님 나라에 기업을 얻고 다스릴 제자가 일어나길 원한다면 지혜롭고 인격적인 성품을 갖춰야겠지만 십자가를 우회하지 않는 단호한 분별력이 필수불가결하다. 십자가의 표적은 세상으로는 미련한 분별이나 하나님 나라로는 가장 강력하게 이 땅에 천국의 유업을 풀어놓는 가장 지혜로운 분별이다.

103. 십자가의 영광

103. GLORY OF THE CROSS

LUKE 9:22-36

22 Saying, The Son of man must suffer
many things, and be rejected of the elders
and chief priests and scribes, and be slain,
and be raised the third day. 23And he
said to them all, If any man will come after
me, let him deny himself, and take up his
cross daily, and follow me. 24 For who-
soever will save his life shall lose it: but
whosoever will lose his life for my sake,
the same shall save it. 25 For what is a man
advantaged, if he gain the whole world,
and lose himself, or be cast away? 26 For
whosoever shall be ashamed of me and of
my words, of him shall the Son of man be
ashamed, when he shall come in his own
glory, and in his Father's, and of the holy
angels. 27 But I tell you of a truth, there be
some standing here, which shall not taste
of death, till they see the kingdom of God.
28 And it came to pass about an eight days
after these sayings, he took Peter and John

누가복음 9:22-36

22 가라사대 인자가 많은 고난을 받고 장로
들과 대제사장들과 서기관들에게 버린바 되
어 죽임을 당하고 제 삼일에 살아나야 하리
라 하시고 23 또 무리에게 이르시되 아무든
지 나를 따라 오려거든 자기를 부인하고 날마
다 제 십자가를 지고 나를 좇을 것이니라 24
누구든지 제 목숨을 구원코자 하면 잃을 것
이요 누구든지 나를 위하여 제 목숨을 잃으면
구원하리라 25 사람이 만일 온 천하를 얻고
도 자기를 잃든지 빼앗기든지 하면 무엇이 유
익하리요 26 누구든지 나와 내 말을 부끄러
워하면 인자도 자기와 아버지와 거룩한 천사
들의 영광으로 올 때에 그 사람을 부끄러워하
리라 27 내가 참으로 너희에게 이르노니 여
기 섰는 사람 중에 죽기 전에 하나님의 나라
를 볼 자들도 있느니라 28 이 말씀을 하신 후
팔일쯤 되어 예수께서 베드로와 요한과 야고
보를 데리시고 기도하시러 산에 올라가사 29
기도하실 때에 용모가 변화되고 그 옷이 희어
져 광채가 나더라 30 문득 두 사람이 예수와
함께 말하니 이는 모세와 엘리야라 31 영광

and James, and went up into a mountain
to pray. 29 And as he prayed, the fashion
of his countenance was altered, and his
raiment was white and glistering. 30 And,
behold, there talked with him two men,
which were Moses and Elias: 31 Who ap-
peared in glory, and spake of his decease
which he should accomplish at Jerusalem.
32 But Peter and they that were with him
were heavy with sleep: and when they
were awake, they saw his glory, and the
two men that stood with him. 33 And it
came to pass, as they departed from him,
Peter said unto Jesus, Master, it is good for
us to be here: and let us make three taber-
nacles; one for thee, and one for Moses,
and one for Elias: not knowing what he
said. 34 While he thus spake, there came a
cloud, and overshadowed them: and they
feared as they entered into the cloud. 35
And there came a voice out of the cloud,

중에 나타나서 장차 예수께서 예루살렘에서
별세하실 것을 말씀할새 32 베드로와 및 함
께 있는 자들이 곤하여 졸다가 아주 깨어 예
수의 영광과 및 함께 선 두 사람을 보더니 33
두 사람이 떠날 때에 베드로가 예수께 여짜오
되 주여 우리가 여기 있는 것이 좋사오니 우
리가 초막 셋을 짓되 하나는 주를 위하여, 하
나는 모세를 위하여, 하나는 엘리야를 위하여
하사이다 하되 자기의 하는 말을 자기도 알지
못하더라 34 이 말 할 즈음에 구름이 와서 저
희를 덮는지라 구름 속으로 들어갈 때에 저희
가 무서워하더니 35 구름 속에서 소리가 나
서 가로되 이는 나의 아들 곧 택함을 받은 자
니 너희는 저의 말을 들으라 하고 36 소리가
그치매 오직 예수만 보이시더라 제자들이 잠
잠하여 그 본 것을 무엇이든지 그 때에는 아
무에게도 이르지 아니하니라

saying, This is my beloved Son: hear him.
36 And when the voice was past, Jesus was
found alone. And they kept it close, and
told no man in those days any of those
things which they had seen.

Peter and other disciples saw many miracles while they were following Jesus. Qualification of Messiah for the Jews was based on miracles and wonders. Then, why did Peter have to be afraid, talking gibberish after seeing the glory of the Mount of the Transfiguration? It was rare for disciples to be afraid of miracles performed by Jesus because they were mostly encouraged by His wonders. Haven't they seen many miracles and wonders performed by Jesus already? Why did he fear the glory of the Mount of the Transfiguration?

Surprisingly, Jesus said that the Son of Man must suffer from the cross and go into the glory before the wonder of the transfiguration. Therefore, the incident at mount transfiguration was an event that showed God's glory in order to enlighten the disciples of the cross and the glory. Both Moses and Elijah appeared in glory and spoke what Jesus was about to accomplish at Jerusalem as Jesus would receive the glory after taking the cross first. Peter said to Jesus to make tabernacles there to stay while being fearful as he entered the cloud. But that's not just because he was afraid of miracles or the glory. Surely, Jesus said that he would be killed after taking the cross(22, 23) and promised to come back in his own glory(26).

So, Peter would not be afraid of the miracle of glory upon the Mount of the Transfiguration, rather, he might think as follows. 'If Jesus is someone who can show such glory of heaven at the Mount of the Transfiguration, the glory he promised to come would definitely be accomplished and suffering and his death on the cross prophesied before the glory also must be accomplished by him.' In a word, fear for the death of Jesus on the cross that would be accomplished might have over flown him as much as he experienced the glory of the Mount of the Transfiguration in reality due to the prophecy that his teacher would get the glory after passing the suffering of death.

So, Peter might say to Jesus to build tabernacles and stay there talking gibberish out of fear for the tragic prophecy that Jesus would be killed by the chief priests and scribes will come true. If they make tabernacles on the mountain without anyone knowing, he could avoid the tragedy of losing his teacher who would be crucified on the cross.

Nevertheless, Peter and we now know the truth that there is no glory without cross. Selfish and fallen Adams are afraid of and alarmed at the sacrifice of the cross for the whole world by instinct. But, there is no way for me, you and also apostles or even Jesus to accomplish the glory of the Kingdom on earth without cross.

베드로를 비롯한 제자들 모두 예수님을 따르면서 여러 기적을 보였다. 유대인들은 기사와 표적이 나타나는가를 기준으로 메시아의 자격을 논하였다. 그렇다면 예수님을 쫓아다니면서 수많은 기적을 보고 자신도 기적을 보인 적이 있던 베드로가 굳이 변화산의 영광을 보고 횡설수설하며 두려워한 이유는 무엇일까? 제자들은 예수님의 기적에 대해 대부분 고무된 반응을 보여 왔지 당혹을 넘어 두려워하는 경우는 드물었다. 이미 여러 차례 예수님께서 베푸신 표적과 기사의 역사들을 많이 보지 않았던가! 굳이 변화산의 영광을 두려워할 이유가 있었을까.

놀랍게도 예수님은 변화 산 사건 전에 인자가 십자가의 고난을 받고 영광에 들어갈 것을 말씀하셨다. 따라서 변화 산 사건은 십자가와 영광을 이해하지 못한 제자들을 깨닫게 하기 위한 하나님의 배려로 이루어진 영광의 사건이었다. 먼저 십자가를 지고 나서야 영광을 받으실 예수님이기에, 모세와 엘리야조차 영광중에 나타나 예수님이 예루살렘에서 돌아가실 것임을 예고한다. 베드로가 초막을 짓고 변화 산에 계속 머무르고자 하며 구름 중에 나타난 모습을 두려워한 일은 단순히 기적과 영광이 두려워서가 아니다. 분명히 예수님 본인이 십자가를 지고 돌아가실 것(22, 23)을 예고하시고 영광스럽게 다시 오실 것임을 약속하셨다(26). 따라서 베드로는 그저 변화 산에 임한 영광의 기적을 두려워했다기보다는 충분히 다음과 같이 생각했을 수 있다.

'변화산에서 이러한 하늘의 영광을 보이실 수 있는 예수님이 장차 올 영광을 약속하셨다면 그 영광은 반드시 성취될 것이다. 이러한 영광을 이루실 수 있는 분이라면 또한 그 영광보다 먼저 예언하셨던 자신이 지실 십자가의 고난과 죽음도 반드시 이루시고 말 것임에 틀림없다.' 예언을 통해 스승이 먼저 죽음의 고난을 통과한 후에 영광을 얻는다는 것을 들었을 때, 변화산의 영광이 더욱 강력하고 실제적으로 느껴지자 예수님의 십자가 죽음도 반드시 성취되겠다는 두려움이 엄습한 것이리라.

베드로가 대제사장들과 서기관들에 의해 예수님께서 죽임을 당하시는 비극이 실제로 닥치게 되리라는 두려움 때문에 횡설수설하며 변화 산에 초막을 짓고 머물고자 한 것일 수 있다. 왜냐하면 이 산에서 아무도 모르게 초막을 짓고 살면 적어도 예수님이 십자가에 못 박혀 돌아가시는 비극, 스승을 잃게 되는 비극은 막을 수 있을 것이기 때문이다.

하지만 이제 베드로도 우리도 잘 알고 있다. 십자가 없이 영광은 있을 수 없다는 진리를. 이기적이며 타락한 아담들은 본능적으로 온 세상을 위한 십자가의 희생을 두려워하고 경계한다. 그러나 십자가를 피한다면 나도 당신도 사도들 역시, 심지어 예수님조차도 하나님 나라의 영광을 이 땅에 이룰 방법이 없다.

104. 아들을 건 약속

104. PROMISE ON HIS SON'S LIFE

EXODUS 4:21-26

21 And the LORD said unto Moses,
When thou goest to return into Egypt,
see that thou do all those wonders before
Pharaoh, which I have put in thine hand:
but I will harden his heart, that he shall not
let the people go. 22 And thou shalt say
unto Pharaoh, Thus saith the LORD, Is-
rael is my son, even my firstborn: 23 And
I say unto thee, Let my son go, that he may
serve me: and if thou refuse to let him go,
behold, I will slay thy son, even thy first-
born. 24 And it came to pass by the way
in the inn, that the LORD met him, and
sought to kill him. 25 Then Zipporah
took a sharp stone, and cut off the fore-
skin of her son, and cast it at his feet, and
said, Surely a bloody husband art thou to
me. 26 So he let him go: then she said, A
bloody husband thou art, because of the
circumcision.

출애굽기 4:21-26

21 여호와께서 모세에게 이르시되 네가 애굽
으로 돌아가거든 내가 네 손에 준 이적을 바
로 앞에서 다 행하라 그러나 내가 그의 마음
을 강퍅케 한즉 그가 백성을 놓지 아니하리니
22 너는 바로에게 이르기를 여호와의 말씀에
이스라엘은 내 아들 내 장자라 23 내가 네게
이르기를 내 아들을 놓아서 나를 섬기게 하
라 하여도 네가 놓기를 거절하니 내가 네 아
들 네 장자를 죽이리라 하셨다 하라 하시니라
24 여호와께서 길의 숙소에서 모세를 만나사
그를 죽이려하시는지라 25 십보라가 차돌을
취하여 그 아들의 양피를 베어 모세의 발 앞
에 던지며 가로되 당신은 참으로 내게 피 남
편이로다 하니 26 여호와께서 모세를 놓으시
니라 그 때에 십보라가 피 남편이라 함은 할
례를 인함이었더라

Why did God come and try to kill Moses who was on the way to say to Pharaoh with a hardened heart that the first-born of Egypt would be killed if he disobeys God? For Zipporah, performing a circumcision on her son meant that she gives her son the identity of the Hebrew slave, the mark of circumcision when entering into the most powerful empire in the world. At the time, the mark of circumcision is cruel and disgusting under the situation that the Hebrews have a terrible life as slaves for generations in Egypt. So, Zipporah probably strongly resisted for her son from being circumcised.

But, for Moses, he dares to go to Pharaoh with his faith that the Hebrew are saved by the power of God. Therefore, performing circumcision on sons means that these children are Hebrew, not hostages or slaves. It shows confidence that Israel is saved by the power of God. He is not eligible for giving faith to the Israelites, the bride of God if he can't make his wife believe the promise of God's salvation. He can't give circumcision, a mark of the Hebrew to his son if he thinks with a shadow of doubt that the Hebrews will be left as a slave under Egypt.

God handled Zipporah who kept God's son from being circumcised, a mark of becoming a member of Israelites through a extreme gesture that He would take Moses. Therefore, performing circumcision to sons was a way of expressing his de-

왜 하나님은 모세가 강퍅한 바로에게 하나님의 말씀에 거역하면 이집트의 장자들이 죽게 될 것이라는 하나님의 명령을 전하러 가는 길에 그를 죽이려 하시는가?

십보라 입장에서 자녀에게 할례를 준다는 것은 당시 전 세계 가장 강력한 제국, 이집트에 제 발로 들어가면서 이집트의 노예 민족이었던 히브리 민족의 정체, 할례받은 표를 자녀에게 준다는 것과 같은 의미이다. 당시 히브리 민족은 애굽에서 대를 이어 참혹하게 노예 생활을 해왔기에 할례받은 표는 참혹하고 혐오스러운 노예의 표식이었다. 그래서 십보라는 극구 아들들의 할례만은 막으려 했을 것이다.

그러나 모세의 입장에서는 히브리 민족이 하나님의 능력으로 구원받는다는 믿음으로 감히 바로에게 도전하러가는 것이다. 따라서 자녀에게 할례를 준다는 것은 이 아이들은 히브리인이고 곧 노예로 볼모가 되는 것이 아니요, 하나님의 능력으로 이스라엘 사람들이 구원받는다는 확신을 나타내는 것이다.

모세가 자기 아내조차 하나님께서 베푸실 구원의 약속을 믿게 하지 못한다면 하나님의 신부 이스라엘에 믿음을 줄 자격이 있을까? 아니 없을 것이다. 일말이라도 히브리인이 여전히 애굽의 노예로 남게 되지는 않을지 의심하면서 자기 아들들에게 히브리인의 표식 할례를 줄 수는 없는 일이다. 하나님은 자기 아들을 이스라엘 민족이 되는 표식, 할례를 받도록 내어놓지 못했던 십보라에게 모세를 데려가시겠다는 초강수를 던지심으로 모세를 통해 십보라를 다스리셨다. 모세가 이스라엘 백성들을 애굽의 노예 생

termination that he would not let his sons and the Hebrews whom Moses loves with his life become slaves of Egypt when he stood with his family before the Israelites to save them from their life of slavery in Egypt. God accomplished His kingdom by giving the life of his son because he loves us.

With what can you and I accomplish His kingdom? We will establish His kingdom with our lives by sharing the gospel to the unreached ethnic groups that the gospel wasn't shared yet and His kingdom still not accomplished. Never change your mind before the promise of His kingdom with your lives and everything. His love that gave his son will be done though we can't do all. But with him we can do it all. And He will dramatically accomplish the nation of Jesus, all the heavens and the earth.

활로부터 구원하고자 가정을 대동하고 이스라엘 앞에 섰을 때 제 아들들에게 할례를 주었다는 것은 내 목숨같이 아끼는 아들들과 히브리인들 모두 애굽의 노예로 떨어뜨리지 않겠다는 결연한 의지의 표현으로 받아들여졌을 것이다.

우리를 사랑하시기에 하나님은 아들의 목숨을 걸어 하나님의 나라를 이루셨다. 당신과 내가 무엇으로 그분의 나라를 이루어드릴 수 있을까? 아직 그분의 나라가 되지 못한 복음을 받지 못한 민족들을 위해 목숨을 걸어 그분의 나라를 이루어 드리리라. 생명과 내 모든 것을 걸어 하나님 나라의 약속 앞에 변절하지 않으리라. 우리는 다 할 수 없지만, 아들을 내어주신 사랑의 의지가 있는 그분은 반드시 이루실 것이다. 온 천하와 하늘과 땅에 예수님의 나라를 감격스럽게 이루실 것이다.

105. 허다한 증인과 함께 오시는 이

105. THE LORD COMES WITH TEN THOUSANDS OF HIS SAINTS

JUDE 1:14-15

14 And Enoch also, the seventh from
Adam, prophesied of these, saying, Be-
hold, the Lord cometh with ten thou-
sands of his saints, 15 To execute judg-
ment upon all, and to convince all that are
ungodly among them of all their ungodly
deeds which they have ungodly commit-
ted, and of all their hard speeches which
ungodly sinners have spoken against him.

유다서 1:14-15

14 아담의 칠세 손 에녹이 사람들에게 대하
여도 예언하여 이르되 보라 주께서 그 수만
의 거룩한 자와 함께 임하셨나니 15 이는 뭇
사람을 심판하사 모든 경건치 않은 자의 경
건치 않게 행한 모든 경건치 않은 일과 또 경
건치 않은 죄인의 주께 거스려 한 모든 강퍅
한 말을 인하여 저희를 정죄하려 하심이라
하였느니라

예수님께서 구름타고 오시리라는 성경적 묘사는 기독교인에게 상식적인 묘사다. 물론 분명히 회화적인 진술로 예수님이 구름을 타고 오시는 것도 맞겠지만, 유다서는 이 장면에 대해 충격적인 이면을 밝혀준다.

예수님은 허다한 증인들과 함께 다시 오신다! 구름이 공기 중의 수분이 엉기어 덩어리를 이룸으로 우리 눈에 보이듯, 물방울과 같이 허다한 증인의 무리가 모여서 오는 광경이 멀리서 보았을 때는 마치 구름처럼 보이는 것이다!

아담의 7대손인 에녹이 본 이 장면은 오늘날에 기독교인들의 미래인식보다 뚜렷하다는 점에서 경이롭다. 도적같이 다시 오실 예수 그리스도에 대해 희미해져 깨어 있지 못한 그리스도인에게 경종을 울린다. 인류가 시작되고 불과 몇 백년도 흐르지 않은 고대 시대의 에녹은 주님의 다시 오실 길을 뚜렷한 믿음의 눈으로 보고 명쾌하게 증거하고 있다!

예수는 소수의 특별한 기독교인이 아니라 다수의 허다한 증인을 통해 다시 오실 길을 여실 것이다. 주님의 허다한 증언을 가진 이들로 일어서고, 허다한 증인들을 예비할 일이다.

Biblical description of Jesus coming on the clouds is a common description for the Christians. It is clear, in pictorial description, that Jesus will be coming on the clouds, but the book of Jude reveals a shocking facts about this scene.

Jesus comes with ten thousands of His saints who are witnesses to Him! As clouds are made visible when water molecules in the air accumulate, so is when thousands of witnesses are gathered in a group and it may look like a cloud seen from a distance!

The scene that Enoch, Adam's seventh generation, has seen is magnificent because it represents a even clearer future recognition than the Christians living today. It sounds the alarm for complacent Christians who are not awake in preparation of the returning Lord, who comes like a thief. Enoch is clearly testifying with faithfulness our returning Lord at an ancient time where humanity has only begun a few hundred years ago.

Christ Jesus will prepare His way of coming again through ten thousands of witnesses not just by small number of special Christians. We who have thousands of testimonies of Him should stand up and strive to prepare thousands of witnesses.

106. 발씻기는 노예

106. THE SLAVE WHO WASHES THE FEET

LUKE 21:20-24, JOHN 13:1-18

21:20 And when ye shall see Jerusalem compassed with armies, then know that the desolation thereof is nigh. 21 Then let them which are in Judaea flee to the mountains; and let them which are in the midst of it depart out; and let not them that are in the countries enter thereinto. 22 For these be the days of vengeance, that all things which are written may be fulfilled. 23 But woe unto them that are with child, and to them that give suck, in those days! for there shall be great distress in the land, and wrath upon this people. 24 And they shall fall by the edge of the sword, and shall be led away captive into all nations: and Jerusalem shall be trodden down of the Gentiles, until the times of the Gentiles be fulfilled.

13:1 Now before the feast of the passover, when Jesus knew that his hour was come

누가복음 21:20-24, 요한복음 13:1-18

21:20 너희가 예루살렘이 군대들에게 에워싸이는 것을 보거든 그 멸망이 가까운 줄을 알라 21 그 때에 유대에 있는 자들은 산으로 도망할찌며 성내에 있는 자들은 나갈찌며 촌에 있는 자들은 그리로 들어가지 말찌어다 22이 날들은 기록된 모든 것을 이루는 형벌의 날이니라 23 그 날에는 아이 밴 자들과 젖먹이는 자들에게 화가 있으리니 이는 땅에 큰 환난과 이 백성에게 진노가 있겠음이로다 24 저희가 칼날에 죽임을 당하며 모든 이방에 사로잡혀 가겠고 예루살렘은 이방인의 때가 차기까지 이방인들에게 밟히리라

13:1 유월절 전에 예수께서 자기가 세상을 떠나 아버지께로 돌아가실 때가 이른줄 아시고 세상에 있는 자기 사람들을 사랑하시되 끝까지 사랑하시니라 2 마귀가 벌써 시몬의 아들 가룟 유다의 마음에 예수를 팔려는 생각을 넣었더니 3 저녁 먹는 중 예수는 아버지께서 모든 것을 자기 손에 맡기신 것과 또 자기가 하나님께로부터 오셨다가 하나님께로 돌아가

that he should depart out of this world unto the Father, having loved his own which were in the world, he loved them unto the end. 2 And supper being ended, the devil having now put into the heart of Judas Iscariot, Simon's son, to betray him; 3 Jesus knowing that the Father had given all things into his hands, and that he was come from God, and went to God; 4He riseth from supper, and laid aside his garments; and took a towel, and girded himself. 5 After that he poureth water into a bason, and began to wash the disciples' feet, and to wipe them with the towel wherewith he was girded. 6 Then cometh he to Simon Peter: and Peter saith unto him, Lord, dost thou wash my feet? 7 Jesus answered and said unto him, What I do thou knowest not now; but thou shalt know hereafter. 8 Peter saith unto him, Thou shalt never wash my feet. Jesus an-

실 것을 아시고 4 저녁 잡수시던 자리에서 일어나 겉옷을 벗고 수건을 가져다가 허리에 두르시고 5 이에 대야에 물을 담아 제자들의 발을 씻기시고 그 두르신 수건으로 씻기기를 시작하여 6 시몬 베드로에게 이르시니 가로되 주여 주께서 내 발을 씻기시나이까 7 예수께서 대답하여 가라사대 나의 하는 것을 네가 이제는 알지 못하나 이 후에는 알리라 8 베드로가 가로되 내 발을 절대로 씻기지 못하시리이다 예수께서 대답하시되 내가 너를 씻기지 아니하면 네가 나와 상관이 없느니라 9 시몬 베드로가 가로되 주여 내 발 뿐아니라 손과 머리도 씻겨 주옵소서 10 예수께서 가라사대 이미 목욕한 자는 발 밖에 씻을 필요가 없느니라 온 몸이 깨끗하니라 너희가 깨끗하나 다는 아니니라 하시니 11 이는 자기를 팔 자가 누구인지 아심이라 그러므로 다는 깨끗지 아니하다 하시니라 12 저희 발을 씻기신 후에 옷을 입으시고 다시 앉아 저희에게 이르시되 내가 너희에게 행한 것을 너희가 아느냐 13 너희가 나를 선생이라 또는 주라 하니

swered him, If I wash thee not, thou hast
no part with me. 9 Simon Peter saith
unto him, Lord, not my feet only, but also
my hands and my head. 10 Jesus saith to
him, He that is washed needeth not save
to wash his feet, but is clean every whit:
and ye are clean, but not all. 11For he
knew who should betray him; therefore
said he, Ye are not all clean. 12 So after he
had washed their feet, and had taken his
garments, and was set down again, he said
unto them, Know ye what I have done to
you? 13 Ye call me Master and Lord: and
ye say well; for so I am. 14 If I then, your
Lord and Master, have washed your feet;
ye also ought to wash one another's feet.
15 For I have given you an example, that
ye should do as I have done to you. 16
Verily, verily, I say unto you, The servant
is not greater than his lord; neither he that
is sent greater than he that sent him. 17

너희 말이 옳도다 내가 그러하다 14 내가 주
와 또는 선생이 되어 너희 발을 씻겼으니 너
희도 서로 발을 씻기는 것이 옳으니라 15 내
가 너희에게 행한것 같이 너희도 행하게 하려
하여 본을 보였노라 16 내가 진실로 진실로
너희에게 이르노니 종이 상전보다 크지 못하
고 보냄을 받은 자가 보낸 자보다 크지 못하
니 17 너희가 이것을 알고 행하면 복이 있으
리라 18 내가 너희를 다 가리켜 말하는 것이
아니라 내가 나의 택한 자들이 누구인지 앎
이라 그러나 내 떡을 먹는 자가 내게 발꿈치
를 들었다 한 성경을 응하게 하려는 것이니라

If ye know these things, happy are ye if ye
do them. 18 I speak not of you all: I know
whom I have chosen: but that the scrip-
ture may be fulfilled, He that eateth bread
with me hath lifted up his heel against me.

예수님은 제자들 간에 반복적으로 일어났던 '누가 더 큰 자인가'라는 고질적인 분쟁 중에 자리에서 일어나셔서 그들의 발을 씻기셨다. 만약 제자들 중 하나가 이런 논쟁이 일어나던 중에 다른 이의 위력으로 인해 다른 이의 발을 씻겨야 했다면 매우 수치스러워 견딜 수가 없었을 것이다. 왜냐하면 집안의 노예나 하인, 종 따위가 하는 일이 바로 막 귀가한 주인의 발을 씻기는 일이기 때문이다.

그러나 예수님은 매우 의도적으로 밖에서 막 들어온 직후가 아닌 식사 중간에 발을 씻기고 계신다. 종이나 하인이 하는 발을 씻기는 일을 그의 제자들이 '누가 더 큰 자인가'라고 논쟁하는 중일 때 하고 계신 셈이다. 제자들의 약함과 더러움을 씻기시는 예수님의 겸손한 섬김 앞에 사단의 속성처럼 서로 빗대어 크고 높은 교만의 자리에 앉으려는 제자들의 암투 열기가 찬물을 끼얹듯 사그라졌다.

예수님을 따르는 제자의 눈에는 약하기 때문에 채워져야 하는 섬김의 자리가 보이고 사단의 눈에는 상대를 밟고 일어서 다른 이들보다 높아짐으로 자신을 채울 자기만족과 자기안정, 야망의 자리가 보인다. 나와 당신의 눈에는 과연 어느 자리가 보암직한가?

Jesus washed his disciples' feet in the midst of the chronic struggle where they used to argue over who was bigger among them. If one of them had to wash others' feet by force in the middle of such an argument, he might not be able to bear the shame. That's because the act is what servants, slaves of one's house do just when their master comes back home.

Like a servant and a slave Jesus washed them arguing about who is bigger in that he washed them during their meal, not when they came into the house.

The heat of veiled enmity of the disciples who wanted to sit on a bigger and higher position of arrogance by comparing each other like Satan's character became quiet before the humble service of Jesus who washed their weakness and dirt as if he tried to throw cold water on the squabble.

The position of the weak and poor that should be served are seen in the eyes of disciples. On the contrary, the position of self-satisfaction, self-comfort and ambitions that fulfill themselves by becoming higher than others and overriding them are seen in the eyes of Satan. Which position looks good for my eyes and your eyes?

107. 씨 있는 열매

107. FRUITS THAT HAVE SEED

GENESIS 1:27-31

27 So God created man in his own image,
in the image of God created he him; male
and female created he them. 28 And God
blessed them, and God said unto them, Be
fruitful, and multiply, and replenish the
earth, and subdue it: and have dominion
over the fish of the sea, and over the fowl
of the air, and over every living thing that
moveth upon the earth. 29 And God said,
Behold, I have given you every herb bear-
ing seed, which is upon the face of all the
earth, and every tree, in the which is the
fruit of a tree yielding seed; to you it shall be
for meat. 30And to every beast of the earth,
and to every fowl of the air, and to every
thing that creepeth upon the earth, where-
in there is life, I have given every green herb
for meat: and it was so. 31 And God saw
every thing that he had made, and, behold,
it was very good. And the evening and the
morning were the sixth day.

창세기 1:27-31

27 하나님이 자기 형상 곧 하나님의 형상대로
사람을 창조하시되 남자와 여자를 창조하시
고 28 하나님이 그들에게 복을 주시며 그들
에게 이르시되 생육하고 번성하여 땅에 충만
하라, 땅을 정복하라, 바다의 고기와 공중의
새와 땅에 움직이는 모든 생물을 다스리라 하
시니라 29 하나님이 가라사대 내가 온 지면
의 씨 맺는 모든 채소와 씨 가진 열매 맺는 모
든 나무를 너희에게 주노니 너희 식물이 되리
라 30 또 땅의 모든 짐승과 공중의 모든 새와
생명이 있어 땅에 기는 모든 것에게는 내가
모든 푸른 풀을 식물로 주노라 하시니 그대로
되니라 31 하나님이 그 지으신 모든 것을 보
시니 보시기에 심히 좋았더라 저녁이 되며 아
침이 되니 이는 여섯째 날이니라

God designated foods for people and animals in the history of the creation. God allowed people to have herbs that yield seeds and trees whose fruit yields seed. On the contrary, He gave animals just green herbs, vegetables that are not related with seed and fruit for food.

Animals exist on the earth to survive by eating and drinking. But human beings who have God's shape by birth exist in the world to give birth to other lives through the gospel of sacrifice just as they yield another plant by eating the flesh of fruit and dropping its seed and fruit.

Jesus Christ was born from the seed of Abraham and David and fallen on the earth of sin and brought human beings into life again by being sacrificed on the cross. Likewise, you as a human should also live the life of communion of sacrifice during which you eat wine and bread that will save entire human beings by proclaiming the gospel of Jesus Christ, not the life full of worries about self-survival during which you eat and drink like an animal.

창조가 이뤄지는 과정 가운데 하나님은 사람이 먹을 식물과 짐승이 먹을 식물을 각기 구분하여 주셨다. 사람에게는 씨를 가진 채소나 열매를 맺어 씨로 번식하는 나무를 음식물로 허락하신 것과 대조적으로 짐승에게는 씨와 열매와 무관한 그냥 푸른 채소, 푸성귀를 음식물로 구분하여 주신 것이다.

짐승의 형상은 그저 먹고 마심으로 자기생존을 영위하기 위해 이 땅에 존재한다. 그러나 태초부터 하나님의 형상을 따라 지어진 사람은 음식을 먹을 때에도 과육 속에 있는 씨와 열매를 땅에 떨어뜨려 또 다른 식물을 만들어 낼 수 있는 것처럼 예수님 희생의 복음으로 살아감으로써 또 다른 생명을 잉태하기 위해 세상에 존재한다.

예수 그리스도가 아브라함과 다윗으로부터 난 생명의 씨앗으로 죄악의 땅에 떨어져 십자가에 못 박히는 희생을 치르심으로 죄로 영원히 죽을 수밖에 없었던 인류를 생명으로 잉태했다. 마찬가지로 존귀한 하나님의 형상으로 지어진 당신은 짐승처럼 자기 생존을 염려하며 먹고 마시기 위해서 사는 것이 아니라, 예수 그리스도가 자신의 몸과 피를 떡과 포도주로 내어주신 희생과 구원의 복음을 전하여 온 인류가 그 피와 몸을 으깨어먹게 하는, 희생의 성만찬의 삶을 살아야 한다.

108. 심판과 구원 그리고 의인

108. THE JUDGEMENT AND THE SALVATION, AND THE RIGHTEOUS

GENESIS 18:20-32

20 And the LORD said, Because the cry
of Sodom and Gomorrah is great, and
because their sin is very grievous; 21 I
will go down now, and see whether they
have done altogether according to the cry
of it, which is come unto me; and if not, I
will know. 22 And the men turned their
faces from thence, and went toward So-
dom: but Abraham stood yet before the
LORD. 23 And Abraham drew near, and
said, Wilt thou also destroy the righteous
with the wicked? 24 Peradventure there
be fifty righteous within the city: wilt
thou also destroy and not spare the place
for the fifty righteous that are therein? 25
That be far from thee to do after this man-
ner, to slay the righteous with the wicked:
and that the righteous should be as the
wicked, that be far from thee: Shall not the
Judge of all the earth do right? 26 And the
LORD said, If I find in Sodom fifty right-

창세기 18:20-32

20 여호와께서 또 가라사대 소돔과 고모라에
대한 부르짖음이 크고 그 죄악이 심히 중하니
21 내가 이제 내려가서 그 모든 행한 것이 과
연 내게 들린 부르짖음과 같은지 그렇지 않은
지 내가 보고 알려하노라 22 그 사람들이 거
기서 떠나 소돔으로 향하여 가고 아브라함은
여호와 앞에 그대로 섰더니 23 가까이 나아
가 가로되 주께서 의인을 악인과 함께 멸하시
려나이까 24 그 성중에 의인 오십이 있을찌
라도 주께서 그 곳을 멸하시고 그 오십 의인
을 위하여 용서치 아니하시리이까 25 주께서
이같이 하사 의인을 악인과 함께 죽이심은 불
가하오며 의인과 악인을 균등히하심도 불가
하니이다 세상을 심판하시는 이가 공의를 행
하실 것이 아니니이까 26 여호와께서 가라사
대 내가 만일 소돔 성중에서 의인 오십을 찾
으면 그들을 위하여 온 지경을 용서하리라 27
아브라함이 말씀하여 가로되 티끌과 같은 나
라도 감히 주께 고하나이다 28 오십 의인 중
에 오인이 부족할 것이면 그 오인 부족함을
인하여 온 성을 멸하시리이까 가라사대 내가

eous within the city, then I will spare all
the place for their sakes. 27 And Abraham
answered and said, Behold now, I have
taken upon me to speak unto the LORD,
which am but dust and ashes: 28 Per-
adventure there shall lack five of the fifty
righteous: wilt thou destroy all the city
for lack of five? And he said, If I find there
forty and five, I will not destroy it. 29 And
he spake unto him yet again, and said, Per-
adventure there shall be forty found there.
And he said, I will not do it for forty's sake.
30 And he said unto him, Oh let not the
LORD be angry, and I will speak: Perad-
venture there shall thirty be found there.
And he said, I will not do it, if I find thirty
there. 31 And he said, Behold now, I have
taken upon me to speak unto the LORD:
Peradventure there shall be twenty found
there. And he said, I will not destroy it for
twenty's sake. 32 And he said, Oh let not

거기서 사십 오인을 찾으면 멸하지 아니하리
라 29 아브라함이 또 고하여 가로되 거기서
사십인을 찾으시면 어찌 하시려나이까 가라
사대 사십인을 인하여 멸하지 아니하리라 30
아브라함이 가로되 내 주여 노하지 마옵시고
말씀하게 하옵소서 거기서 삼십인을 찾으시
면 어찌 하시려나이까 가라사대 내가 거기서
삼십인을 찾으면 멸하지 아니하리라 31 아브
라함이 또 가로되 내가 감히 내 주께 고하나
이다 거기서 이십인을 찾으시면 어찌 하시려
나이까 가라사대 내가 이십인을 인하여 멸하
지 아니하리라 32 아브라함이 또 가로되 주
는 노하지 마옵소서 내가 이번만 더 말씀하
리이다 거기서 십인을 찾으시면 어찌 하시려
나이까 가라사대 내가 십인을 인하여도 멸하
지 아니하리라

the LORD be angry, and I will speak yet but this once: Peradventure ten shall be found there. And he said, I will not destroy it for ten's sake.

When Abraham was talking to the Lord as an intercessor for Lot to save Sodom and Gomorrah from the judgment, why did he stop asking the Lord at 10 righteous left? Why didn't he ask, obstinately, until one righteous left? The Lord said he would save the city even if there was only one righteous in the city(Jeremiah 5:1). According to the Word in the book of 2Peter, Lot was a righteous man. Why weren't the Lord and Abraham able to save the city through the one righteous man but destroyed the entire city instead?

Lot and his wife, daughters and sons-in-law, their descendants and servants added up together would make well more than 10 righteous people all together. But Lot failed to nurture and govern his family in righteousness. Behold, Lot's wife became a pillar of salt because she looked back to Sodom and Gomorrah with a lingering attachment. The daughters committed incest without hesitation, something that is as similar as sexual depravity of Sodom and Gomorrah. Sons-in-law didn't respect the word of the Lord and the judgment, but laughed at them.

It is correct the righteous must be saved, but it is a different matter when talking about the salvation of a group, city or a nation. There's no doubt the Lord is capable to save nations and countries through one righteous man. However, the righteous must not stop at defending his righteousness alone, but must show and spread, yielding fruit, this righteousness

That can change the city. The reason why a righteous man is needed in the cities and nations is to change those groups by the impact of their righteousness. Lot has failed to bear the fruit of righteousness, even in his own family. He didn't have the ability to change the city with righteousness. There are, even, traces of the influence of sin that has penetrated into the house of Lot, very much like a reverse osmosis.

If you are able to impart righteousness to the whole world and nations by telling the righteousness of the Gospel, there is hope for the world and the whole nations. But if you are isolated because you hesitate to spread the righteousness of the Gospel, you may be better off being taken up to heaven as Enoch rather than suffering the pain of the sin of the world. Raise your torch of the righteousness of the Gospel in the world!

아브라함이 롯을 생각하면서 소돔과 고모라에 임한 심판을 돌이키기 위해 중보 하였을 때 왜 그는 성읍에 있던 의인 즉, 단 한 명의 의인을 통해서도 구원받을 수 있도록 집요하게 구하지 않고 열 명의 의인에서 멈추었을까? 하나님은 성읍에 한 명의 의인이 있어도 그 성읍을 구원하신다 말씀하고 계시지 않은가(렘 5:1)! 롯은 베드로후서에 따르면 의로운 사람이었다. 왜 하나님과 아브라함은 한 명의 의인으로라도 성읍을 구하도록 하지 않고 멸망하도록 둘 수밖에 없었는가?

롯의 가계에는 롯과 롯의 아내, 딸들과 사위들, 그들의 자손들, 식솔과 종들까지 합치면 능히 열 명이 넘는 사람이 있었다. 그러나 롯은 그들을 의로 양육하여 다스리고 그 의를 유전하도록 하는 데에 실패했다. 보라, 롯의 처는 심판받는 죄악의 땅 소돔과 고모라에 미련을 버리지 못하고 뒤돌아보아 소금기둥이 되었다. 딸들은 소돔과 고모라의 성적 타락과 유사한 근친상간을 겁 없이 행하였다. 사위들은 주의 말씀과 심판을 비웃으며 경홀히 여겼다.

심판 중에 의인이 구원받는 것은 분명 맞지만 의인 한 명으로 성읍이나 민족, 나라나 열국 즉 집단이 구원받는 문제는 다르다. 물론 의인 한 명으로도 주님은 민족과 나라를 구원하실 수 있다. 그러나 그 한 명의 의인이 겨우 자기 의를 지키기에 급급해하는 것이 아니라 집단에 의를 보여 전파하고 그를 통해 의의 열매가 맺어질 때 한 성읍을 바꿀 수 있다. 하나님께서 의인을 성읍과 나라에 두신 이유는 의의 영향력으로 그 집단을 바꾸기 위해서이다. 롯은 가정에서조차 의를 이루고 의인을 열매 맺는데 실패했다! 따라서 그에게는 성읍을 의로 바꿀 능력이 없었다. 도리어 롯의 가정에조차 마치 역 삼투압 현상처럼 죄가 들어와 그 영향력에 오염된 흔적이 있었다.

당신이 복음의 의를 드러내어 온 세상과 민족에게 죄로부터 자유함을 얻어 의롭게 되었음을 전할 수 있다면 세상과 온 민족에게는 소망이 있다. 그러나 당신이 복음의 의를 전파하는데서 주저하여 세상에서 고립되어 있다면 죄악의 세상에서 죄로 인한 고통에 괴로워하느니 차라리 에녹처럼 천국으로 올리는 것이 더 나은 삶인지도 모를 일이다. 이 세상에서 복음의 의로운 횃불을 들라!

109. 호세아, 예언의 말씀을 살다

109. HOSEA WHO LIVED THE WORDS OF THE PROPHECY

HOSEA 1:1-10

1 The word of the LORD that came unto
Hosea, the son of Beeri, in the days of Uz-
ziah, Jotham, Ahaz, and Hezekiah, kings
of Judah, and in the days of Jeroboam the
son of Joash, king of Israel. 2 The begin-
ning of the word of the LORD by Hosea.
And the LORD said to Hosea, Go, take
unto thee a wife of whoredoms and chil-
dren of whoredoms: for the land hath
committed great whoredom, departing
from the LORD. 3 So he went and took
Gomer the daughter of Diblaim; which
conceived, and bare him a son. 4 And the
LORD said unto him, Call his name Jez-
reel; for yet a little while, and I will avenge
the blood of Jezreel upon the house of
Jehu, and will cause to cease the kingdom
of the house of Israel. 5 And it shall come
to pass at that day, that I will break the bow
of Israel, in the valley of Jezreel. 6 And she
conceived again, and bare a daughter. And

호세아 1:1-10

1 웃시야와 요담과 아하스와 히스기야가 이
어 유다 왕이 된 시대 곧 요아스의 아들 여로
보암이 이스라엘 왕이 된 시대에 브에리의 아
들 호세아에게 임한 여호와의 말씀이라 2 여
호와께서 비로소 호세아로 말씀하시니라 여
호와께서 호세아에게 이르시되 너는 가서 음
란한 아내를 취하여 음란한 자식들을 낳으라
이 나라가 여호와를 떠나 크게 행음함이니라
3 이에 저가 가서 디블라임의 딸 고멜을 취하
였더니 저가 잉태하여 아들을 낳으매 4 여호
와께서 호세아에게 이르시되 그 이름을 이스
르엘이라 하라 조금 후에 내가 이스르엘의 피
를 예후의 집에 갚으며 이스라엘 족속의 나라
를 폐할 것임이니라 5 그 날에 내가 이스르엘
골짜기에서 이스라엘의 활을 꺾으리라 하시
니라 6 고멜이 또 잉태하여 딸을 낳으매 여호
와께서 호세아에게 이르시되 그 이름을 로루
하마라 하라 내가 다시는 이스라엘 족속을 긍
휼히 여겨서 사하지 않을 것임이니라 7 그러
나 내가 유다 족속을 긍휼히 여겨 저희 하나
님 여호와로 구원하겠고 활과 칼이나 전쟁이

God said unto him, Call her name Loru-
hamah: for I will no more have mercy
upon the house of Israel; but I will utterly
take them away. 7 But I will have mercy
upon the house of Judah, and will save
them by the LORD their God, and will
not save them by bow, nor by sword, nor
by battle, by horses, nor by horsemen. 8
Now when she had weaned Loruhamah,
she conceived, and bare a son. 9 Then said
God, Call his name Loammi: for ye are
not my people, and I will not be your God.
10 Yet the number of the children of Israel
shall be as the sand of the sea, which can-
not be measured nor numbered; and it
shall come to pass, that in the place where
it was said unto them, Ye are not my peo-
ple, there it shall be said unto them, Ye are
the sons of the living God.

나 말과 마병으로 구원하지 아니하리라 하시
니라 8 고멜이 로루하마를 젖뗀 후에 또 잉
태하여 아들을 낳으매 9 여호와께서 이르시
되 그 이름을 로암미라 하라 너희는 내 백성
이 아니요 나는 너희 하나님이 되지 아니할
것임이니라 10 그러나 이스라엘 자손의 수
가 바닷가의 모래 같이 되어서 측량할 수도
없고 셀 수도 없을 것이며 전에 저희에게 이
르기를 너희는 내 백성이 아니라 한 그곳에서
저희에게 이르기를 너희는 사신 하나님의 자
녀라 할 것이라

Was Hosea forced to marry Gomer, who he did not even like? It is possible that he was forced to marry her, but Hosea loved Gomer. The possibility that Hosea really loved Gomer is sufficiently high considering the fact that their relationship was the one that can be compared to the relationship between God and Israel. Indeed, God loved Israel while he hated the perverseness of Israel. Even when Israel abandoned God and didn't trust Jesus, the bible said that Israel is going to come back when the times of the Gentiles are fulfilled.

While he was planning to marry her out of love, Hosea heard the warning from God that Gomer will commit adultery in the future. God told Hosea take unto thee a 'wife' of whoredoms, as opposed to a 'virgin' of whoredoms(1:2, KJV). And because one can only call a woman his wife after having been married to her, what God was saying was that she will commit adultery after their marriage. Therefore, Hosea wasn't supposed to find an immoral woman to marry, but had to be brave enough to marry Gomer knowing that she will eventually commit adultery during their marriage. It could be assumed that Hosea really loved her, because of the fact that he obeyed God even after knowing he will be betrayed.

According to the warning of God, the children who Gomer would be giving birth to were children conceived through adultery(2). That means the children would not be Hosea's own! Hosea raised children of rivals as his own children. Israel was possessed by Baal and other gods. Would it be right to say that Israelites were still the people of God, as the initial intentions of God when He first chose them? They have already become children of Baal, but God promises they will become His children again, through the life of Hosea who will be living a prophetic life with God's heart for Israel(10).

Living life in the way of the Word is like taking on the cross. Preachers are not celebrities who chase after popular attention. Likewise, Christians who have received the Holy Spirit are not fortunetellers who merely scan for information of the future. A life of a normal Christian should be like that of Hosea, who lived through the pain of the times, overcoming the darkness of this world through the Word.

호세아가 과연 좋아하지도 않는 고멜과 억지로만 결혼했을까? 물론 호세아가 고멜과 억지로 결혼했을 수도 있으나 호세아는 고멜을 사랑했다. 호세아가 고멜을 진심으로 좋아하고 사랑했을 가능성은 이 두 사람의 관계가 하나님과 이스라엘의 관계로 비유된다는 점에서 그 근거가 충분하다.

하나님은 이스라엘의 음란함을 미워하셨지만 이스라엘을 사랑하셨다. 아무리 이스라엘이 하나님을 버리고 예수님을 믿지 않아도 이방인의 때가 다 차면 이스라엘이 돌아온다고 하지 않았는가. 호세아는 고멜을 연모하여 결혼하려던 중에 하나님으로부터 고멜이 장차 음행할 것에 대한 경고를 들었다.

하나님은 호세아에게 행음하는 처녀를 취하라 하지 않으시고 행음하는 아내(wife, KJV 1:2)를 취하라고 하셨다. 결혼하고 난 여자를 아내로 호칭할 수 있기 때문에 하나님은 고멜이 결혼 후에 행음할 것을 예고하고 계신 것이다. 그렇기에 호세아는 이미 행음한 여자를 찾아서 데리고 살았던 것이 아니라, 그가 고멜을 아내로 맞이한 후에 그녀가 행음할 것을 알고도 결혼을 감행하는 용기를 보인 것이다.

배반당할 줄 알면서도 하나님 말씀을 따랐던 것을 볼 때 호세아는 분명 고멜이라는 여인을 진심으로 사랑했다고 할 수 있겠다. 하나님의 예고대로라면 고멜이 호세아와 결혼하고 호세아의 아내가 되어 낳을 자녀들은 행음으로 낳을 자녀들이었다(2). 그들은 호세아의 친자식이 아니었다. 호세아는 연적의 자녀들을 자기 자녀로 키워야했다!

바알 등 각종 이방신들과 접신하여 살고 있는 이스라엘을 애초에 택하신 대로 하나님의 백성이라고 할 수 있는가? 그들은 이미 바알의 자녀가 되었지만 하나님은 자신의 심정과 같이 이스라엘을 향한 예언의 삶을 살게 한 호세아를 통해 그들이 다시 하나님의 자녀가 될 것임을 약속하신다(10).

하나님의 말씀을 삶으로 포갠다는 것은 십자가를 지는 것과 같다. 설교가는 결코 많은 이에게 주목을 받고, 인기에 영합하는 삶을 추구하는 연예인이 아니다. 또한 성령을 받은 그리스도인들도 단지 미래의 정보를 미리 스캔하는 신령한 예언자 그룹이 아니다. 호세아처럼 다가올 시대의 아픔을 삶으로 통과해 말씀으로 살아내고 말씀으로 역전시키는 것이 바로 정상적인 그리스도인의 삶이다.

110. 천국을 입은 갈대, 금 갈대자

110. A REED WEARING HEAVEN, A MEASURING REED OF GOLD

REVELATION 21:15

15 And he that talked with me had a golden reed to measure the city, and the gates thereof, and the wall thereof.

요한계시록 21:15

15 내게 말하는 자가 그 성과 그 문들과 성곽을 척량하려고 금 갈대를 가졌더라

Disciples and ministers of Christ are made to become what they are only after being shaken a thousand times at least. We should not expect that those who look good on the outside are the ones qualified to become disciples and servants of Christ. Don't think that only those who look reasonable are fit to become disciples and servants of Christ. Think about Peter. He even ran away from discipleship to fish in the sea of Galilee thinking that he was a traitor. This happened not long before Pentecost when thousands of people repented their sins after listening to Peter's message.

The Bible often compares a man's life with a vulnerable reed that are shaken by the wind. But the Lord embraces such a weak reed and turn it into a measuring reed of gold to measure and build heaven. He doesn't change the reed to a durable metal rod but lets the weak reed live the life of heaven by giving heavenly clothes without changing its character. God leads these weak people to flow in the wind with the help of Holy Spirit though they were shaken by hardships of this world before. He makes us learn the law of weakness, and teach them to entrust their lives to the Holy Spirit so that they may become strong in weakness.

You will be shaken a thousand times when you walk and follow His way according to the law of the Holy spirit, not the law of the world. Though you are weak, soon you will stand up

천 번은 흔들려야 세워지는 것이 그리스도의 제자이자 사역자다. 그리스도의 제자와 일꾼을 세우면서 모양을 온전히 갖춘 사람만이 자격을 가진다고 기대해서는 안 된다. 그럴듯할 모양을 갖춘 사람만이 제자요, 그리스도의 일꾼이 될 것이라 생각하지 말라. 베드로조차 수천 명을 회개시키는 오순절의 역사를 받아내기 불과 며칠 전에 스스로를 변절자로 여겨 갈릴리 바다로 도망갔다.

성경에서 인생을 연약한 갈대로 비유하는 것처럼 갈대는 조금만 바람이 불어도 곧 흔들리고 만다. 그러나 주님은 그러한 연약한 갈대를 천국 도처에 있는 색상인 금색, 즉 금칠을 한 금 갈대자로 변화시켜 천국을 측량하고 세울 도구로 받아주신다. 갈대를 부러지지 않을 쇠막대기로 바꾸는 것이 아니라, 연약한 갈대 그대로 두신 채 천국의 옷을 입혀 천국의 삶을 살게 하신다. 이전에는 당신이 세상 풍파에 흔들렸다면 이제는 성령의 임재 가운데 바람을 타는 법을 가르치시고 연약함을 통해 도리어 성령에게 온몸과 마음을 맡기는 법과 스스로는 약하지만, 오히려 강한 천국의 법을 새롭게 배우게 하신다.

당신이 연약한데도 그분의 길을 따르며 세상 육체의 법이 아닌, 성령의 법으로만 걸으려 한다면 당신은 천 번을 흔들린다 할지라도 이내 다시 세워질 것이다.

again.

111. 말씀을 겉사람에 묻히기만 하는 자

111. THE ONE WHO DOES NOT TAKE GOD'S WORD SERIOUSLY

1 SAMUEL 19:18-20:1

18 So David fled, and escaped, and came
to Samuel to Ramah, and told him all that
Saul had done to him. And he and Sam-
uel went and dwelt in Naioth. 19 And it
was told Saul, saying, Behold, David is at
Naioth in Ramah. 20 And Saul sent mes-
sengers to take David: and when they saw
the company of the prophets prophesying,
and Samuel standing as appointed over
them, the Spirit of God was upon the mes-
sengers of Saul, and they also prophesied.
21 And when it was told Saul, he sent oth-
er messengers, and they prophesied like-
wise. And Saul sent messengers again the
third time, and they prophesied also. 22
Then went he also to Ramah, and came to
a great well that is in Sechu: and he asked
and said, Where are Samuel and David?
And one said, Behold, they be at Naioth in
Ramah. 23 And he went thither to Naioth
in Ramah: and the Spirit of God was upon

사무엘상 19:18-20:1

18 다윗이 도피하여 라마로 가서 사무엘에게
로 나아가서 사울이 자기에게 행한 일을 다
고하였고 다윗과 사무엘이 나욧으로 가서 거
하였더라 19 혹이 사울에게 고하여 가로되 다
윗이 라마 나욧에 있더이다 하매 20 사울이 다
윗을 잡으려 사자들을 보내었더니 그들이 선
지자 무리의 예언하는 것과 사무엘이 그들의
수령으로 선 것을 볼 때에 하나님의 신이 사
울의 사자들에게 임하매 그들도 예언을 한지
라 21 혹이 그것을 사울에게 고하매 사울이
다른 사자들을 보내었더니 그들도 예언을 한
고로 사울이 세번째 다시 사자들을 보내었더
니 그들도 예언을 한지라 22 이에 사울도 라
마로 가서 세구에 있는 큰 우물에 이르러 물
어 가로되 사무엘과 다윗이 어디 있느냐 혹이
가로되 라마 나욧에 있나이다 23 사울이 라마
나욧으로 가니라 하나님의 신이 그에게도 임
하시니 그가 라마 나욧에 이르기까지 행하며
예언을 하였으며 24 그가 또 그 옷을 벗고 사
무엘 앞에서 예언을 하며 종일 종야에 벌거
벗은 몸으로 누웠었더라 그러므로 속담에 이

him also, and he went on, and prophesied,
until he came to Naioth in Ramah. 24 And
he stripped off his clothes also, and prophesied before Samuel in like manner, and lay down naked all that day and all that night. Wherefore they say, Is Saul also among the prophets?

20:1 And David fled from Naioth in Ramah, and came and said before Jonathan, What have I done? what is mine iniquity? and what is my sin before thy father, that he seeketh my life?

르기를 사울도 선지자 중에 있느냐 하니라

20:1 다윗이 라마 나욧에서 도망하여 와서 요나단에게 이르되 내가 무엇을 하였으며 내 죄악이 무엇이며 네 부친 앞에서 나의 죄가 무엇이관대 그가 내 생명을 찾느뇨

Why Messengers that Saul had sent to bring anointed David couldn't get him as the Word of God was upon them. As if God disarmed them, God made them follow His will, not Saul's order. God didn't want David to be captured, hurt or killed by Saul.

Unfortunately, Saul was not able to get David anymore as he was also overwhelmed by the Spirit on the way. As Saul had an intention of killing him due to envy and jealousy, hate and anger, God disarmed his flesh through prophesying. As prophesying is to tell God's will, the king might have prophesied God's intention at the moment not to kill David.

He was blocked by God's prophesying on his messengers three times from taking David and wasn't able to chase or get him as he also prophesied. He knew that God didn't want him to capture David through the supernatural phenomenon. However, he still chased him to kill according to his will as soon as the Spirit left him.

Although he clearly knew that David was in Rama Najot, he was afraid of going there and stayed nearby and spied on David. Even average people were captured by the Spirit in the place where the would-be prophets were staying. He might have been scared of being there because he could lose his will due to the Spirit as he had experienced being captured by the Spirit when he was anointed.

There are people who don't take God's Word seriously with their hearts like taking a shower as Saul did. They may know the Words with their knowledge, and partially experience but finally choose the will of flesh or compromise in a craft way. Those who superficially take God's Word sometimes know that God wants to show His will through them but they can't continue His work. His Word is working continuously through the person who controls the inner conflict between the flesh and the Spirit and obeys His will.

사울이 다윗을 잡으려고 보냈던 사자들에게 하나님의 말씀, 대언이 임하게 되면서 그들은 기름 부음 받은 다윗을 잡을 수 없게 되었다. 마치 하나님께서 그들을 무장 해제를 한 것처럼 사울의 명령이 아닌 하나님의 뜻에 굴복하게 하셨다. 하나님은 왕으로 기름 부음 받은 다윗이 사울에게 사로잡혀 상하거나 죽임당하여 폐해지기를 원하지 않으셨다.

불행히도 사울 또한 다윗을 잡으러 가다가 대언이 임해 더 이상 다윗을 잡을 수 없게 되었다. 사울은 아마도 다윗을 사로잡기 위해 시기와 질투, 미움과 분노 심지어 살해 의도까지 지닌바, 하나님은 사울에게 대언을 부어 사울의 육체를 무장해제 시켰다. 대언이 하나님의 뜻을 말하는 것인바 사울은 지금 하나님의 의도, 즉 다윗을 해하지 말 것을 스스로 대언한 것일 수도 있다.

사울이 다윗을 사로잡기 위해 보낸 사자들의 걸음이 대언으로 세 번이나 정지되고, 자신에게조차 대언이 임해 무장 해제를 당한 것처럼 다윗을 추격하거나 사로잡을 수 없게 되었다. 초자연적인 대언이 임한바 사울은 충분히 하나님의 의도가 다윗을 사로잡기를 원치 않는 것을 알고 있었다. 그러나 사울은 대언이 떠나기 무섭게 다시 자신의 육체의 의도대로 다윗을 죽이기 위해 추격한다.

사울은 다윗이 라마 나욧에 있다는 것을 분명히 알고도 바로 라마 나욧으로 가는 것을 저어하고 언저리에 머물며 염탐한다. 라마 나욧은 선지자 생도가 머무는 곳으로 사울의 사자들과 같은 일반 사람들조차 대언에 사로잡히는데 사울 자신이 처음 기름 부음 받았을 때 대언에 사로잡힌 전력이 있는바 그는 말씀에 사로잡혀 자신의 뜻을 잃어버리는 게 두려웠을지도 모르겠다.

사울처럼 하나님의 말씀을 속 사람의 중심 가운데 전심으로 받는 것이 아니라 샤워하듯 겉 사람에만 묻히고 마는 사람이 있다. 결국은 말씀의 뜻을 머리로 알 거나 부분적으로 경험한 후, 돌아서면 육체의 뜻을 선택하거나 육체의 뜻을 하나님의 뜻과 타협하는 가운데 교묘히 관철하는 이들이 바로 그런 자들이다.

속 사람의 중심이 아닌 겉 사람으로만 말씀을 겉으로만 말하고 마는 사람들은 때로는 자신을 통해 말씀의 역사가 나타나길 원하시는 것을 알지만, 지속적으로 말씀을 역사시킬 수는 없다. 말씀과 충돌하는 육체의 내적 갈등을 제압하고 결국 말씀에 순종하는 사람을 통해 말씀은 지속적으로 역사한다.

112. 예수님을 위해 그림자처럼 사라진 생애

112. LIFE DISAPPEARED FOR JESUS LIKE A SHADOW

JOHN 1:19-38

19 And this is the record of John, when the
Jews sent priests and Levites from Jerusalem
to ask him, Who art thou? 20 And he con-
fessed, and denied not; but confessed, I am
not the Christ. 21 And they asked him, What
then? Art thou Elias? And he saith, I am not.
Art thou that prophet? And he answered,
No. 22 Then said they unto him, Who art
thou? that we may give an answer to them
that sent us. What sayest thou of thyself?
23 He said, I am the voice of one crying in
the wilderness, Make straight the way of
the Lord, as said the prophet Esaias. 24 And
they which were sent were of the Pharisees.
25 And they asked him, and said unto him,
Why baptizest thou then, if thou be not that
Christ, nor Elias, neither that prophet? 26
John answered them, saying, I baptize with
water: but there standeth one among you,
whom ye know not; 27 He it is, who coming
after me is preferred before me, whose shoe's

요한복음 1:19-38

19 유대인들이 예루살렘에서 제사장들과 레위
인들을 요한에게 보내어 네가 누구냐 물을 때
에 요한의 증거가 이러하니라 20 요한이 드러
내어 말하고 숨기지 아니하니 드러내어 하는
말이 나는 그리스도가 아니라 한대 21 또 묻
되 그러면 무엇, 네가 엘리야냐 가로되 나는 아
니라 또 묻되 네가 그 선지자냐 대답하되 아니
라 22 또 말하되 누구냐 우리를 보낸 이들에게
대답하게 하라 너는 네게 대하여 무엇이라 하
느냐 23 가로되 나는 선지자 이사야의 말과 같
이 주의 길을 곧게 하라고 광야에서 외치는 자
의 소리로라 하니라 24 저희는 바리새인들에
게서 보낸 자라 25 또 물어 가로되 네가 만일
그리스도도 아니요 엘리야도 아니요 그 선지자
도 아닐찐대 어찌하여 세례를 주느냐 26 요한
이 대답하되 나는 물로 세례를 주거니와 너희
가운데 너희가 알지 못하는 한 사람이 섰으니
27 곧 내 뒤에 오시는 그이라 나는 그의 신들메
풀기도 감당치 못하겠노라 하더라 28 이 일은
요한의 세례 주던 곳 요단강 건너편 베다니에
서 된 일이니라 29 이튿날 요한이 예수께서 자

latchet I am not worthy to unloose. 28 These
things were done in Bethabara beyond Jor-
dan, where John was baptizing. 29 The next
day John seeth Jesus coming unto him, and
saith, Behold the Lamb of God, which taketh
away the sin of the world. 30 This is he of
whom I said, After me cometh a man which
is preferred before me: for he was before me.
31 And I knew him not: but that he should
be made manifest to Israel, therefore am I
come baptizing with water. 32 And John bare
record, saying, I saw the Spirit descending
from heaven like a dove, and it abode upon
him. 33 And I knew him not: but he that sent
me to baptize with water, the same said unto
me, Upon whom thou shalt see the Spirit
descending, and remaining on him, the same
is he which baptizeth with the Holy Ghost.
34 And I saw, and bare record that this is the
Son of God. 35 Again the next day after John
stood, and two of his disciples; 36 And look-

기에게 나아오심을 보고 가로되 보라 세상 죄
를 지고 가는 하나님의 어린 양이로다 30 내
가 전에 말하기를 내 뒤에 오는 사람이 있는
데 나보다 앞선 것은 그가 나보다 먼저 계심
이라 한 것이 이 사람을 가리킴이라 31 나도
그를 알지 못하였으나 내가 와서 물로 세례를
주는 것은 그를 이스라엘에게 나타내려 함이
라 하니라 32 요한이 또 증거하여 가로되 내
가 보매 성령이 비둘기 같이 하늘로서 내려와
서 그의 위에 머물렀더라 33 나도 그를 알지
못하였으나 나를 보내어 물로 세례를 주라 하
신 그이가 나에게 말씀하시되 성령이 내려서
누구 위에든지 머무는 것을 보거든 그가 곧
성령으로 세례를 주는 이인줄 알라 하셨기에
34 내가 보고 그가 하나님의 아들이심을 증
거하였노라 하니라 35 또 이튿날 요한이 자
기 제자 중 두 사람과 함께 섰다가 36 예수의
다니심을 보고 말하되 보라 하나님의 어린 양
이로다 37 두 제자가 그의 말을 듣고 예수를
좇거늘 38 예수께서 돌이켜 그 좇는 것을 보
시고 물어 가라사대 무엇을 구하느냐 가로되

ing upon Jesus as he walked, he saith, Behold
the Lamb of God! 37 And the two disciples
heard him speak, and they followed Jesus. 38
Then Jesus turned, and saw them following,
and saith unto them, What seek ye? They
said unto him, Rabbi, (which is to say, being
interpreted, Master,) where dwellest thou?

랍비여 어디 계시오니이까 하니 (랍비는 번역하면 선생이라)

Having When the Baptist John was questioned by religious leaders looking for false charges with keen eyes whether he was Elijah or the Prophet, he replied that he was neither Elijah nor the Prophet. It was right for him to say so as he was not the Christ. But, many of his followers might have been disappointed and left him due to his answer that denied himself as the Prophet who proclaimed God's Words and Elijah prophesied in the Old Testament. Was there any reason for the Israelites to give up their jobs and follow him if he was not the Prophet and Elijah according to the last prophecy from the book of Malachi?

Many people might have left him due to his proclamation. After that, there were only two disciples who listened to his testimony that Jesus is the Christ. Many people who used to make Pharisees become nervous by following John were disappeared. The bible doesn't say that there were many people who followed Jesus after listening to John's decisive prophecy that Jesus is the Christ. It is like a great multitude left him by ignoring his decisive evidence of confessing only about Jesus, not himself.

Even his last two disciples were sent to Jesus with repeated proclamations that the Lord is the Christ. Imagine the Baptist who might have been left alone in a wilderness with no more crying, ministry and disciples as Jesus showed up as he

세례 요한이 흡사 참소거리를 찾듯 날카로운 시선이 담긴 종교지도자들의 질문을 받았을 때, 그는 자신이 엘리야이면서 아니라고 대답하며, 대언자이지만 대언자가 아니라 대답한다. 그리스도가 아니라 부정하는 것은 맞는 일이겠지만 하나님의 말을 대언하는 대언자이자, 구약에 예언된 엘리야가 맞음에도 자신을 부인하는 세례 요한 앞에 그를 따랐던 군중들은 적잖이 실망해서 그를 떠났을 수 있다. 이스라엘 백성이 말라기서의 마지막 예언대로 그토록 기다려 광야까지 따라나선 자가 대언자도 아니고 엘리야도 아니라면 생업까지 저버리고 세례 요한을 따를 이유가 무엇인가!

스스로가 엘리야도, 대언자도 아니라고 선언하는 세례 요한 앞에 많은 이스라엘 백성들이 실망하여 자리를 털고 떠나갔을지 모른다. 다음날 예수님이 그리스도임을 증거 하는 세례 요한의 증거를 주목해서 듣는 자는 제자 단 두 명 뿐이었다. 바리새인들이 위화감을 느낄 만큼 세례요한의 말을 듣던 그 많던 군중들은 다 어디로 갔는지 세례 요한의 가장 결정적 대언인 '예수가 곧 그리스도시다' 라고 말하는 증거를 듣고, 예수 그리스도를 따르는 대중이 많았다고 성경은 기록하지 않았다. 많은 대중이 결정적인 이 시기에 세례요한이 스스로 대언자 엘리야가 아니라고 스스로의 정체를 부인하고 예수님만 나타내는 결정적인 증거를 무시하고 가버린 셈이다.

그 세례 요한이 흡사 참소거리를 찾기 위해 던진 종교지도자들의 날카로운 시선이 담긴 질문을 받았을 때, 그는 자신이 엘리야이면서 아니라고 대답하며, 대언자이지만 대언자가 아니라 대답

had confessed! See him remain silent by himself as Jesus had appeared and was going to testify himself though crying disappeared in the wilderness! Isn't it the most beautiful one in God's eyes who becomes alone and silent and disappears in the world?

The one who gives up his identity and becomes like a shadow if only Jesus can be testified! The one who is willing to be misunderstood as a false man and disappear like a mirage for Jesus, the truth!

Who is going to testify Jesus by giving one's life like John who denied his life and Elijah who focused solely on following His will, not on earth? I want to give my life to highlight only Jesus while leaving popularity, acclamation and sympathy from people behind. I want everyone to suddenly disappear like an extra on stage while leaving the testimony to Jesus through our whole lives. Let only Jesus' identity and His will be glorified!

한다. 그리스도가 아니라 부정하는 것은 맞는 일이겠지만 하나님의 말을 대언하는 대언자이자, 구약에 예언된 엘리야가 맞음에도 자신을 부인하는 세례 요한 앞에 그를 따랐던 군중들은 적잖이 실망하며 그를 떠났을 수 있다. 이스라엘 백성이 말라기 서의 마지막 예언대로 그토록 기다려 광야까지 따라나선 자가 대언자도 아니고 엘리야도 아니라면 생업까지 저버리고 세례 요한을 따를 이유가 무엇인가!

스스로가 엘리야도, 대언자도 아니라고 선언하는 세례 요한 앞에 많은 이스라엘 백성들이 실망하여 자리를 털고 떠나갔을지 모른다. 다음날 예수님이 그리스도임을 증거 하는 세례 요한의 증거를 주목해서 듣는 자는 제자 단 두 명뿐이었다. 바리새인들이 위화감을 느낄 만큼 세례요한의 말을 듣고자 모였던 그 많던 군중들은 다 어디로 갔는지 사라지고, 세례 요한의 가장 결정적 대언인 '예수가 곧 그리스도시다.' 라고 말하는 증거를 듣고, 예수 그리스도를 따르는 대중이 많았다고 성경은 기록하지 않았다. 많은 대중이 가장 중요한 이 시기에 세례요한이 스스로 대언자 엘리야가 아니라고 스스로 정체를 부인하고 예수님만 나타내는 결정적인 증거를 무시하고 가버린 셈이다.

그나마도 세례 요한은 자신의 증거를 유심히 듣는 제자 두 명에게조차 거듭 주를 그리스도라 증거해 그들까지도 자신 곁을 떠나 예수님께로 보내버린다. 이제 자신이 증거한 대로 예수님이 등장했기에 더 이상의 외침도, 사역도 멈추고, 제자들도 보내어 덩그러니 혼자 남았을 광야에 외치는 자의 소리가 된, 세례 요한을 보라! 빈 들에서 소리는 사라지지만 이제 예수님께서 등장하셔서 직접 증거하실 고로 그 외치는 소리조차 이제 스스로 멈추어 침묵해야 했을 세례 요한을 보라! 하나님께서 이 세상에서 가장 아름답게 여길 홀로됨과 사라짐과 침묵이 아닌가!

예수님만을 증거할 수 있다면 자신의 정체성은 쇠하여 지고 그림자처럼 되는 자! 예수님이 진리 되기 위해 자신은 가짜로 오해받고 신기루처럼 실체 없이 사라져도 좋은 자!

세례 요한의 삶을 닮아 자기를 부정하고 엘리야처럼 전 생애가 하늘로 포맷팅되듯 자신의 삶을 드려 예수님을 나타낼 자 누구인가? 대중의 인기도, 환호도, 공감도 뒤로한 채 예수님만 하이라이트 되는 인생으로 남고 싶다. 아니 진정 우리 생애를 드려 예수님의 증거만 남고 홀연히 언제 퇴장했는지도 모를 무대의 엑스트라처럼 사라지고 싶다. 예수님의 정체와 그분의 뜻만이 영화롭게 되도록!

113. 섬김의 권리

113. THE RIGHT OF SERVING

GENESIS 41:36-44

36 And that food shall be for store to the
land against the seven years of famine,
which shall be in the land of Egypt; that
the land perish not through the famine.
37 And the thing was good in the eyes of
Pharaoh, and in the eyes of all his serv-
ants. 38 And Pharaoh said unto his serv-
ants, Can we find such a one as this is, a
man in whom the Spirit of God is? 39
And Pharaoh said unto Joseph, Foras-
much as God hath shewed thee all this,
there is none so discreet and wise as thou
art: 40 Thou shalt be over my house, and
according unto thy word shall all my peo-
ple be ruled: only in the throne will I be
greater than thou. 41 And Pharaoh said
unto Joseph, See, I have set thee over all
the land of Egypt. 42 And Pharaoh took
off his ring from his hand, and put it upon
Joseph's hand, and arrayed him in ves-
tures of fine linen, and put a gold chain

창세기 41:36-44

36 이와 같이 그 곡물을 이 땅에 저장하여 애
굽 땅에 임할 일곱해 흉년을 예비하시면 땅
이 이 흉년을 인하여 멸망치 아니하리이다 37
바로와 그 모든 신하가 이 일을 좋게 여긴지
라 38 바로가 그 신하들에게 이르되 이와 같
이 하나님의 신이 감동한 사람을 우리가 어찌
얻을 수 있으리요 하고 39 요셉에게 이르되
하나님이 이 모든 것을 네게 보이셨으니 너와
같이 명철하고 지혜 있는 자가 없도다 40 너
는 내 집을 치리하라 내 백성이 다 네 명을 복
종하리니 나는 너보다 높음이 보좌 뿐이니라
41 바로가 또 요셉에게 이르되 내가 너로 애
굽 온 땅을 총리하게 하노라 하고 42 자기의
인장 반지를 빼어 요셉의 손에 끼우고 그에게
세마포 옷을 입히고 금사슬을 목에 걸고 43
자기에게 있는 버금 수레에 그를 태우매 무리
가 그 앞에서 소리 지르기를 엎드리라 하더라
바로가 그로 애굽 전국을 총리하게 하였더라
44 바로가 요셉에게 이르되 나는 바로라 애
굽 온 땅에서 네 허락 없이는 수족을 놀릴 자
가 없으리라 하고

about his neck; 43 And he made him to
ride in the second chariot which he had;
and they cried before him, Bow the knee:
and he made him ruler over all the land of
Egypt. 44 And Pharaoh said unto Joseph,
I am Pharaoh, and without thee shall no
man lift up his hand or foot in all the land
of Egypt.

The chief butler who had been restored to his office with a help of Joseph's interpretation of his dream forgot Joseph's serving after the event. The butler in charge of food storage including king's wine has a huge power equal to the power of what is now the minister of the economy department or the commissioner of the national tax service.

However, the King of heaven, God remembered Joseph's serving with heavenly wisdom and lifted him to a position of the prime minister. Not only a power of being in charge of Pharaoh's food storage but also a great authority enough to control economy and governing of all nations were given to him.

Do you see a great overturning of serving? Later, the butler served with an interpretation of his dream with Joseph's wisdom might have followed Joseph's order and governing as he controlled whole parts including economy.

Think about the butler who had forgotten Joseph's serving but might have served him when he became a prime minster. Also, imagine a dramatic change that Potiphar, an officer of Pharaoh and the captain of the guard who had made Joseph serve his family with wisdom might have done his best for guarding Joseph, king's proxy.

The power of serving is greater than authority. Don't claim the right of heaven if you are a Christian who don't serve others. Jesus Christ served all lands and lives as a ransom on the cross to save the earth.

요셉의 꿈 해석으로 섬김을 받고 다시 지위를 회복한 포도주 맡은 관원은 자신의 신원이 회복된 후 그 섬김을 잊었다. 바로 왕의 포도주를 비롯한 양식 창고를 맡은 신하의 권한은 오늘날에 경제부 장관이나 국세청장에 맞먹는 거대한 권한이다. 그러나 하늘의 왕, 하나님은 위로부터 온 지혜를 통해 관원을 섬긴 요셉을 잊지 않고 요셉을 총리로 높이신다. 그것도 바로의 모든 양식 창고를 맡을 권한만이 아니라 열국의 경제와 통치를 모두 움직일만한 막강한 권리를 요셉에게 주셨다.

섬김의 위대한 전복이 보이는가. 후에 요셉의 지혜로 꿈 해석을 받았던 신하는 경제를 비롯한 모든 전권을 맡은 요셉의 명령과 통치를 받아 움직여야 했을 것이다. 요셉의 섬김을 잊었으나 후에 총리가 된 요셉을 맞이하여 요셉의 명령을 받아 섬겼을 신하를 생각해보라. 또한, 요셉의 지혜로 자신의 가정을 섬기게 했던 왕의 경호 대장 보디발이 나중에 왕의 대리자가 된 요셉의 신변경호에 만전을 기했을 전복의 모양을 상상해보라.

섬김의 능력은 권력보다 탁월하다. 섬김이 없는 그리스도인, 하늘의 권리를 주장하지 마라. 예수그리스도는 이 땅을 구원하기 위해 십자가의 대속물로 온 땅과 생명을 섬기셨다.

114. 의외로운 인도하심

114. UNEXPECTED GUIDANCE

JOHN 1:35-42

35 Again the next day after John stood, and two of his disciples; 36 And looking upon Jesus as he walked, he saith, Behold the Lamb of God! 37 And the two disciples heard him speak, and they followed Jesus. 38 Then Jesus turned, and saw them following, and saith unto them, What seek ye? They said unto him, Rabbi, (which is to say, being interpreted, Master,) where dwellest thou? 39 He saith unto them, Come and see. They came and saw where he dwelt, and abode with him that day: for it was about the tenth hour. 40 One of the two which heard John speak, and followed him, was Andrew, Simon Peter's brother. 41 He first findeth his own brother Simon, and saith unto him, We have found the Messias, which is, being interpreted, the Christ. 42 And he brought him to Jesus. And when Jesus beheld him, he said, Thou

요한복음 1:35-42

35 또 이튿날 요한이 자기 제자 중 두 사람과 함께 섰다가 36 예수의 다니심을 보고 말하되 보라 하나님의 어린 양이로다 37 두 제자가 그의 말을 듣고 예수를 좇거늘 38 예수께서 돌이켜 그 좇는 것을 보시고 물어 가라사대 무엇을 구하느냐 가로되 랍비여 어디 계시오니이까 하니 (랍비는 번역하면 선생이라) 39 예수께서 가라사대 와 보라 그러므로 저희가 가서 계신데를 보고 그 날 함께 거하니 때가 제 십시쯤 되었더라 40 요한의 말을 듣고 예수를 좇는 두 사람 중에 하나는 시몬 베드로의 형제 안드레라 41 그가 먼저 자기의 형제 시몬을 찾아 말하되 우리가 메시야를 만났다 하고 (메시야는 번역하면 그리스도라) 42 데리고 예수께로 오니 예수께서 보시고 가라사대 네가 요한의 아들 시몬이니 장차 게바라 하리라 하시니라 (게바는 번역하면 베드로라)

art Simon the son of Jona: thou shalt be
called Cephas, which is by interpretation,
A stone.

In the scripture, disciples of John the baptist hops off to become disciples of Jesus. The switch they made was something that wasn't so common in those days in Judea because it was times when an agreement, the relationship of a master and an apprentice, the sect of which a person belongs to perpetuated life long.

This move was an unprecedented out-of-the-ordinary action which John ulti-mately accepted and obeyed to; he obeyed to the guidance of the Spirit.

Even the great John the baptist could not tell for sure the Messiah he was looking for. All that he was told was to wait for the one upon whom the spirit will descend like a dove and remain; John trusted on God's such commands and went out into the wilderness, setting aside the clothes of priests, eating locusts and wild honey.

He had spent all his life depending on the Word of God, not knowing exactly who the Messiah would be. The guidance of the Spirit probably could have seemed a bit odd when he found out that the Messiah he had been waiting for all his life was none other than his cousin brother.

However, this fact did not hinder him from obeying the Word of God.

God's unexpected, odd guidances are much bigger than our thought, and he always go past our expectation. We are able to

세례 요한의 제자들은 당시 한번 도제관계가 맺어지면 그 학파나 학문적 출신, 스승과의 관계성 및 유대가 평생 동안 이어졌던 고대의 약속과 규칙과는 다르게 스승 세례 요한의 지도에 따라 하루아침에 예수로 스승 자체를 바꾼다. 이는 감히 세례요한과 도제관계를 맺었을 당시에는 있을 수도 없고, 짐작도 못 할 예측불허의 인도하심이었을 텐데, 그들은 결국 스승을 바꾸는 파격적이면서도 의외인 이 인도하심에 순종한다!

위대한 스승 세례 요한조차 자기가 찾아야 할 메시아가 누구인지 정확히 알지 못했다. 다만 '성령이 비둘기처럼 내린 것을 보거든 메시아인 줄 알라'는 명확히 다 이해되지 않는 하나님의 명령을 위해 제사장의 옷을 벗고 광야로 나와 석청과 메뚜기를 먹으며 하찮은 짐승 옷을 입고 평생을 보냈다. 그분이 누구인지 명확히 알지 못한 채로 인도하심에 의지해 평생을 걸어갔다. 너무나도 의외로운 인도 하심으로 자신이 증거해야 할 메시아로서 평생을 기다린 인물이 혈육으로 보자면 고작 자신의 사촌 동생에 불과했음에도 세례 요한은 이 의외로운 인도 하심에 끝까지 순종한다!

우리의 생각보다 크셔서 우리의 예측보다 놀라운 주님께서 임마누엘 가운데 행하시는 의외로운 인도 하심이 우리 삶의 도처에 있을 수 있다. 내 생각보다 크시기에 내 생각과 계획을 내려놓고, 의외로운 인도 하심일지언정 그 말씀에 순종하는 자 과연 누구인가?

find this God of Emanuel in our daily lives. Who will put down his thoughts before his extraordinary guidance and obey him?

115. 세번에 걸쳐 보자기가 내려옴

115. GREAT SHEET DESCEND FROM HEAVEN

ACTS 11:7-30

7 And I heard a voice saying unto me,
Arise, Peter; slay and eat. 8 But I said, Not
so, Lord: for nothing common or unclean
hath at any time entered into my mouth.
9 But the voice answered me again from
heaven, What God hath cleansed, that
call not thou common. 10 And this was
done three times: and all were drawn up
again into heaven. 11 And, behold, im-
mediately there were three men already
come unto the house where I was, sent
from Caesarea unto me. 12 And the Spirit
bade me go with them, nothing doubting.
Moreover these six brethren accompa-
nied me, and we entered into the man's
house: 13 And he shewed us how he had
seen an angel in his house, which stood
and said unto him, Send men to Joppa,
and call for Simon, whose surname is Pe-
ter; 14 Who shall tell thee words, where-
by thou and all thy house shall be saved.

사도행전 11:7-30

7 또 들으니 소리 있어 내게 이르되 베드로야
일어나 잡아 먹으라 하거늘 8 내가 가로되 주
여 그럴 수 없나이다 속되거나 깨끗지 아니한
물건은 언제든지 내 입에 들어간 일이 없나
이다 하니 9 또 하늘로부터 두 번째 소리 있
어 내게 대답하되 하나님이 깨끗하게 하신 것
을 네가 속되다 말라 하더라 10 이런 일이 세
번 있은 후에 모든 것이 다시 하늘로 끌려 올
라가더라 11 마침 세 사람이 내 우거한 집 앞
에 섰으니 가이사랴에서 내게로 보낸 사람이
라 12 성령이 내게 명하사 아무 의심 말고 함
께 가라 하시매 이 여섯 형제도 나와 함께 가
서 그 사람의 집에 들어가니 13 그가 우리에
게 말하기를 천사가 내 집에 서서 말하되 네
가 사람을 욥바에 보내어 베드로라 하는 시몬
을 청하라 14 그가 너와 네 온 집의 구원 얻을
말씀을 네게 이르리라 함을 보았다 하거늘 15
내가 말을 시작할 때에 성령이 저희에게 임하
시기를 처음 우리에게 하신 것과 같이 하는지
라 16 내가 주의 말씀에 요한은 물로 세례 주
었으나 너희는 성령으로 세례 받으리라 하신

15 And as I began to speak, the Holy
Ghost fell on them, as on us at the begin-
ning. 16 Then remembered I the word of
the Lord, how that he said, John indeed
baptized with water; but ye shall be bap-
tized with the Holy Ghost. 17 Forasmuch
then as God gave them the like gift as he
did unto us, who believed on the Lord
Jesus Christ; what was I, that I could with-
stand God? 18 When they heard these
things, they held their peace, and glorified
God, saying, Then hath God also to the
Gentiles granted repentance unto life. 19
Now they which were scattered abroad
upon the persecution that arose about
Stephen travelled as far as Phenice, and
Cyprus, and Antioch, preaching the word
to none but unto the Jews only. 20 And
some of them were men of Cyprus and
Cyrene, which, when they were come to
Antioch, spake unto the Grecians, preach-

것이 생각났노라 17 그런즉 하나님이 우리가
주 예수 그리스도를 믿을 때에 주신 것과 같
은 선물을 저희에게도 주셨으니 내가 누구관
대 하나님을 능히 막겠느냐 하더라 18 저희가
이 말을 듣고 잠잠하여 하나님께 영광을 돌려
가로되 그러면 하나님께서 이방인에게도 생
명 얻는 회개를 주셨도다 하니라 19 때에 스
데반의 일로 일어난 환난을 인하여 흩어진 자
들이 베니게와 구브로와 안디옥까지 이르러
도를 유대인에게만 전하는데 20 그 중에 구브
로와 구레네 몇 사람이 안디옥에 이르러 헬라
인에게도 말하여 주 예수를 전파하니 21 주의
손이 그들과 함께 하시매 수다한 사람이 믿고
주께 돌아오더라 22 예루살렘 교회가 이 사
람들의 소문을 듣고 바나바를 안디옥까지 보
내니 23 저가 이르러 하나님의 은혜를 보고
기뻐하여 모든 사람에게 굳은 마음으로 주께
붙어 있으라 권하니 24 바나바는 착한 사람
이요 성령과 믿음이 충만한 자라 이에 큰 무
리가 주께 더하더라 25 바나바가 사울을 찾
으러 다소에 가서 26 만나매 안디옥에 데리

ing the LORD Jesus. 21 And the hand of
the Lord was with them: and a great num-
ber believed, and turned unto the Lord.
22 Then tidings of these things came unto
the ears of the church which was in Jeru-
salem: and they sent forth Barnabas, that
he should go as far as Antioch. 23 Who,
when he came, and had seen the grace of
God, was glad, and exhorted them all, that
with purpose of heart they would cleave
unto the Lord. 24 For he was a good man,
and full of the Holy Ghost and of faith:
and much people was added unto the
Lord. 25 Then departed Barnabas to Tar-
sus, for to seek Saul: 26 And when he had
found him, he brought him unto Antioch.
And it came to pass, that a whole year they
assembled themselves with the church,
and taught much people. And the disci-
ples were called Christians first in Anti-
och. 27 And in these days came prophets

고 와서 둘이 교회에 일년간 모여 있어 큰 무
리를 가르쳤고 제자들이 안디옥에서 비로소
그리스도인이라 일컬음을 받게 되었더라 27
그 때에 선지자들이 예루살렘에서 안디옥에
이르니 28 그 중에 아가보라 하는 한 사람
이 일어나 성령으로 말하되 천하가 크게 흉
년 들리라 하더니 글라우디오 때에 그렇게 되
니라 29 제자들이 각각 그 힘대로 유대에 사
는 형제들에게 부조를 보내기로 작정하고 30
이를 실행하여 바나바와 사울의 손으로 장로
들에게 보내니라

from Jerusalem unto Antioch. 28 And
there stood up one of them named Aga-
bus, and signified by the Spirit that there
should be great dearth throughout all the
world: which came to pass in the days of
Claudius Caesar. 29 Then the disciples,
every man according to his ability, deter-
mined to send relief unto the brethren
which dwelt in Judaea: 30 Which also
they did, and sent it to the elders by the
hands of Barnabas and Saul.

꿈속에서 베드로는 3번에 걸쳐 보자기에 내려온 속된 짐승을 잡아먹는 것을 3번 다 거절하거나 망설였지만, 현실에서는 꿈의 경고를 바탕으로 3번에 걸쳐 순종했다!

첫째, 이방인 고넬료를 만나 그와 교제했다.

둘째, 고넬료가 보냈던 이방 사람들을 받아들여 하룻밤을 머물게 하고 동숙하며 이야기를 나누었다. 믿는 유대인의 집에서 벌어진 이 사건은 매우 충격적인 파장을 가져올 일이다. 이는 믿는 유대인들이 보기에 율법을 어기는 일처럼 보여 수제자 베드로조차 책잡힐 수 있는 일이었다.

셋째, 이방인 고넬료 집에 들어갔더니 고넬료 당사자하고만 교제하면 될 일이 아니라, 고넬료가 집안에 데려온 수많은 친척과 이방 친구들, 즉 수많은 이방 사람들과 교제해야 하는 의외의 상황에 부닥치게 되었다. 베드로는 율법이 금기시하여 유대인들이 꺼리는 이방 사람들과의 교제를 하나님의 명령에 따라 세 번의 고비를 걸쳐 순종해낸다. 어릴 때부터 평생 이방 사람들과 교제하는 일을 금기시했던 유대인으로서는 파격적이고 반복적이며 어떤 대가도 감수한 선택이요, 순종이었다.

하나님께 경건의 모양으로는 하겠다 하고 결국 순종치 않는 자들이 있다. 반면 자신의 관성에 부딪혀 매우 순종하기 어려운 주제지만 결국 계속 순종하는 자들이 있다. 하나님은 두 부류 중 어느 사람과 동행하여 일하시고 그분의 나타남과 사랑을 드러내시겠는가? 당신은 어떤 부류인가?

In his vision, Peter denied and refused to kill and eat the unclean animal that had come down from heaven on a great sheet, three times. However, on the contrary, in reality Peter was able to obey three times through the warning of his vision.

First, Peter met with Cornelius and shared fellowship.

Second, Peter had received the gentile guests that Cornelius had sent, and conversed and had fellowship with them overnight. This sort of events usually brought forth shocking impact in the Judaic society. It was the type of action that even put apostle Peter under criticism according to the Judaic Law.

Third, when Peter was invited into the house of Cornelius, he not only had to share fellowship with Cornelius alone, but also family members and others that were gentiles who had been invited.

Even though the Law forbade Israelites from having fellowship with gentiles, Peter obeyed God's order at three critical times. His repeated decision of obedience was risky and shocking considering that Jewish socie-ty tabooed mixing with anyone of the gentile.

There are people who say they will obey, but not back their words with actions. On the other hand, there are those who have difficult times obeying but decide to obey the Word. Which of the two would you think God will work with and express His love? Which of the two groups do you belong to?

116. 진정한 연합

116. TRUE PARTNERSHIP

PSALMS 133

1 Behold, how good and how pleasant it
is for brethren to dwell together in unity!
2 It is like the precious ointment upon
the head, that ran down upon the beard,
even Aaron's beard: that went down to
the skirts of his garments; 3 As the dew of
Hermon, and as the dew that descended
upon the mountains of Zion: for there the
LORD commanded the blessing, even
life for evermore.

시편 133

1 형제가 연합하여 동거함이 어찌 그리 선하
고 아름다운고 2 머리에 있는 보배로운 기름
이 수염 곧 아론의 수염에 흘러서 그 옷깃까
지 내림 같고 3 헐몬의 이슬이 시온의 산들에
내림 같도다 거기서 여호와께서 복을 명하셨
나니 곧 영생이로다

How good and pleasant it is when brothers live together in unity! The story behind God's such words written through Psalm's author wasn't just sweet and fluffy. The story of Psalm's verses comes from one's experience of extreme conflict and thorough forgivingness of the Cross.

Psalm 133 is describes a scene where Aaron is being anointed as the high priest by his brother Moses upon God's order. It is highly probable that this took place shortly after they had a big fight, both still having resentful feelings towards each other.

In other words, God had ordered Moses to anoint Aaron immediately after Aaron had built the golden calves, succumbed by the request of the people(Exodus 40:12-15).

In Moses' point of view, he had told his brother who was closest in blood to take care of the people of Israel while he went up to receive the tablet of the covenant. When he returned he would have felt betrayed to see his brother leading the people to idol worshipping.

From Aaron's point of view, he had gone through struggle to make his younger brother a leader after he had irresponsibly ran off from his people. However Moses left to go up on a mountain, knowing fully well how the people would behave without his presence. Aaron didn't have a clue how much longer he had to wait with the complaining people for Moses to come down. So Aaron made the people two golden calves according to their

형제가 연합하여 동거함이 어찌 그리 아름다운고. 하나님이 시편 기자를 통해 외치신 이 말씀의 배경은 사실 그리 낭만적이지만은 않다. 이것은 처절한 갈등 가운데 철저한 용서와 화해의 십자가에 기인한 선포이다.

왜냐하면, 시편 133편의 배경은 아론에게 대제사장의 기름을 붓고 있는 장면을 묘사하는바, 성경에서 하나님께 명령을 받아 아론에게 기름 부은 이는 그 형제 모세이며 모세에게 아론 위에 기름 부으라 말씀하신 성경적 배경과 역사적 시점은 아무리 봐도 둘이 극심히 갈등하고 다투며 실망한 뒤라 할 듯하다.

다시 말해 하나님이 모세에게 아론 머리 위에 기름 부으라 명하여 말씀하신 시점이 언제냐 하면 바로 아론이 백성의 요구에 굴복하여 금송아지 우상을 만든 직후였다(출 40:12-15).

모세의 처지에서 보면 육친에 가장 가까운 형을 세워 백성들을 지키라고 한 후 기를 쓰고 하나님의 언약판을 받아왔더니 백성들이 금송아지 우상숭배로 변질하도록 허용한 원수 같은 형이다.

아론의 처지에서 보면, 동족을 버리고 도망갔던 무책임한 인사를 동생이라고 기를 쓰고 리더를 만들어 놨더니 불평 많은 백성의 행태를 알면서도 산에 올라가 돌아올 생각을 안 한다. 몇 날 며칠을 더 기다려야 할지도 모르고 이대로 두다간 불평 많은 백성이 다 흩어질지도 몰라 백성들의 불만과 요구대로 일단 금송아지를 만들어줬다. 백성들이 저러다 돌아오던 게 어디 한두 번인가. 동생 모세는 이 어려운 난국에 함께 있지도 않았다.

이러한 치열한 갈등 가운데 서로의 실수와 잘못과 약점을 목도

complaints, thinking they would probably turn back from idol worshipping anyway. His brother Moses wasn't even with him during these difficult times.

However, during this time of escalated tension, while both brothers were still seeing each other's mistakes and weaknesses, God commands Aaron to kneel before his brother. And he commands Moses, to anoint Aaron a priest to become the channel of God's blessings on behalf His people. This is true unity. Forgiving each other's mistakes and weaknesses is the beginning of an authentic unity. All other forms of unity are mere technique, power, exploitation, politics, but not the Gospel. Forgiveness, reconciliation, and sacrifice of the Cross is what truly brings unity among the brothers.

하고 있는 시점 직후에 아론은 동생 앞에 겸손히 무릎 꿇고, 모세는 원수 같은 형에게 도리어 계속해서 백성을 맡을 축복의 통로이자, 대제사장으로서 임명하는 기름을 다시 부으라는 명령에 순종한다. 이것이 바로 진정한 연합이다. 서로가 서로를 용서하고 허물을 덮을 때, 진정한 형제 연합의 단초가 마련된다. 다른 방식으로 형제의 연합을 이루는 것은 기술이요 세력이요 이용이요 정치일 뿐 복음의 방식이 아니다. 용서와 화해, 희생의 십자가만이 형제와 형제들이 속한 몸을 진정으로 연합시킨다.

117. 하나님의 맹세, 주가 부끄러워 않는 자

117. PROMISE OF GOD, THE ONE WHO GOD DOES NOT FEEL ASHAMED

HEBREWS 6:13-18, 11:8-16

6:13 For when God made promise to Abraham, because he could swear by no greater, he sware by himself, 14 Saying, Surely blessing I will bless thee, and multiplying I will multiply thee. 15 And so, after he had patiently endured, he obtained the promise. 16 For men verily swear by the greater: and an oath for confirmation is to them an end of all strife. 17 Wherein God, willing more abundantly to shew unto the heirs of promise the immutability of his counsel, confirmed it by an oath: 18 That by two immutable things, in which it was impossible for God to lie, we might have a strong consolation, who have fled for refuge to lay hold upon the hope set before us: his son was over the king's house, judging the people of the land.

11:8 By faith Abraham, when he was called to go out into a place which he should after

히브리서 6:13-18, 11:8-16

6:13 하나님이 아브라함에게 약속하실 때에 가리켜 맹세할 자가 자기보다 더 큰이가 없으므로 자기를 가리켜 맹세하여 14 가라사대 내가 반드 시 너를 복주고 복주며 너를 번성케 하고 번성케 하리라 하셨더니 15 저가 이같이 오래 참아 약속을 받았느니라 16 사람들은 자기보다 더 큰 자를 가리켜 맹세하나니 맹세는 저희 모든 다투는 일에 최후 확정이니라 17 하나님은 약속을 기업으로 받는 자들에게 그 뜻이 변치 아니함을 충분히 나타내시려고 그 일에 맹세로 보증하셨나니 18 이는 하나님이 거짓말을 하실 수 없는 이 두 가지 변치 못할 사실을 인하여 앞에 있는 소망을 얻으려고 피하여 가는 우리로 큰 안위를 받게 하려 하심이라

11:8 믿음으로 아브라함은 부르심을 받았을 때에 순종하여 장래 기업으로 받을 땅에 나갈새 갈 바를 알지 못하고 나갔으며 9 믿음으로 저가 외방에 있는것 같이 약속하신 땅에 우거하여 동일한 약속을 유업으로 함께 받은 이

receive for an inheritance, obeyed; and he
went out, not knowing whither he went. 9
By faith he sojourned in the land of promise,
as in a strange country, dwelling in tabernac-
les with Isaac and Jacob, the heirs with him
of the same promise: 10 For he looked for a
city which hath foundations, whose builder
and maker is God. 11 Through faith also
Sara herself received strength to conceive
seed, and was delivered of a child when she
was past age, because she judged him faith-
ful who had promised. 12 Therefore sprang
there even of one, and him as good as dead,
so many as the stars of the sky in multitude,
and as the sand which is by the sea shore
innumerable. 13 These all died in faith, not
having received the promises, but having
seen them afar off, and were persuaded of
them, and embraced them, and confessed
that they were strangers and pilgrims on
the earth. 14 For they that say such things

삭과 야곱으로 더불어 장막에 거하였으니 10
이는 하나님의 경영하시고 지으실 터가 있는
성을 바랐음이니라 11 믿음으로 사라 자신도
나이 늙어 단산하였으나 잉태하는 힘을 얻었
으니 이는 약속하신 이를 미쁘신줄 앎이라 12
이러므로 죽은 자와 방불한 한 사람으로 말미
암아 하늘에 허다한 별과 또 해변의 무수한
모래와 같이 많이 생육하였느니라 13 이 사
람들은 다 믿음을 따라 죽었으며 약속을 받지
못하였으되 그것들을 멀리서 보고 환영하며
또 땅에서는 외국인과 나그네로라 증거하였
으니 14 이같이 말하는 자들은 본향 찾는 것
을 나타냄이라 15 저희가 나온바 본향을 생각
하였더면 돌아갈 기회가 있었으려니와 16 저
희가 이제는 더 나은 본향을 사모하니 곧 하
늘에 있는 것이라 그러므로 하나님이 저희 하
나님이라 일컬음 받으심을 부끄러워 아니하
시고 저희를 위하여 한 성을 예비하셨느니라

declare plainly that they seek a country. 15 And truly, if they had been mindful of that country from whence they came out, they might have had opportunity to have returned. 16 But now they desire a better country, that is, an heavenly: wherefore God is not ashamed to be called their God: for he hath prepared for them a city.

신실하셔서 스스로 맹세할 필요가 없는 하나님이 자신을 걸어서 맹세하신 약속이 있다니 놀랍지 아니한가? 계약의 보증을 위해 가끔 사람의 신변을 걸어 보증할 수 있겠지만, 그러한 약속은 종종 파산 일로에 치닫는 경우가 허다하다. 인생은 신실함이 없으므로 약속은 자주 파기된다.

그러니 스스로 계신 완전한 하나님께서 인생과 약속하실 때 전능한 자신을 걸어 보증하여 맹세한 약속이 있다니 어찌 놀랍지 아니한가? 하나님은 모든 민족에 복의 근원이 될 아브라함과의 선교 비전의 약속에 자신을 걸어 분명히 맹세하셨다!

또 한편 하나님이 부끄러워하지 않는 인생이 있다니 놀랍지 아니한가? 인생은 오점과 오류투성이인데 하나님이 부끄러워하지 않는 수준의 인생이 있다니 놀랍지 아니한가? 모든 민족에 복의 근원이 되기 위해 타국에서 나그네 되기를 불구 한 아브라함에게 하나님은 자신을 걸어 맹세하시고 그를 부끄러워하지 않으시고 특별 관리하셨다!

모든 민족을 위한 선교 비전은 하나님 자신을 걸어 맹세하여 반드시 이루실 약속이며 그 비전을 위해 본향을 떠나 타국인이 된 선교사들을 부끄러워 아니하시고 특별관리하신다.

Is it not amazing that God, who is ever faithful and does not need to swear an oath for anything, makes a covenant using His own name? A person may stand surety in order to guarantee a contract, however, in many cases they bust it. People cancel promises all the time for we humans are not dependable.

Is it not wonderful to see our perfect God making a promise in His own name guaranteeing it to be fulfilled? God is making a covenant on the vision of Missions with Abraham, who is to become the root of blessings for all nations.

Another thing that surprises us is that there is a person who God does not feel ashamed about! Isn't it surprising to find that a person, a mere human being full of glitches and flaws, is treated as one who God senses no shame about? Abraham did not hesitate to become a stranger in a foreign land to become the source of blessing for all nations. Thus, God cared for him with specialty and gave him His covenant in His own name.

The vision of Missions toward all nations is the promise of God made in the name of the Almighty. It is guaranteed to be fulfilled. God senses no shame for the Missionaries who leave their home countries to become strangers for His vision, but takes special care for each of them.

118. 살아있는 하나님의 사적, 역사와 오늘의 믿음

118. HISTORICAL TRAILS OF GOD, HISTORY AND FAITH OF TODAY

MATTHEW 1:1-16

1 The book of the generation of Jesus
Christ, the son of David, the son of Abra-
ham. 2 Abraham begat Isaac; and Isaac
begat Jacob; and Jacob begat Judas and
his brethren; 3 And Judas begat Phares
and Zara of Thamar; and Phares begat
Esrom; and Esrom begat Aram; 4 And
Aram begat Aminadab; and Aminadab
begat Naasson; and Naasson begat Salm-
on; 5 And Salmon begat Booz of Rachab;
and Booz begat Obed of Ruth; and Obed
begat Jesse; 6 And Jesse begat David the
king; and David the king begat Solomon
of her that had been the wife of Urias; 7
And Solomon begat Roboam; and Ro-
boam begat Abia; and Abia begat Asa; 8
And Asa begat Josaphat; and Josaphat be-
gat Joram; and Joram begat Ozias; 9 And
Ozias begat Joatham; and Joatham begat
Achaz; and Achaz begat Ezekias; 10 And
Ezekias begat Manasses; and Manasses

마태복음 1:1-16

1 아브라함과 다윗의 자손 예수 그리스도의
세계라 2 아브라함이 이삭을 낳고 이삭은 야
곱을 낳고 야곱은 유다와 그의 형제를 낳고 3
유다는 다말에게서 베레스와 세라를 낳고 베
레스는 헤스론을 낳고 헤스론은 람을 낳고 4
람은 아미나답을 낳고 아미나답은 나손을 낳
고 나손은 살몬을 낳고 5 살몬은 라합에게서
보아스를 낳고 보아스는 룻에게서 오벳을 낳
고 오벳은 이새를 낳고 6 이새는 다윗왕을 낳
으니라 다윗은 우리야의 아내에게서 솔로몬
을 낳고 7 솔로몬은 르호보암을 낳고 르호보
암은 아비야를 낳고 아비야는 아사를 낳고 8
아사는 여호사밧을 낳고 여호사밧은 요람을
낳고 요람은 웃시야를 낳고 9 웃시야는 요담
을 낳고 요담은 아하스를 낳고 아하스는 히스
기야를 낳고 10 히스기야는 므낫세를 낳고 므
낫세는 아몬을 낳고 아몬은 요시야를 낳고 11
바벨론으로 이거할 때에 요시야는 여고냐와
그의 형제를 낳으니라 12 바벨론으로 이거한
후에 여고냐는 스알디엘을 낳고 스알디엘은
스룹바벨을 낳고 13 스룹바벨은 아비훗을 낳

begat Amon; and Amon begat Josias; 11
And Josias begat Jechonias and his breth-
ren, about the time they were carried
away to Babylon: 12 And after they were
brought to Babylon, Jechonias begat Sala-
thiel; and Salathiel begat Zorobabel; 13
And Zorobabel begat Abiud; and Abiud
begat Eliakim; and Eliakim begat Azor;
14 And Azor begat Sadoc; and Sadoc
begat Achim; and Achim begat Eliud; 15
And Eliud begat Eleazar; and Eleazar be-
gat Matthan; and Matthan begat Jacob;
16 And Jacob begat Joseph the husband
of Mary, of whom was born Jesus, who is
called Christ.

고 아비훗은 엘리아김을 낳고 엘리아김은 아
소르를 낳고 14 아소르는 사독을 낳고 사독은
아킴을 낳고 아킴은 엘리웃을 낳고 15 엘리웃
은 엘르아살을 낳고 엘르아살은 맛단을 낳고
맛단은 야곱을 낳고 16 야곱은 마리아의 남
편 요셉을 낳았으니 마리아에게서 그리스도
라 칭하는 예수가 나시니라

It may seem that as the book of Matthews was written for the Jews, it depicts and traces the genealogy of Jesus who came as the descendant of David. While this traditional perspective seems appropriate, the method of compilation used in the book is actually shocking. It totally exceeds the orthodox frame of the Jewish identity.

The statement implies the provocative question, "Do you consider David as someone from a pure Judaic blood line?" David's maternal grandmother Rahab of Canaan and Ruth the Moabite were nothing close of being pure Judaic blood but were foreign women. To write down the names of foreign women despite the normal way of writing the paternal line meant it was written like that with intention.

Judah, from whom the Jewish people were named after, gave birth to Perez and Zerah through an adulterous relationship with Tamar. David gave birth to Solomon through the wife of his loyal soldier Uriah. "Which one of us, who take pride in our Jewish lineage, is able to call himself righteous? We were all covered by the grace of God while in our sins." This family tree of the Judaic ancestors was written in a way to intentionally uncover decisive flaws of major characters like David.

And more decisively, Joseph was not Jesus' father by blood. The methodology of the fragile family line shown in Matthews 1 is completely overturned as it comes down to Joseph. Joseph wasn't Jesus' blood father. Joseph was able to be recorded as such because he believed in the vision of Jesus Christ as the Messiah and continued the history of salvation of mankind with faith.

What is the reason for this method of writing the genealogy which is so subversive and radical for the Jewish people to accept? This is God's extraordinary expression, by which he writes the history salvation through the forefathers' faith, not their blood lines. Consider that God claimed Abraham righteous by his faith through which He wished to advance the history of salvation.

God's history does not depend on frames of human lineages or blood lines of the past. God's history, Jesus Christ's ministry, the history of salvation for mankind are achieved through those who obey in faith. Do not be trapped in the past experiences with God, but give your faith and obedience to Him right now!

마태복음의 족보가 유대인들을 위해 쓰인 만큼 그 첫 장에 다윗의 자손으로 오신 예수님의 계보를 추적하고 있는 것으로 보이는가? 그러한 전통적 견해도 일리가 있지만, 마태복음의 족보 편집 방법은 유대민족의 전통적 민족 정체성의 틀을 넘어서 훨씬 더 파격적이다.

여기에는 '다윗이 정통 유대 혈통일 거 같으냐?' 라는 도발적인 질문이 담겨있다. 다윗의 외조모들이었던 가나안 땅 기생 라합과 모압 여인 룻은 그야말로 유대 순수혈통 성분이 아니라 이방 여자였다. 유대 족보에는 남성들의 계보를 추적하는 것이 일반적 전통이었으나 일부러 여자들의 실명을 거론하며 족보의 반열에 올려놓는 것은 다분히 의도적인 기술 방식이다.

유대 민족이라는 이름으로 불리게 한 유다는 며느리 다말과 간통하여 베레스와 세라를 나았다. 다윗은 충직한 부하 우리야의 아내와 간통하여 솔로몬을 나았다. '족보를 자랑하는 유대 민족, 즉 우리 중에 의롭다고 칭할 자 누구이냐? 우리는 모두 죄 중에 하나님의 은혜를 입었다.'라는 사실을 증명하듯 족보는 유대 민족의 조상 중 다윗을 비롯한 핵심 마디가 될 인물들의 결정적 과오가 드러나는 방식으로 의도적으로 기술되고 있다.

결정적으로 요셉은 예수그리스도의 혈통적 아비가 아니다. 여태껏 위태롭게 다윗의 혈통적 계보를 추적해 온 마태복음 1장의 족보 기술은 요셉에 이르러 완전히 전복된다. 요셉은 예수의 혈통적 아비가 아니었기 때문이다. 요셉은 혈통으로 예수그리스도의 아비가 된 것이 아니라, 메시아로 오신 예수그리스도에 대한 비전을 믿음으로 인류 구원의 역사를 이어지게 했다.

유대민족이 수신하기에 전복적이고 전위적인 방법으로 족보를 기술한 이유는 무엇인가? 이는 유대인의 조상 아브라함과 약속한 하나님이 아브라함의 믿음을 의롭게 여기셔서 인류 구원의 역사를 맡기셨고, 또 유다와 다윗에게 행위나 혈통으로 의롭다 하신 것이 아니라, 당대에 그들이 드린 믿음을 의롭게 여기셔서 그들을 통해 역사를 이루셨다는 것을 드러내는 파격적 표현이다.

하나님의 역사는 족보와 혈통 같은 인간적이고 인종적인 형식과 과거에 착념하는 일이 아니다. 하나님의 역사, 예수그리스도의 사적, 인류 구원의 역사는 지금 믿음으로 순종하는 자들을 통해 역사 된다. 박제가 아닌 살아계신 하나님께 과거의 박제된 경험이 아닌 오늘 살아있는 믿음과 순종을 바로 지금 드리라!

119. 비통을 선전한 왕

119. THE KING WHO ADVERTISED HIS GRIEF

2 KINGS 6:20-32

20 And it came to pass, when they were
come into Samaria, that Elisha said,
LORD, open the eyes of these men, that
they may see. And the LORD opened
their eyes, and they saw; and, behold, they
were in the midst of Samaria. 21 And the
king of Israel said unto Elisha, when he
saw them, My father, shall I smite them?
shall I smite them? 22 And he answered,
Thou shalt not smite them: wouldest
thou smite those whom thou hast taken
captive with thy sword and with thy bow?
set bread and water before them, that
they may eat and drink, and go to their
master. 23 And he prepared great provi-
sion for them: and when they had eaten
and drunk, he sent them away, and they
went to their master. So the bands of Syria
came no more into the land of Israel. 24
And it came to pass after this, that Ben-
hadad king of Syria gathered all his host,

열왕기하 6:20-32

20 사마리아에 들어갈 때에 엘리사가 가로되
여호와여 이 무리의 눈을 열어서 보게 하옵소
서 하니 여호와께서 저희의 눈을 여시매 저
희가 보니 자기가 사마리아 가운데 있더라 21
이스라엘 왕이 저희를 보고 엘리사에게 이르
되 내 아버지여 내가 치리이까 내가 치리이
까 22 대답하되 치지 마소서 칼과 활로 사로
잡은 자인들 어찌 치리이까 떡과 물을 그 앞
에 두어 먹고 마시게 하고 그 주인에게로 돌
려 보내소서 23 왕이 위하여 식물을 많이 베
풀고 저희가 먹고 마시매 놓아보내니 저희가
그 주인에게로 돌아가니라 이로부터 아람 군
사의 부대가 다시는 이스라엘 땅에 들어오지
못하니라 24 이 후에 아람 왕 벤하닷이 그 온
군대를 모아 올라와서 사마리아를 에워싸니
25 아람 사람이 사마리아를 에워싸므로 성중
이 크게 주려서 나귀 머리 하나에 은 팔십 세
겔이요 합분태 사분 일 갑에 은 다섯 세겔이
라 26 이스라엘 왕이 성 위로 통과할 때에 한
여인이 외쳐 가로되 나의 주 왕이여 도우소서
27 왕이 가로되 여호와께서 너를 돕지 아니하

and went up, and besieged Samaria. 25
And there was a great famine in Samaria:
and, behold, they besieged it, until an ass's
head was sold for fourscore pieces of sil-
ver, and the fourth part of a cab of dove's
dung for five pieces of silver. 26 And as
the king of Israel was passing by upon
the wall, there cried a woman unto him,
saying, Help, my lord, O king. 27 And
he said, If the LORD do not help thee,
whence shall I help thee? out of the barn-
floor, or out of the winepress? 28 And the
king said unto her, What aileth thee? And
she answered, This woman said unto me,
Give thy son, that we may eat him to day,
and we will eat my son to morrow. 29 So
we boiled my son, and did eat him: and
I said unto her on the next day, Give thy
son, that we may eat him: and she hath
hid her son. 30 And it came to pass, when
the king heard the words of the woman,

시면 내가 무엇으로 너를 도우랴 타작마당으
로 말미암아 하겠느냐 포도주 틀로 말미암아
하겠느냐 28 또 가로되 무슨 일이냐 여인이
대답하되 이 여인이 내게 이르기를 네 아들을
내라 우리가 오늘날 먹고 내일은 내 아들을
먹자 하매 29 우리가 드디어 내 아들을 삶아
먹었더니 이튿날에 내가 이르되 네 아들을 내
라 우리가 먹으리라 하나 저가 그 아들을 숨
겼나이다 30 왕이 그 여인의 말을 듣고 자기
옷을 찢으니라 저가 성 위로 지나갈 때에 백
성이 본즉 그 속살에 굵은 베를 입었더라 31
왕이 가로되 사밧의 아들 엘리사의 머리가 오
늘날 그 몸에 붙어 있으면 하나님이 내게 벌
위에 벌을 내리실찌로다 하니라 32 그 때에
엘리사가 그 집에 앉았고 장로들이 저와 함께
앉았는데 왕이 자기 처소에서 사람을 보내었
더니 그 사자가 이르기 전에 엘리사가 장로들
에게 이르되 너희는 이 살인한 자의 자식이
내 머리를 취하려고 사람을 보내는 것을 보
느냐 너희는 보다가 사자가 오거든 문을 닫고
문 안에 들이지 말라 그 주인의 발소리가 그

that he rent his clothes; and he passed by upon the wall, and the people looked, and, behold, he had sackcloth within upon his flesh. 31 Then he said, God do so and more also to me, if the head of Elisha the son of Shaphat shall stand on him this day. 32 But Elisha sat in his house, and the elders sat with him; and the king sent a man from before him: but ere the messenger came to him, he said to the elders, See ye how this son of a murderer hath sent to take away mine head? look, when the messenger cometh, shut the door, and hold him fast at the door: is not the sound of his master's feet behind him?

뒤에서 나지 아니하느냐 하고

When Israel was passing through difficult times, besieged by the Syrian army, the king of Israel rips his clothes at the desperately impoverished situation of the people, and he walks on the city wall, calling out the arrest of Elisha. Now, the Scripture tells us that the king was actually wearing sackcloth underneath. Was it that the king had gone before God in sackcloth because of his sorrowfulness for the people of his kingdom?

What was the reason for the king to stand on a high public place as the city walls in such tragic times that the people to have eat each other's child, so that everyone can see him? Had he been wearing sackcloth because he had thought he was responsible for the tragic and sorrowful state of his country? Or, was it a highly sophisticated propaganda, a show, planned to blame everything on Elisha and God?

The king accepted the situation as a sorrowful one, but that was it. He did not make attempts to rebuke them in trial for the evil deeds, nor come up with plans to breakthrough the dire situations. All he did was to blame fault on Elisha and God.

The king knew that Elisha had helped out, through prophecies of the Lord, each time foreign forces came to attack Israel. The people knew this fact well, and even its enemy knew and tried to get rid of Elisha.

이스라엘이 아람 군대에 포위당해 절체절명의 순간을 지날 때, 이스라엘 왕은 백성들의 곤궁함에 스스로 옷을 찢어 성벽 위를 거닐고 하나님의 사람 엘리사를 잡아오라 명한다. 놀랍게도 성경은 왕의 찢긴 옷 사이로 베옷이 보였다고 기록한다! 과연 왕은 백성들을 위해 비통한 심경으로 베옷을 입고 하나님께 나아갔던 것일까?

굳이 백성들이 포위당해 서로의 아들을 잡아먹는 비극이 절정에 달한 순간 모든 백성이 볼만한 공공의 장소, 성벽 위를 (30, KJV) 거닐며 보란 듯이 옷을 찢어 베옷을 보인 이유가 무엇일까? 왕은 이스라엘의 왕정 책임자로서 이 위기를 자신의 책임으로 알아 비통과 한탄의 시간으로 베옷을 입고 지내온 것일까? 아니면 모든 책임을 하나님과 엘리사에게 돌리기 위한 고도의 프로파간다(선전), 쇼일까?

왕은 백성들이 서로 아들을 잡아먹는 상황을 비통하게만 여길 뿐, 그들을 말릴 치리도 재판도 하지 않는다. 상황 타계를 위한 대책을 내리는 건 더더군다나 아니다. 다만 하나님과 엘리사에게 책임을 돌릴 뿐이다. 왕은 이방 민족의 침입을 통한 이스라엘과 왕정에 닥친 위기의 순간마다 엘리사가 하나님의 예언과 기적으로 도왔음을 알고 있다. 이는 또한 백성들도 아는 바다. 한편 적들도 이를 알아 엘리사를 없애고자 한다. 그렇다. 왕은 모든 일의 책임을 하나님께 돌리고 교묘히 엘리사를 희생양으로 삼기 위해 자신이 얼마나 백성을 위해 통탄해오며 슬픔과 회개로 나아갔는지 선전하기 위해 성벽 위에서 백성에게 보란 듯이 옷을 찢어 받쳐입

So, yes. It seems true that the king tried to turn all faults to God. And in order to show off how he had repented with grievance for the sake of the people he had make Elisha a scapegoat, and made a big show of ripping his outer cloth, showing the sackcloth inside.

Repentance, prayer, sacrifice and responsibility are themes that cannot be faked. They can't be used as a "show." They cannot be exploited to be used as political propagandas. A true repentance and prayer accompanies responsibility and sacrifice that only the Lord may accept. It is a personal and a solemn promise between a person and God.

Religious show and propaganda of diplomatic intentions can be dangerous before God. There cannot be calculated negotiations with God. A true encounter with God can only bring about absolute surrender to the absolute Being. People who have truly met God takes responsibility of sin seriously, and they change the situation through real actions of responsibility and sacrifice.

은 베옷을 보인다.

회개와 기도와 희생과 책임은 가장할 수 없는 주제다. 그것은 쇼가 아니다. 정치적 기능의 선전도 아니다. 진정한 회개와 기도는 책임과 희생을 수반하며 주님만을 의식해 주님께만 돌이키는 은밀하지만 지엄한 약속이다.

하나님 앞에 종교적 쇼와 외교적 선전은 위험하다. 하나님 앞에서 협상과 거래를 비롯한 고도의 계산으로 점철된 수 싸움은 있을 수 없다. 하나님을 제대로 만나면 하나님 앞에 절대 항복만 있고, 절대자이신 그분만 절대적으로 의식하고 또 인식하게 된다. 그래서 진정으로 주를 만난 사람들에게 수반되는 모습은 주 앞에 죄악의 책임을 직면해 책임감 있는 희생과 행전으로 삶과 세상을 변화시키는 것이 전부다.

120. 돌이킴의 믿음

120. FAITH OF REVERSAL

GENESIS 27:15-40

15 And Rebekah took goodly raiment of her eldest son Esau, which were with her in the house, and put them upon Jacob her younger son: 16 And she put the skins of the kids of the goats upon his hands, and upon the smooth of his neck: 17 And she gave the savoury meat and the bread, which she had prepared, into the hand of her son Jacob. 18 And he came unto his father, and said, My father: and he said, Here am I; who art thou, my son? 19 And Jacob said unto his father, I am Esau thy first born; I have done according as thou badest me: arise, I pray thee, sit and eat of my venison, that thy soul may bless me. 20 And Isaac said unto his son, How is it that thou hast found it so quickly, my son? And he said, Because the LORD thy God brought it to me. 21 And Isaac said unto Jacob, Come near, I pray thee, that I may feel thee, my son, whether thou be my

창세기 27:15-40

15 리브가가 집안 자기 처소에 있는 맏아들 에서의 좋은 의복을 취하여 작은 아들 야곱에게 입히고 16 또 염소 새끼의 가죽으로 그 손과 목의 매끈매끈한 곳에 꾸미고 17 그 만든 별미와 떡을 자기 아들 야곱의 손에 주매 18 야곱이 아버지에게 나아가서 내 아버지여 하고 부른대 가로되 내가 여기 있노라 내 아들아 네가 누구냐 19 야곱이 아비에게 대답하되 나는 아버지의 맏아들 에서로소이다 아버지께서 내게 명하신대로 내가 하였사오니 청컨대 일어나 앉아서 내 사냥한 고기를 잡수시고 아버지의 마음껏 내게 축복하소서 20 이삭이 그 아들에게 이르되 내 아들아 네가 어떻게 이같이 속히 잡았느냐 그가 가로되 아버지의 하나님 여호와께서 나로 순적히 만나게 하셨음이니이다 21 이삭이 야곱에게 이르되 내 아들아 가까이 오라 네가 과연 내 아들 에서인지 아닌지 내가 너를 만지려 하노라 22 야곱이 그 아비 이삭에게 가까이 가니 이삭이 만지며 가로되 음성은 야곱의 음성이나 손은 에서의 손이로다 하며 23 그 손이 형 에서의

very son Esau or not. 22 And Jacob went
near unto Isaac his father; and he felt him,
and said, The voice is Jacob's voice, but
the hands are the hands of Esau. 23 And
he discerned him not, because his hands
were hairy, as his brother Esau's hands: so
he blessed him. 24 And he said, Art thou
my very son Esau? And he said, I am. 25
And he said, Bring it near to me, and I will
eat of my son's venison, that my soul may
bless thee. And he brought it near to him,
and he did eat: and he brought him wine
and he drank. 26 And his father Isaac said
unto him, Come near now, and kiss me,
my son. 27 And he came near, and kissed
him: and he smelled the smell of his rai-
ment, and blessed him, and said, See, the
smell of my son is as the smell of a field
which the LORD hath blessed: 28 There-
fore God give thee of the dew of heaven,
and the fatness of the earth, and plenty of

손과 같이 털이 있으므로 능히 분별치 못하고
축복하였더라 24 이삭이 가로되 네가 참 내
아들 에서냐 그가 대답하되 그러하니이다 25
이삭이 가로되 내게로 가져오라 내 아들의 사
냥한 고기를 먹고 내 마음껏 네게 축복하리라
야곱이 그에게로 가져가매 그가 먹고 또 포도
주를 가져가매 그가 마시고 26 그 아비 이삭
이 그에게 이르되 내 아들아 가까이 와서 내
게 입맞추라 27 그가 가까이 가서 그에게 입
맞추니 아비가 그 옷의 향취를 맡고 그에게
축복하여 가로되 내 아들의 향취는 여호와의
복 주신 밭의 향취로다 28 하나님은 하늘의
이슬과 땅의 기름짐이며 풍성한 곡식과 포도
주로 네게 주시기를 원하노 29 만민이 너를
섬기고 열국이 네게 굴복하리니 네가 형제들
의 주가 되고 네 어미의 아들들이 네게 굴복
하며 네게 저주하는 자는 저주를 받고 네게
축복하는 자는 복을 받기를 원하노라 30 이
삭이 야곱에게 축복하기를 마치매 야곱이 그
아비 이삭 앞에서 나가자 곧 그 형 에서가 사
냥하여 돌아온지라 31 그가 별미를 만들어

corn and wine: 29 Let people serve thee,
and nations bow down to thee: be lord
over thy brethren, and let thy mother's
sons bow down to thee: cursed be every
one that curseth thee, and blessed be he
that blesseth thee. 30 And it came to pass,
as soon as Isaac had made an end of bless-
ing Jacob, and Jacob was yet scarce gone
out from the presence of Isaac his father,
that Esau his brother came in from his
hunting. 31 And he also had made sa-
voury meat, and brought it unto his father,
and said unto his father, Let my father
arise, and eat of his son's venison, that thy
soul may bless me. 32 And Isaac his father
said unto him, Who art thou? And he
said, I am thy son, thy firstborn Esau. 33
And Isaac trembled very exceedingly, and
said, Who? where is he that hath taken
venison, and brought it me, and I have
eaten of all before thou camest, and have

아비에게로 가지고 가서 가로되 아버지여 일
어나서 아들의 사냥한 고기를 잡수시고 마음
껏 내게 축복하소서 32 그 아비 이삭이 그에
게 이르되 너는 누구냐 그가 대답하되 나는
아버지의 아들 곧 아버지의 맏아들 에서로소
이다 33 이삭이 심히 크게 떨며 가로되 그런
즉 사냥한 고기를 내게 가져온 자가 누구냐
너 오기 전에 내가 다 먹고 그를 위하여 축복
하였은즉 그가 정녕 복을 받을 것이니라 34
에서가 그 아비의 말을 듣고 방성대곡하며 아
비에게 이르되 내 아버지여 내게 축복하소서
내게도 그리 하소서 35 이삭이 가로되 네 아
우가 간교하게 와서 네 복을 빼앗았도다 36
에서가 가로되 그의 이름을 야곱이라 함이 합
당치 아니하니이까 그가 나를 속임이 이것이
두 번째니이다 전에는 나의 장자의 명분을 빼
앗고 이제는 내 복을 빼앗았나이다 또 가로되
아버지께서 나를 위하여 빌 복을 남기지 아니
하셨나이까 37 이삭이 에서에게 대답하여 가
로되 내가 그를 너의 주로 세우고 그 모든 형
제를 내가 그에게 종으로 주었으며 곡식과 포

blessed him? yea, and he shall be blessed.
34 And when Esau heard the words of his
father, he cried with a great and exceeding
bitter cry, and said unto his father, Bless
me, even me also, O my father. 35 And he
said, Thy brother came with subtilty, and
hath taken away thy blessing. 36 And he
said, Is not he rightly named Jacob? for
he hath supplanted me these two times:
he took away my birthright; and, behold,
now he hath taken away my blessing. And
he said, Hast thou not reserved a bless-
ing for me? 37 And Isaac answered and
said unto Esau, Behold, I have made him
thy lord, and all his brethren have I given
to him for servants; and with corn and
wine have I sustained him: and what shall
I do now unto thee, my son? 38 And Esau
said unto his father, Hast thou but one
blessing, my father? bless me, even me
also, O my father. And Esau lifted up his

도주를 그에게 공급하였으니 내 아들아 내가
네게 무엇을 할 수 있으랴 38 에서가 아비에
게 이르되 내 아버지여 아버지의 빌 복이 이
하나 뿐이리이까 내 아버지여 내게 축복하소
서 내게도 그리 하소서 하고 소리를 높여 우
니 39 그 아비 이삭이 그에게 대답하여 가로
되 너의 주소는 땅의 기름짐에서 뜨고 내리는
하늘 이슬에서 뜰것이며 40 너는 칼을 믿고
생활하겠고 네 아우를 섬길 것이며 네가 매임
을 벗을 때에는 그 멍에를 네 목에서 떨쳐버
리리라 하였더라

voice, and wept. 39 And Isaac his father
answered and said unto him, Behold, thy
dwelling shall be the fatness of the earth,
and of the dew of heaven from above;
40 And by thy sword shalt thou live, and
shalt serve thy brother; and it shall come
to pass when thou shalt have the domin-
ion, that thou shalt break his yoke from off
thy neck.

Why does the bible say that Isaac blessed Jacob and Esau with faith? It can be confusing, at first, when we look at the verse that says, "By faith Isaac invoked future blessings on Jacob and Esau." (Heb 11:20) Isaac had planned to give the blessing of the first born to Esau, the hunter, who had agitated his household by marrying a foreign woman, instead of Jacob.

If Esau had been blessed as the first born, as according to Isaac's wish, then Israel would not have been able to stand as a nation that wholly worshipped their one Lord, their shepherd. In Esau's life style he enjoyed hunting more than shepherding and accepted marriage with foreign women who worshipped idols instead of God. The life style was much different from that of the people of Israel, a shepherding nation, who had kept their faith in the wilderness as the descendants of Abraham.

Being fully aware of such life style of Esau, can it be said of Isaac that he had faith toward God in his intention of trying to bless Esau as the first born?

Obviously, we are not saying Isaac's initial intention came from faith. However, his faith was manifested in his attitude toward God's intention of blessing Jacob, even when it went against his personal aspiration and wishes.

Although Isaac had unknowingly blessed Jacob with the blessing of the first born, he realized that God's intention of blessing was actually toward Jacob and his wife had been telling him as such the whole time. The prophecy was realized opposite to what he had wished for. This was the essence of Isaac's faith. Even though he had thought opposite his whole life, he knew when to lay down his own plans to accept God's intentions toward Jacob.

Being able to lay down our own plans and thoughts, even when it disagrees with those of God's, is real trust in God. It is whole hearted dependency towards the Almighty. The climax of faith is in the act of laying down all that is mine to embrace and trust the Lord's.

어째서 성경은 이삭이 믿음으로 야곱과 에서를 축복하였다고 하는가? "믿음으로 이삭은 다가올 일들에 관하여 야곱과 에서를 축복하였으며"(히11:20) 라는 코멘트는 언뜻 이해하기 어렵다. 이삭은 야곱을 축복하기보다 사냥꾼이자 이방 여인과의 결혼으로 집안을 어지럽게 했던 에서에게 장자의 축복을 주려 했다.

만약 이삭의 뜻대로 에서가 가나안에서 장자 노릇을 했더라면 목자 민족이자 유일신 여호와를 섬기는 이스라엘 민족은 바로 서지 못했을 것이다. 양을 치기보다 짐승 사냥하기를 좋아하고 유일신 하나님을 믿는 것보다, 여러 잡다한 신들을 섬기는 이방 여인들과의 혼인을 무분별하게 받아들였던 에서의 라이프 스타일은 유일신 하나님의 명령에 따라 지조 있게 목자 민족으로서 광야에서 신앙을 지키는 아브라함의 후예, 이스라엘 민족이 가진 라이프스타일과는 괴리가 크다. 그런데도 그런 에서의 무분별한 삶을 분별하지 못하고 장자권을 주려던 이삭의 축복의 의도가 하나님에 대한 믿음이라고 말할 수 있을까?

물론 그런 처음 의도를 믿음이라고 말하는 것은 아니다. 히브리서에서 말하고 있는 이삭의 믿음은 평생 에서에게 장자권의 축복을 줘야 한다고 생각했던 본인의 의도와 취향, 인식과는 다르게 하나님의 의도가 야곱에게 머문다는 것을 알았을 때 보였던 이삭의 태도에 있다.

불연 중에 야곱에게 속아 장자권의 축복을 부은 이삭은 아내에게서 들어왔던 야곱에 대한 평가와 하나님께서 하셨던 예언과 자신 의도대로 되지 않은 상황을 종합해 하나님의 축복이 야곱에게 있음을 알았다. 평생을 반대로 생각해 왔지만, 하나님의 의도가 자신의 생각과 다름이 드러났을 때 자신이 가진 평생의 생각을 내려놓고 야곱에 대한 장자권의 축복을 고수하려는 것이 바로 이삭 생애에 보인 믿음의 압권이다.

자신이 평생에 걸어온 궤적과 생각과 인식이 하나님의 생각과 다르다는 것을 알았을 때 자신의 것을 믿지 않고 그 뜻을 내려놓아 절대자의 것을 신뢰하여 의탁하는 믿음, 그것이 바로 절대자에 대한 전적 신뢰이다. 자신의 모든 것을 내려놓고 상대방의 뜻을 믿는 것이야말로 믿음과 신뢰의 절정이다.

바이블
쿠킹미팅